Retrato de Friedrich Nietzsche
(1844-1900), pintura de
Francisco Fonollosa

COPYRIGHT © FARO EDITORIAL, 2021
COPYRIGHT © 1926, 1927, 1933 BY WILL DURANT
COPYRIGHT RENEWED © 1954, 1955, 1961 BY WILL DURANT
ALL RIGHTS RESERVED.
PUBLISHED BY ARRANGEMENT WITH THE ORIGINAL PUBLISHER,
SIMON & SCHUSTER, INC.

Todos os direitos reservados.
Nenhuma parte deste livro pode ser reproduzida sob quaisquer meios existentes sem autorização por escrito do editor.

Diretor editorial  PEDRO ALMEIDA
Coordenação editorial  CARLA SACRATO
Preparação  TUCA FARIA
Revisão  BARBARA PARENTE E DANIEL AURÉLIO
Capa e diagramação  OSMANE GARCIA FILHO
Imagem de capa  TARKER | BRIDGEMAN IMAGES
Ilustrações internas  NACI YAVUZ, NATATA | SHUTTERSTOCK

Dados Internacionais de Catalogação na Publicação (CIP)
Angélica Ilacqua CRB-8/7057

Durant, Will, 1885-1981
   A história da filosofia 2 : a origem, formação e pensamento dos grandes filósofos / Will Durant ; tradução de Leonardo Castilhone. — São Paulo : Faro Editorial, 2021.
   320 p.

   Bibliografia
   ISBN 978-65-86041-49-1
   Título original: The story of philosophy

   1. Filosofia – História 2. Filósofos – Biografia 3. Kant, Immanuel, 1724-1804 4. Schopenhauer, Arthur, 1788-1860 5. Spencer, Herbert, 1820-1903 6. Nietzsche, Friedrich Wilhelm, 1844-1900 I. Título II. Castilhone, Leonardo

20-3727                                          CDD 190

Índice para catálogo sistemático:
1. Filosofia – História   190

1ª edição brasileira: 2021
Direitos de edição em língua portuguesa, para o Brasil, adquiridos por FARO EDITORIAL

Avenida Andrômeda, 885 – Sala 310
Alphaville – Barueri – SP – Brasil
CEP: 06473-000
www.faroeditorial.com.br

# 2

# WILL DURANT
# A HISTÓRIA DA FILOSOFIA

A origem, formação e pensamento dos grandes filósofos

Tradução
LEONARDO CASTILHONE

*PARA MINHA MULHER*

*Fortaleça-se, minha companheira... que possa permanecer*
*Impávida quando eu não mais estiver aqui; que eu possa conhecer*
*Os fragmentos esparsos da minha canção*
*Que enfim se tornarão a mais bela melodia em você;*
*Que eu possa dizer ao meu coração que você entra*
*Quando eu saio de cena, e muito mais.*

# SUMÁRIO

Ao leitor  9
Introdução: Sobre os usos da filosofia  11

CAPÍTULO 1: **IMMANUEL KANT E O IDEALISMO ALEMÃO**  15

    I. Estradas para Kant  15
    II. O próprio Kant  23
    III. A crítica da razão pura  27
    IV. A crítica da razão prática  37
    V. Sobre religião e razão  40
    VI. Sobre política e paz perpétua  43
    VII. Críticas e opinião  48
    VIII. Uma nota sobre Hegel  53

CAPÍTULO 2: **SCHOPENHAUER**  62

    I. A época  62
    II. O homem  65
    III. O mundo como ideia  71
    IV. O mundo como vontade  74
    V. O mundo como mal  85
    VI. A sabedoria da vida  93
    VII. A sabedoria da morte  102
    VIII. Críticas  106

CAPÍTULO 3: **HERBERT SPENCER** 113

I. Comte e Darwin 113
II. A evolução de Spencer 117
III. Primeiros princípios 126
IV. Biologia: a evolução da vida 133
V. Psicologia: a evolução da mente 136
VI. Sociologia: a evolução da sociedade 138
VII. Ética: a evolução da moral 146
VIII. Críticas 154
IX. Conclusão 160

CAPÍTULO 4: **FRIEDRICH NIETZSCHE** 163

I. A linhagem de Nietzsche 163
II. Juventude 165
III. Nietzsche e Wagner 169
IV. A canção de Zaratustra 175
V. Moralidade do herói 181
VI. O super-homem 187
VII. Decadência 190
VIII. Aristocracia 194
IX. Críticas 200
X. Final 208

CAPÍTULO 5: **FILÓSOFOS EUROPEUS CONTEMPORÂNEOS: BERGSON, CROCE E BERTRAND RUSSELL** 210

I. Henri Bergson 210
II. Benedetto Croce 229
III. Bertrand Russell 238

CAPÍTULO 6: **FILÓSOFOS AMERICANOS CONTEMPORÂNEOS: SANTAYANA, JAMES E DEWEY** 250

Introdução 250
I. George Santayana 252
II. William James 271
III. John Dewey 282

Conclusão 293

Glossário 295
Bibliografia 299
Notas 301

# AO LEITOR

Este livro não é um manual completo da história da filosofia. É uma tentativa de humanizar o conhecimento ao centrar a história do pensamento especulativo em torno de certas personalidades dominantes. Algumas figuras menores foram omitidas para que os selecionados pudessem ter o espaço exigido para que sua mensagem continuasse viva. Por isso o tratamento inadequado aos quase lendários pré-socráticos, os estoicos e epicuristas, os escolásticos e os epistemologistas. O autor acredita que a epistemologia sequestrou a filosofia moderna, e praticamente a arruinou; ele tem a esperança de que um dia o estudo do processo de conhecimento será reconhecido como área da ciência da psicologia, e que a filosofia será, mais uma vez, compreendida como a interpretação sintética de toda experiência, em vez da descrição analítica do modo e do processo da experiência em si. A análise pertence à ciência, e nos traz conhecimento; a filosofia deve fornecer uma síntese para a sabedoria.

O autor gostaria de registrar aqui uma dívida que jamais poderá retribuir a Alden Freeman, que lhe proporcionou educação, viagens e a inspiração de uma vida nobre e iluminada. Que esse amigo incrível encontre nestas páginas — ainda que incidentais e imperfeitas — algo não tão indigno de sua generosidade e fé.

WILL DURANT
Nova York, 1926.

*The story of philosophy* de autoria de Will Durant foi publicado originalmente em 1926 em um único volume.

Por questão de clareza e objetividade, esta edição brasileira foi dividida em dois volumes, sendo este o segundo.

INTRODUÇÃO

# Sobre os usos da filosofia

Existe um prazer na filosofia que toda pessoa sente até o momento em que as necessidades da existência física a arrastam do auge do pensamento para o mercado econômico de brigas e ganhos. A maioria de nós conheceu tempos áureos na vida em que a filosofia era de fato o que Platão a considerava, "aquele caro prazer"; quando o amor por uma Verdade modestamente ilusória parecia incomparavelmente mais glorioso do que a luxúria pelos caminhos da carne e das impurezas do mundo. E há sempre dentro de nós alguns resquícios saudosistas daquele antigo cortejo à sabedoria. "A vida tem um sentido", lemos em Browning — "encontrar seu sentido é minha carne e meu vinho". Muitas das coisas em nossa vida não têm sentido, uma autoanulação com hesitação e futilidade; lutamos contra o caos à nossa volta e em nosso interior; porém, acreditamos assim mesmo que há algo de vital e significativo em nós; poderíamos, então, decifrar nossas próprias almas. Queremos entender; "vida significa para nós transformar constantemente em luz e chamas tudo o que somos ou com que deparamos";[1] somos como Mitya em *Os Irmãos Karamázov* — "um daqueles que não estão interessados em milhões, mas na resposta para suas dúvidas"; queremos tomar posse do valor e da perspectiva de coisas passageiras, e assim nos retirarmos do turbilhão das circunstâncias diárias. Queremos saber que as coisas pequenas são pequenas, e as coisas grandes são grandes, antes que seja tarde demais; queremos ver as coisas agora como elas serão para sempre — "sob a égide da eternidade". Queremos aprender a rir na cara do inevitável, sorrir diante da morte iminente. Queremos ser inteiros, coordenar nossas energias ao criticar e harmonizar nossos desejos; pois energia coordenada é a última palavra em ética e política, e, quem sabe, também em lógica e em metafísica. "Ser um filósofo", disse Thoreau, "não significa apenas ter ideias sutis, nem mesmo encontrar uma escola, mas na mesma medida amar a sabedoria e viver, segundo seus ditames, uma vida de simplicidade, independência, magnanimidade e confiança". Podemos ter certeza de que se não encontrarmos nada mais que sabedoria, todas as outras coisas serão acrescentadas à nossa vida. "Busques, primeiro, as boas coisas da mente", Bacon nos adverte, "e o resto será suprido ou sua perda não será sentida".[2] A verdade não nos tornará ricos, mas livres.

Alguns dirão que a filosofia é tão inútil quanto um jogo de xadrez, tão obscura quanto a ignorância e tão estagnante quanto a satisfação. "Não há nada de tão absurdo", disse Cícero, "que não saia dos livros dos filósofos". Sem dúvida, alguns filósofos tiveram todo tipo de sabedoria exceto o senso comum; e muitos voos filosóficos só foram alçados por conta do poder de elevação do ar rarefeito. Optemos nessa nossa jornada apenas por nos posicionarmos à luz do esclarecimento. Seria a filosofia estagnante? A ciência parece estar sempre avançando, enquanto a filosofia parece sempre perder território. Porém isso só ocorre porque a filosofia aceita a árdua e perigosa tarefa de lidar com problemas ainda não abertos aos métodos científicos — problemas como bem e mal, beleza e feiura, ordem e liberdade, vida e morte; assim que uma área de investigação dá lugar para um conhecimento passível de formulação exata, ele passa a ser chamado de ciência. Toda ciência começa como filosofia e termina como arte; ela surge de uma hipótese e flui para a concretização. A filosofia é uma interpretação hipotética do desconhecido (como na metafísica), ou do conhecimento inexato (como na ética ou na filosofia política); é a trincheira principal no cerco da verdade. A ciência é o território conquistado; e por trás dele estão aquelas regiões ocupadas em que o conhecimento e a arte constroem nosso mundo imperfeito e maravilhoso. A filosofia parece ficar imóvel, perplexa; mas isso só ocorre porque ela deixa os frutos da vitória para suas filhas, as ciências, e ela própria segue adiante, divinamente descontente, ao incerto e inexplorado.

A ciência é a descrição analítica; a filosofia, a interpretação sintética. A ciência deseja solucionar o todo em partes, o organismo em órgãos, o obscuro em esclarecido. Ela não investiga os valores e as possibilidades ideais das coisas, nem seu significado completo e final; fica feliz em demonstrar sua realidade e operacionalidade presentes, concentra seu olhar com determinação na natureza e no processo das coisas como elas são. Mas o filósofo não se contenta em descrever o fato; ele deseja verificar sua relação com a experiência em geral e, por conseguinte, chegar ao seu significado e valor; ele combina coisas em sínteses interpretativas; tenta reunir melhor do que antes aquele grande relógio universal que o cientista curioso analiticamente desmontou. A ciência nos diz como curar e como matar; reduz a taxa de mortalidade no varejo e depois nos mata no atacado da guerra; mas só a sabedoria pode nos dizer quando curar e quando matar. Observar processos e construir meios é ciência; criticar e coordenar fins é filosofia: e pelo fato de que hoje em dia nossos meios e instrumentos se multiplicaram além de nossa interpretação e síntese de ideais e fins, nossa vida está repleta de ruído e fúria, sem nenhum significado. Um fato não quer dizer nada a não ser quando relacionado a um desejo; não está completo a não ser em relação ao propósito e a um todo. Ciência sem filosofia, fatos sem perspectiva e valoração, não pode nos salvar de caos e desespero. **A ciência nos dá conhecimento, mas só a filosofia pode nos oferecer sabedoria.**

Especificamente, filosofia significa e inclui cinco campos de estudo e diálogo: lógica, estética, ética, política e metafísica. *Lógica* é o estudo do método ideal de pensamento e pesquisa: observação e introspecção, dedução e indução, hipótese e experimento, análise e síntese — todas essas são formas da atividade humana que a lógica tenta compreender e guiar; é um estudo maçante para a maioria de nós, e ainda assim os maiores eventos da história do pensamento são aperfeiçoamentos que homens fizeram em seus métodos de pensamento e pesquisa. *Estética* é o estudo da forma ideal, ou beleza; é a filosofia da arte. *Ética* é o estudo da conduta ideal; o conhecimento mais elevado, disse Sócrates, é o conhecimento do bem e do mal, o conhecimento da sabedoria da vida. *Política* é o estudo da organização social ideal (não é, como alguns supõem, a arte e a ciência da obtenção e manutenção de cargos); monarquia, aristocracia, democracia, socialismo, anarquismo, feminismo — essas são as *dramatis personae* da filosofia política. E por último, *metafísica* (que se envolve em grandes enrascadas, porque não é, como as outras formas da filosofia, uma tentativa de coordenar o real à luz do ideal) é o estudo da "realidade última" de todas as coisas: da natureza real e final da "matéria" (ontologia), da "mente" (psicologia filosófica) e da inter-relação da "mente" com a "matéria" nos processos de percepção e conhecimento (epistemologia).

São essas as partes da filosofia; mas assim desmembrada, perde sua beleza e graça. Não devemos buscá-la nessa abstração e formalidade atrofiadas, mas revestida na forma viva da genialidade; não devemos estudar apenas as filosofias, mas os filósofos. Cada um deles tem algumas lições para nós, se os abordarmos da maneira apropriada.

CAPÍTULO I

# Immanuel Kant e o idealismo alemão

## I. ESTRADAS PARA KANT

Nunca um sistema de pensamento dominou tanto uma época como a filosofia de Immanuel Kant dominou o pensamento do século XIX. Depois de quase sessenta anos de um desenvolvimento silencioso e isolado, o fantástico prussiano de Königsberg despertou o mundo de seu "sono dogmático", em 1781, com a sua famosa *Crítica da Razão Pura*; e daquele ano até a nossa época, a "filosofia crítica" vem guiando o poleiro especulativo da Europa. A filosofia de Schopenhauer ergueu-se a um breve poder na onda romântica que irrompeu em 1848; a teoria da evolução varreu tudo o que havia antes disso, após 1859; e o estimulante iconoclasmo de Nietzsche ganhou o centro do palco filosófico quando o século chegou ao fim. Mas essas foram evoluções secundárias e superficiais; por baixo de tudo fluía a forte e contínua corrente do movimento kantiano, sempre mais ampla e mais profunda; até os nossos dias, seus teoremas essenciais são os axiomas de toda a filosofia madura. Nietzsche menospreza Kant e segue adiante.[1] Schopenhauer chama a *Crítica* de "o mais importante trabalho da literatura alemã", e considera qualquer homem uma criança até ter compreendido Kant;[2] Spencer não conseguiu entender Kant, e exatamente por esse motivo ficou, talvez, um pouco aquém de sua plena estatura filosófica. Adaptando a frase de Hegel sobre Espinosa: para ser um filósofo é preciso primeiro ter sido um kantiano.

Desse modo, vamos nos tornar kantianos a partir de agora. Mas parece que isso não pode ser alcançado dessa maneira; pois em filosofia, assim como na política, a distância mais longa entre dois pontos é uma linha reta. Kant é a última pessoa no mundo que devemos ler sobre Kant. Nosso filósofo é semelhante e diferente de Jeová; ele fala através das nuvens, mas sem a iluminação do relâmpago. Desdenha de exemplos e de casos concretos; isso tornaria seu livro muito extenso, segundo ele.[3] (Assim abreviado, contém cerca de oitocentas páginas.) Esperava-se que apenas filósofos profissionais o lessem; e esses não precisariam de ilustrações. No entanto, quando Kant deu o manuscrito da *Crítica* ao amigo Herz, um homem muito versado em especulações, este o devolveu lido pela metade, dizendo que temia ficar maluco se prosseguisse. O que devemos fazer com um filósofo desses?

Vamos abordá-lo com cautela e de maneira sinuosa, começando a uma distância segura e respeitosa dele; comecemos a partir de vários pontos na circunferência do assunto, e depois avançaremos tateando pelo caminho em direção àquele centro sutil, onde a mais difícil de todas as filosofias guarda secretamente seu tesouro.

## 1. DE VOLTAIRE A KANT

A estrada, aqui, vai da razão teórica desprovida de fé religiosa para a fé religiosa sem razão teórica. Voltaire significa Iluminismo, a *Enciclopédia* e a Era da Razão. O caloroso entusiasmo de Francis Bacon inspirou toda a Europa (exceto Rousseau) com inquestionável confiança no poder da ciência e da lógica para solucionar, por fim, todos os problemas, e ilustrar a "perfectibilidade infinita" do homem. Condorcet, na prisão, escreveu o seu *Esboço de um Quadro Histórico dos Progressos do Espírito Humano* (1793), que exprimia a sublime confiança do século XVIII no conhecimento e na razão e não pedia outra chave para a Utopia que não fosse a educação universal. Até mesmo os sensatos alemães tinham o seu *Aufklärung*, seu racionalista, Christian Wolff, e seu promissor Lessing. E os agitados parisienses da Revolução dramatizavam essa apoteose do intelecto adorando a "Deusa da Razão" — personificada por uma encantadora senhora.

Em Espinosa, essa fé na razão gerou uma magnífica estrutura de geometria e lógica; o universo era um sistema matemático e podia ser descrito *a priori* pela pura dedução, baseando-se em axiomas aceitos. Em Hobbes, o racionalismo de Bacon se transformou em um ateísmo e um materialismo inflexíveis; uma vez mais, nada iria existir a não ser "átomos e o vazio". De Espinosa a Diderot, os destroços da fé jazem no despertar da razão que avança: um por um, os velhos dogmas desapareceram; a catedral gótica da crença medieval, com seus detalhes encantadores e grotescos, entrou em colapso; o antigo Deus caiu de seu trono junto com os Bourbons, o céu do paraíso tornou-se um mero céu, e o inferno tornou-se uma expressão emocional. Helvetius e Holbach fizeram com que o ateísmo ficasse tão em voga nos salões da França que até o clero o adotou; e La Mettrie foi propagá-lo na Alemanha, sob os auspícios do rei da Prússia. Quando, em 1784, Lessing chocou Jacobi ao se declarar seguidor de Espinosa, aquilo foi um sinal de que a fé atingira o seu nadir e que a Razão triunfara.

David Hume, que tivera um papel tão intenso do ataque iluminista às crenças sobrenaturais, disse que quando a razão vai de encontro ao homem, este vai, em seguida, voltar-se contra ela. A fé e a esperança religiosas, expressas numa centena de milhares de campanários que se erguiam do solo da Europa em toda parte, estavam muito enraizadas nas instituições da sociedade e no coração do homem para permitirem que eles se rendessem logo ao hostil veredicto da razão; era inevitável que essa fé e essa esperança, assim condenadas, levantassem dúvidas quanto à competência do juiz e pedissem um exame racional e religioso. O que era aquele intelecto que visava por meio do silogismo a aniquilação de crenças de milhares de anos e milhões de homens? Era infalível? Ou seria um órgão humano como outro qualquer, com limites específicos quanto a suas funções e seus poderes? Chegava a hora de julgar aquele juiz, examinar aquele impiedoso Tribunal Revolucionário que dispensava com tanta prodigalidade a morte a toda esperança antiga. Era chegada a hora de uma crítica da razão.

## 2. DE LOCKE A KANT

O caminho para esse exame tinha sido preparado pelas obras de Locke, Berkeley e Hume; e mesmo assim, aparentemente, os resultados deles também eram hostis à religião.

John Locke (1632-1704) chegou a propor que fossem aplicados os testes e métodos indutivos de Francis Bacon; no seu grande *Ensaio sobre o Entendimento Humano* (1689), a razão, pela primeira vez no pensamento moderno, havia se voltado para si mesma, e a filosofia começara a examinar detalhadamente o instrumento em que confiara durante tanto tempo. Esse movimento introspectivo na filosofia evoluiu passo a passo com a ideia de introspecção desenvolvida por Richardson e Rousseau; assim como a cor sentimental e emocional de *Clarissa Harlowe* e *A Nova Heloísa* tinha sua contrapartida na exaltação filosófica do instinto e do sentimento acima do intelecto e da razão.

Como surge o conhecimento? Será que, como supõem alguns leigos, temos ideias inatas, por exemplo, de certo e errado, e Deus — ideias inerentes à mente desde o nascimento, anteriores a qualquer experiência? Teólogos ansiosos, preocupados que a crença da Divindade desaparecesse porque Deus ainda não tinha sido visto em telescópio algum, haviam pensado que a fé e os costumes poderiam ser fortalecidos se suas ideias centrais e básicas fossem mostradas como sendo inatas em toda alma normal. Mas Locke, embora fosse um bom cristão, pronto a defender com o máximo de eloquência "A Racionalidade do Cristianismo", não aceitou essas suposições; ele anunciou, discretamente, que todo o nosso conhecimento provém da experiência e por meio de nossos sentidos — que "nada existe na mente que não tenha estado, primeiro, em nossos sentidos". A mente é, ao nascer, uma folha em branco, uma tábula rasa; e a experiência dos sentidos escreve nela de mil maneiras, até que sensação gera memória, e memória gera ideias. Tudo isso parecia levar à surpreendente conclusão de que, já que só as coisas materiais podem afetar os nossos sentidos, só conhecemos matéria e temos que aceitar uma filosofia materialista. Se as sensações são a substância do pensamento, alegavam os apressados, a matéria deve ser a matéria-prima da mente.

De forma nenhuma, disse o bispo George Berkeley (1684-1753); essa análise lockiana do conhecimento, pelo contrário, prova que a matéria não existe, exceto como uma forma da mente. Foi uma ideia brilhante — refutar o materialismo com o simples expediente de mostrar que não temos conhecimento dessa coisa chamada matéria; em toda a Europa, só uma imaginação gaélica poderia ter concebido essa mágica metafísica. Mas vejam como é óbvio, disse o bispo: Locke não nos teria dito que todo o nosso conhecimento é derivado das sensações? Dessa forma, todo o nosso conhecimento de qualquer coisa não passa das sensações que temos dela e das ideias derivadas dessas sensações. Uma "coisa" é meramente um apanhado de percepções — isto é, sensações classificadas e interpretadas. Você protesta que o seu café da manhã é muito mais substancial do que um apanhado de percepções; e que um martelo que lhe ensina carpintaria ao bater no seu polegar tem uma materialidade muitíssimo magnífica. Mas o seu café da manhã é, a princípio, nada mais do que um amontoado de sensações de visão, olfato e tato; e depois, de paladar; e depois, de conforto e calor interno. Do mesmo modo, o martelo é um apanhado de percepções de cor, tamanho, forma, peso, tato etc.; a realidade dele para você não está na materialidade, mas nas sensações que vêm do seu polegar. Se você não tivesse sentidos, o martelo não existiria para você de nenhum jeito; ele poderia atingir seu polegar insensível sem parar e, no entanto, não merecer de você a menor atenção. É apenas um apanhado de sensações, ou um apanhado de memórias; é uma condição da mente. Toda matéria, pelo que sabemos, é uma condição mental; e a única realidade que conhecemos diretamente é a mente. Era o que se tinha a dizer sobre o materialismo.

No entanto, o bispo irlandês não contara com o cético escocês. David Hume (1711-1776), aos vinte e seis anos de idade, chocou toda a cristandade com o seu altamente herético *Tratado da Natureza Humana* — um dos clássicos e uma das maravilhas da filosofia moderna. Só conhecemos a mente, disse Hume, como conhecemos a matéria: pela percepção, embora nesse caso ela seja interna. Nunca percebemos qualquer entidade como a "mente"; apenas percebemos separadamente ideias, memórias, sentimentos etc. A mente não é uma substância, um órgão que tenha ideias; trata-se apenas de um nome abstrato para a série de ideias; as percepções, memórias e os sentimentos *são* a mente; não existe uma "alma" observável por trás dos processos de pensamento. O resultado parecia ser que Hume havia destruído a mente com a mesma eficiência com que Berkeley destruíra a matéria. Não sobrara nada; e a filosofia se viu em meio às ruínas que ela mesma provocara. Não nos surpreende que um bem-humorado qualquer sugerisse o abandono da controvérsia, dizendo: *"No matter, never mind."*

Mas Hume não se contentou em destruir a religião ortodoxa ao dissipar o conceito de alma; ele se propunha, também, a destruir a ciência ao acabar com o conceito de lei. Tanto a ciência como a filosofia, desde Bruno e Galileu, vinham dando muito peso à lei natural, à "necessidade" na sequência de efeito sobre a causa; Espinosa erguera sua majestosa metafísica sobre essa orgulhosa concepção. Mas observem, disse Hume, que nunca percebemos causas, ou mesmo leis; percebemos eventos e sequências, e *inferimos* causação e necessidade; uma lei não é um decreto eterno e necessário ao qual os eventos estejam sujeitos, mas meramente um sumário mental de nossa caleidoscópica experiência; não temos garantia de que as sequências até aqui observadas reaparecerão inalteradas numa experiência futura. "Lei" é um *costume* observado na sequência dos eventos; mas não há "necessidade" no costume.

Só as fórmulas matemáticas têm necessidade — só elas são inerente e invariavelmente verdadeiras; e isso só porque tais fórmulas são tautológicas — o predicado já está contido no sujeito; "3 X 3 = 9" só é uma eterna e necessária verdade porque "3 X 3" e "9" são exatamente a mesma coisa, escrita de maneira diferente; o predicado não acrescenta nada ao sujeito. A ciência, assim, deve limitar-se estritamente à matemática e ao experimento direto; não pode confiar numa dedução, não confirmada, com base em "leis". "Quando percorremos bibliotecas convencidos desses princípios", escreve o nosso fantástico cético, "que estragos temos que fazer! Se tomarmos nas mãos qualquer volume de metafísica escolar, por exemplo, perguntemos: 'Ele contém qualquer raciocínio abstrato relativo à quantidade ou número?' Não. 'Contém qualquer raciocínio experimental relativo à questão de fato e de existência?' Não. Então jogue-o à fogueira, pois nada contém além de sofística e ilusões".[4]

Imaginem como os ortodoxos arrepiaram-se ao ouvir essas palavras. Aqui, a tradição epistemológica — a investigação da natureza, das fontes e da validade do conhecimento — deixara de ser um apoio à religião; a espada com que o bispo Berkeley matara o dragão do materialismo voltara-se contra a mente imaterial e a alma imortal; e no meio desse turbilhão, a ciência sofrera graves danos. Não à toa Immanuel Kant, ao ler uma tradução alemã das obras de David Hume, em 1775, ficou chocado com os resultados, e foi despertado, como ele mesmo disse, do "sono dogmático" no qual presumira, aquiescente, as partes essenciais da religião e as bases da ciência. A ciência e a fé deveriam render-se aos céticos? O que poderia ser feito para salvá-las?

## 3. DE ROUSSEAU A KANT

Ao argumento do Iluminismo, de que a razão proporciona o materialismo, Berkeley havia ensaiado a resposta de que matéria não existe. Mas isso levou, em Hume, à resposta de que daquilo se deduzia que a mente não existia. Uma outra resposta era possível — de que a razão não é um teste definitivo. Há algumas conclusões teóricas contra as quais todo o nosso ser se rebela; não temos o direito de presumir que essas exigências de nossa natureza devam ser abafadas pelos ditames de uma lógica que, por fim, não passa de uma construção recente de uma parte frágil e enganosa de nós mesmos. Com que frequência nossos instintos e sentimentos empurram de lado os pequenos silogismos que gostariam que nos comportássemos como figuras geométricas e amássemos com precisão matemática! Às vezes, sem dúvida — e particularmente nas novas complexidades e artificialidades da vida urbana —, a razão é o melhor guia; mas nas grandes crises da vida, e nos grandes problemas de conduta e crença, confiamos mais nos nossos sentimentos do que nos nossos diagramas. Se a razão for contra a religião, tanto pior para a razão!

Na verdade, esse era o argumento de Jean-Jacques Rousseau (1712-1778), que, quase sozinho, na França, combateu o materialismo e o ateísmo do Iluminismo. Que destino para uma natureza delicada e neurótica, ter sido lançado no meio do racionalismo robusto e do hedonismo quase cruel[5] dos Enciclopedistas! Rousseau fora um jovem doente, levado à meditação e à introspecção por causa de sua fraqueza física e pela atitude insensível de seus pais e professores; ele escapara das ferroadas da realidade para se meter em um mundo-estufa de sonhos, onde as vitórias que lhe haviam sido negadas na vida e no amor podiam ser conseguidas com a imaginação. Suas *Confissões* revelam um irreconciliado complexo do mais refinado sentimentalismo com um obtuso senso de decência e honra; e, durante todas as páginas, uma convicção imaculada de sua superioridade moral.[6]

Em 1749, a Academia de Dijon ofereceu um prêmio para um ensaio sobre a pergunta: "O progresso das ciências e das artes contribuiu para corromper ou para purificar os costumes?". O ensaio de Rousseau foi o vencedor do prêmio. A cultura é muito mais um mal do que um bem, alegava ele — com toda a intensidade e sinceridade de quem, ao ver a cultura fora de seu alcance, propunha sua inutilidade. Pensem nas terríveis desordens que a imprensa produzira na Europa. Onde quer que a filosofia desabroche, a saúde moral da nação entra em declínio. "Corria entre os próprios filósofos o ditado de que, desde o aparecimento de homens eruditos, não se achavam homens honestos em parte alguma." "Arrisco-me a declarar que um estado de reflexão é contrário à natureza; e que um homem pensante" (um "intelectual", como costumamos dizer hoje em dia) "é um animal depravado". Seria melhor abandonar o nosso desenvolvimento muito acelerado do intelecto e, em vez disso, ter em vista o treinamento do coração e das afeições. A educação não faz com que o homem seja bom, mas apenas com que ele fique esperto — em geral, para o mal. O instinto e o sentimento são mais confiáveis do que a razão.

Em seu famoso romance *A Nova Heloísa* (1761), Rousseau ilustrou em muitos detalhes a superioridade do sentimento em relação ao intelecto; o sentimentalismo tornou-se moda entre as damas da aristocracia e entre alguns homens; a França foi, durante um século, regada com a literatura e, depois, com lágrimas de verdade; e o grande movimento do intelecto europeu no século XVIII cedeu lugar à literatura emocional romântica de 1789-1848. A corrente trouxe consigo um forte renascimento do sentimento religioso; os êxtases de *Gênio do Cristianismo*, de Chateaubriand (1802), foram apenas um eco da "Profissão de Fé do

Vigário Savoiardo" incluída por Rousseau em seu ensaio sobre a educação, que marcou época — *Emílio* (1762). O argumento de "Profissão" era, em resumo, o seguinte: embora a razão pudesse ser contra a crença em Deus e na imortalidade, o sentimento era indiscutivelmente a favor; por que, nesse ponto, não podíamos confiar nos instintos, em vez de ceder ao desespero de um ceticismo árido?

Ao ler *Emílio*, Kant deixou de fazer seu passeio diário sob as tílias, para terminar logo aquele livro. Foi um acontecimento em sua vida encontrar ali outro homem que tateava para sair da escuridão do ateísmo, e que tinha coragem de afirmar a prioridade do sentimento em relação à razão teórica naqueles casos suprassensoriais. Ali, enfim, estava a segunda metade da resposta à irreligião; agora, finalmente, todos os zombadores e descrentes seriam dispersados. Juntar essas sequências de argumentos, unir as ideias de Berkeley e Hume com os sentimentos de Rousseau, salvar a religião da razão e, ao mesmo tempo, conseguir salvar a ciência do ceticismo — era esta a missão de Immanuel Kant.

Mas quem era Immanuel Kant?

## II. O PRÓPRIO KANT

Ele nasceu em Königsberg, Prússia, em 1724. A não ser por um curto período em que deu aulas particulares num vilarejo próximo, esse pacato professor, que gostava tanto de fazer palestras sobre a geografia e a etnologia de terras distantes, nunca saiu de sua cidade natal. Vinha de uma família pobre, que deixara a Escócia cerca de cem anos antes do seu nascimento. Sua mãe era pietista — isto é, pertencia a uma seita religiosa que, como os metodistas da Inglaterra, insistia na plena rigidez e no pleno rigor da prática e da crença religiosas. O nosso filósofo ficava tão imerso em religião, de manhã até a noite, que, por um lado, teve uma reação que o levou a afastar-se da igreja por toda a vida adulta; e, por outro, manteve até o fim a imagem séria do puritano alemão; ao envelhecer, sentiu uma grande vontade de preservar para si e para o mundo pelo menos a essência da fé tão profundamente arraigada nele por sua mãe.

Mas um jovem que crescia na época de Frederico e Voltaire não podia isolar-se da corrente cética da ocasião. Kant foi sobremaneira influenciado até pelos homens que, mais tarde, procurou refutar, e talvez, em maior grau, pelo seu inimigo favorito, Hume; veremos mais adiante o notável fenômeno de um filósofo transcendendo o conservadorismo de sua maturidade e retornando, quase no último trabalho, e com quase setenta anos, a um liberalismo viril que lhe teria acarretado o martírio se sua idade e sua fama não o protegessem. Mesmo em meio ao seu trabalho de restauração religiosa ouvimos, com frequência surpreendente, os tons de outro Kant, que quase poderíamos confundir com Voltaire. Schopenhauer dizia que "não era pouco o mérito de Frederico, o Grande, que sob seu governo Kant pudesse desenvolver-se e ousar publicar a sua *Crítica da Razão Pura*. Dificilmente em qualquer outro governo um professor assalariado" (portanto, na Alemanha, um empregado do governo) "teria ousado algo assim. Kant foi obrigado a prometer ao sucessor imediato do grande rei que não iria escrever mais".[7] Foi em reconhecimento a essa liberdade que Kant dedicou a *Crítica* a Zedlitz, o visionário e progressista ministro da Educação de Frederico.

Em 1755, Kant começou seu trabalho como docente privado na Universidade de Königsberg. Durante quinze anos ele foi mantido nesse posto modesto; duas vezes, sua candidatura a um cargo de professor foi recusada. Finalmente, em 1770, ele foi nomeado professor de lógica e metafísica. Após muitos anos de experiência como professor, escreveu um manual de pedagogia, do qual costumava dizer que continha muitos preceitos excelentes, embora jamais tenha aplicado nenhum deles. Mesmo assim, talvez ele fosse um melhor professor do que escritor; e duas gerações de alunos aprenderam a amá-lo. Um de seus princípios práticos era se dedicar mais àqueles alunos que tivessem capacidade mediana; os burros, dizia ele, não podiam ser ajudados, e os gênios dariam um jeito sozinhos.

Ninguém imaginava que ele fosse assombrar o mundo com um novo sistema metafísico; assombrar qualquer pessoa parecia o último crime que aquele tímido e modesto professor cometeria. Ele próprio não tinha quaisquer expectativas nesse sentido; aos quarenta e dois anos de idade, escreveu: "Tenho a felicidade de ser um amante da metafísica; mas a minha amante me concedeu poucos favores até agora". Ele falava, na época, do "abismo sem fundo da metafísica", e da metafísica como "um escuro oceano sem costas ou faróis", cheio de muitos destroços filosóficos.[8] Chegava até a atacar os metafísicos, dizendo que eram aqueles que moravam nas altas torres da especulação, "onde há, geralmente, muito vento".[9] Kant não previa que a maior de todas as tempestades metafísicas seria aquela provocada por ele mesmo.

Durante aqueles anos pacatos, seus interesses eram mais físicos do que metafísicos. Ele escreveu sobre planetas, terremotos, fogo, vento, éter, vulcões, geografia, etnologia e uma centena de outras coisas desse tipo, que, normalmente, não são confundidas com metafísica. Sua *Teoria do Céu* (1755) propunha algo muito semelhante à hipótese nebular de Laplace, e tentava uma explicação mecânica de todos os movimentos e desenvolvimentos siderais. Todos os planetas, segundo Kant, foram ou serão habitados; e aqueles que estiverem mais distantes do sol, por terem tido o mais longo período de crescimento, provavelmente terão uma espécie mais evoluída de organismos inteligentes do que qualquer outra já produzida em nosso planeta. A sua *Antropologia* (coletânea feita em 1798 de palestras proferidas ao longo de sua vida) sugeria a possibilidade da origem animal do homem. Kant alegava que se o bebê humano, nas eras primitivas em que o homem ainda estava em sua maioria à mercê de animais selvagens, chorasse tão alto ao vir ao mundo como chora hoje, teria sido descoberto e devorado por animais de caça; que com toda a probabilidade, portanto, o homem fora no início muito diferente daquilo em que viera a se tornar com a civilização. E Kant prosseguia, bastante sutil: "Não sabemos como a natureza provocou uma evolução dessas, e quais as causas que a ajudaram. Essa observação nos leva muito longe. Ela nos faz pensar se o atual período da história, por ocasião de uma grande revolução física, não poderá ser seguido de um terceiro, quando um orangotango ou um chimpanzé desenvolverá os órgãos que servem para andar, tocar, falar, chegando à estrutura articulada de um ser humano, com um órgão central para uso da compreensão, e evoluir gradualmente sob o treinamento das instituições sociais". Seria esse uso do verbo no futuro a maneira cautelosamente indireta de Kant expor sua teoria de que o homem realmente evoluíra do animal?¹⁰

Assim, vemos o lento crescimento desse pequeno homem, com pouco mais de um metro e meio de altura, modesto, franzino, mas contendo em sua cabeça, ou gerando ali dentro, a revolução de mais longo alcance da moderna filosofia. A vida de Kant, diz um biógrafo, passou-se como o mais regular dos verbos regulares. "Acordar, tomar café, escrever, fazer palestras, jantar, caminhar", diz Heine, "tudo tinha a sua hora marcada. E quando Immanuel Kant, com o seu casaco cinza, bengala na mão, aparecia na porta de casa e se dirigia à pequena alameda de tílias que ainda é chamada de 'O Passeio do Filósofo', os vizinhos sabiam que o relógio marcava três e meia em ponto. Assim ele caminhava de um lado para o outro, durante todas as estações do ano; e quando o tempo estava fechado, ou as nuvens acinzentadas ameaçavam chover, seu velho criado Lampe era visto caminhando com dificuldade e ansioso atrás dele, com um grande guarda-chuva debaixo do braço, como um símbolo de prudência".

Ele era tão frágil fisicamente que tinha que adotar rigorosas medidas para seguir uma dieta; achava mais seguro fazer isso sem assistência médica; por esse motivo, viveu até os oitenta. Aos setenta, escreveu um ensaio "Sobre o Poder da Mente para Dominar a Doença pela Força de Vontade". Um de seus princípios favoritos era respirar só pelo nariz, em especial quando ao ar livre; com isso, no outono, no inverno e na primavera, não deixava que ninguém falasse com ele em suas caminhadas diárias; era melhor o silêncio do que um resfriado. Aplicava a filosofia até na maneira de segurar as meias — com fitas que entravam pelo bolso das calças, onde terminavam em molas que ficavam dentro de pequenas caixas.¹¹ Planejava tudo com muita cautela antes de agir; por conseguinte, ficou solteiro a vida toda. Só duas vezes pensou em oferecer a mão a uma dama; mas pensou por tanto tempo que num dos casos a moça se casou com um homem mais corajoso, e no outro, a moça mudou-se de Königsberg antes que o filósofo se decidisse. Talvez ele achasse, como Nietzsche, que o casamento o fosse atrapalhar na busca honesta da verdade; "o homem casado", costumava dizer Talleyrand, "fará tudo por dinheiro". E Kant, aos vinte e dois anos de idade, escreveu com todo o belo entusiasmo da juventude onipotente: "Já decidi qual métrica deverá reger minha vida. Vou iniciar minha carreira, e nada me impedirá de segui-la".[12]

E assim ele perseverou, na pobreza e na obscuridade, escrevendo e reescrevendo sua *magnum opus* durante quase quinze anos, só a terminando em 1781, quando estava com cinquenta e sete anos. Nunca um homem amadureceu com tamanha lentidão; e também, nunca um livro assustou e perturbou tanto o mundo filosófico.

## III. A CRÍTICA DA RAZÃO PURA*

O que significa esse título? *Crítica* não é exatamente uma desaprovação, mas uma análise crítica; Kant não está atacando a "razão pura", exceto, no final, para mostrar suas limitações; mais do que isso, ele espera mostrar a sua possibilidade, e exaltá-la acima do conhecimento impuro que vem até nós por meio dos corruptores canais dos sentidos. Porque a razão "pura" deve representar o conhecimento que não vem por meio dos nossos sentidos, mas é independente de toda a experiência sensorial; conhecimento que nos pertence graças à estrutura e à natureza inerente da mente.

Logo de cara, portanto, Kant lança um desafio a Locke e à escola inglesa: nem todo conhecimento é derivado dos sentidos. Hume pensava ter mostrado que não existe alma nem ciência; que nossas mentes são nada mais que nossas ideias em procissão e associação; e nossas certezas não passam de probabilidades em perpétuo perigo de violação. Essas falsas conclusões, diz Kant, são o resultado de falsas premissas:

---

* Uma palavra sobre o que se deve ler. Kant em si é bem pouco inteligível para o iniciante, porque seu pensamento é isolado por uma bizarra e intricada terminologia (daí a parcimônia na citação direta neste capítulo). Talvez a introdução mais simples seja *Kant*, de Wallace, na série Blackwood Philosophical Classics. Mais pesado e mais avançado é *Immanuel Kant*, de Paulsen. *Immanuel Kant*, de Chamberlain (2 vols.; Nova York, 1914), é interessante, mas errático e digressivo. Uma boa crítica de Kant pode ser encontrada em *O Mundo como Vontade e Representação*, de Schopenhauer; vol. II, pp. 1-159. Mas *caveat emptor* (o risco é do comprador).

presume-se que todo conhecimento vem de sensações "separadas e distintas; naturalmente, elas não podem proporcionar necessidade, ou sequências invariáveis das quais se possa ter certeza para sempre; e, naturalmente, não é preciso ter a expectativa de "ver" a sua alma, ainda que com os olhos do sentido interno. Admitamos que certeza absoluta do conhecimento seja impossível se todo conhecimento vier da sensação, de um mundo externo independente que não nos deve promessa de regularidade de comportamento. Mas e se tivermos conhecimento que seja independente da experiência sensorial, conhecimento cuja verdade é certa para nós, até mesmo antes da experiência — *a priori*? Então, a verdade absoluta, e a ciência absoluta, tornar-se-iam possíveis, não? Será que existe tal conhecimento absoluto? Este é o problema abordado na primeira *Crítica*. "Minha questão é sobre o que podemos esperar conseguir com a razão, quando retirados todos os elementos e toda a assistência da experiência."[13] A *Crítica* se torna uma detalhada biologia do pensamento, um exame da origem e da evolução dos conceitos, uma análise da estrutura hereditária da mente. Esse, como acredita Kant, é todo o problema da metafísica. "Neste livro visei, principalmente, à completude; e me arrisco a sustentar que não deve existir um só problema metafísico que não tenha sido resolvido aqui, ou para cuja solução não se tenha, pelo menos, fornecido a chave."[14] *Exegi monumentum aere perennius!* Com tal egoísmo, a natureza nos incita a criar.

A *Crítica* vai logo ao assunto. "A experiência não é, em absoluto, o único campo ao qual a nossa compreensão pode ficar confinada. A experiência nos diz o que é, mas não que ela deva ser necessariamente o que é, e não de outro modo. Por conseguinte, ela nunca nos dá quaisquer verdades realmente gerais; e nossa razão, que está particularmente ansiosa por essa classe de conhecimento, é provocada por ela, e não satisfeita. As verdades gerais, que ao mesmo tempo trazem o caráter de uma necessidade interior, devem ser independentes da experiência — claras e certas por si mesmas."[15] Quer dizer, devem ser verdadeiras, não importa o que possa ser a nossa experiência posterior; verdadeiras, mesmo *antes* da experiência; verdadeiras *a priori*. "O ponto até onde podemos avançar independentemente de toda experiência, no conhecimento *a priori*, é mostrado pelo brilhante exemplo da matemática."[16] O conhecimento matemático é necessário e certo; não podemos conceber que a experiência futura o viole. Podemos acreditar que o sol irá "nascer" no ocidente amanhã, ou que algum dia, em um imaginável mundo de amianto, o fogo não queimará o graveto; mas não podemos, por nada neste mundo, acreditar que dois vezes dois dará outro resultado que não quatro. Verdades assim são verdadeiras antes da experiência; não dependem da experiência passada, presente ou futura. Portanto, são verdades absolutas e necessárias; é inconcebível que venham a ser falsas algum dia. Mas de onde obtemos esse caráter de absoluto e de necessidades? Não da experiência, porque a experiência não nos oferece nada além de sensações e eventos separados, que podem alterar a sua sequência no futuro.* Essas verdades obtêm seu caráter necessário da estrutura inerente de nossa mente, da maneira natural e inevitável pela qual nossa mente deve funcionar. Porque a mente do homem (e aqui, enfim, está a grande tese de Kant) não é uma cera passiva na qual a experiência e a sensação escrevem sua vontade absoluta, porém, caprichosa; tampouco se trata de um mero nome abstrato para a série ou grupo de estados mentais; é um órgão ativo que molda e coordena sensações em ideias, um órgão que transforma a caótica multiplicidade da experiência na unidade ordenada de pensamento.

Mas como?

## 1. ESTÉTICA TRANSCENDENTAL

O esforço para responder a essa pergunta, estudar a inerente estrutura da mente, ou as inatas leis do pensamento, é o que Kant chama de "filosofia transcendental", porque é um problema que transcende a experiência sensorial. "Chamo de transcendental o conhecimento que se ocupa não tanto de objetos quanto dos nossos conceitos *a priori* de objetos"[17] — dos nossos modos de correlacionar nossa experiência com conhecimento. Existem dois graus ou estágios nesse processo de transformar a

---

* A esta altura, o "empirismo radical" (James, Dewey etc.) entra na controvérsia e alega, contra Hume e Kant, que a experiência nos dá tanto relações e sequências como sensações e eventos.

matéria-prima da sensação no produto acabado do pensamento. O primeiro estágio é a coordenação das sensações ao aplicar a elas as formas de percepção — espaço e tempo; o segundo estágio é a coordenação das percepções assim desenvolvidas ao aplicar a elas as formas de concepção — as "categorias" de pensamento. Kant, usando a palavra *estética* em seu sentido original e etimológico, significando sensação ou sentimento, chama o estudo do primeiro desses estágios de "Estética Transcendental"; e usando a palavra *lógica* com o significado de ciência das formas de pensamento, chama o estudo do segundo estágio de "Lógica Transcendental". São palavras terríveis, que irão adquirir significado à medida que a argumentação prossegue; uma vez superada essa montanha, a estrada para Kant ficará razoavelmente mais clara.

Ora, mas a que ele se refere com *sensações* e *percepções*? — e como é que a mente transforma as primeiras nas segundas? Por si só, uma sensação é meramente a conscientização de um estímulo; temos um sabor na língua, um odor nas narinas, um som nos ouvidos, uma temperatura na pele, um raio de luz na retina, uma pressão nos dedos: é o começo cru da experiência; é aquilo que o bebê tem nos primeiros dias de sua tateante vida mental; ainda não é conhecimento. Mas deixemos que essas várias sensações se agrupem em torno de um objeto no espaço e no tempo — digamos, essa maçã; deixemos que o odor nas narinas, o sabor na língua, a luz na retina, a pressão reveladora da forma contra os dedos e a mão unam-se em torno dessa "coisa": e agora existe uma conscientização não tanto de um estímulo, mas de um objeto específico; existe uma percepção. A sensação transformou-se em conhecimento.

Mas, novamente, essa passagem, esse agrupamento, foi automático? As próprias sensações, espontânea e naturalmente, agruparam-se e se colocaram numa ordem, e, assim, tornaram-se uma percepção? Sim, diziam Locke e Hume; de maneira nenhuma, diz Kant.

Porque essas várias sensações chegam até nós por vários canais de sentido, por mil "nervos aferentes" que passam da pele, do olho, do ouvido e da língua para o cérebro; que miscelânea de mensageiros devem ser eles ao se apinharem nas câmaras da mente, demandando atenção! Não à toa Platão falou da "ralé dos sentidos". E deixados à própria sorte, eles continuam uma ralé, um caótico "multifacetado", lamentavelmente impotentes, esperando ordens para se traduzirem em significado, propósito e poder. Com a mesma rapidez, as mensagens chegadas a um general de mil setores da frente de batalha poderiam entrelaçar-se, sem auxílio algum, para se transformarem em compreensão e comando. Não; há um legislador para essa multidão, uma força diretora e coordenadora que não apenas recebe, mas recolhe esses átomos de sensação e os transforma em sentido.

Observe, antes de tudo, que nem todas as mensagens são aceitas. Uma miríade de forças atua sobre o seu corpo neste momento; uma tempestade de estímulos se abate sobre as extremidades nervosas, que, como se fossem uma ameba, você estende para experimentar o mundo externo: mas nem todos que o procuram são atendidos; são escolhidas apenas aquelas sensações que podem ser transformadas em percepções adequadas ao seu propósito presente, ou que tragam aquelas imperiosas mensagens de perigo que são sempre relevantes. O relógio está tiquetaqueando, e você não o escuta; mas esse mesmo tiquetaquear, não mais alto do que antes, será logo ouvido se o seu propósito assim o desejar. A mãe adormecida ao lado do berço de seu bebê está surda para as turbulências da vida à sua volta; mas é só o pequenino dar uma simples mexida, e a mãe sai tateando de volta à sua atenção desperta, como um mergulhador que sobe apressado para a superfície do mar. Se o propósito for a soma, o estímulo "dois e três" traz a resposta, "cinco"; se o propósito for a multiplicação, o mesmo estímulo, as mesmas sensações auditivas, "dois e três", trazem a resposta, "seis". A associação de sensações ou ideias não ocorre simplesmente por contiguidade de espaço ou tempo, nem por similaridade, nem por quão recente, frequente ou intensa é a experiência; ela é, acima de tudo, determinada pelo propósito da mente. As sensações e os pensamentos são serventes; aguardam nosso chamado, não vêm a menos que precisemos deles. Existe um agente de seleção e direção que os utiliza e é o mestre deles. Além das sensações e das ideias existe a *mente*.

Esse agente de seleção e coordenação, segundo Kant, usa, antes de tudo, dois métodos simples para a classificação do material que lhe é apresentado: o sentido de espaço e o sentido de tempo. Assim como o general organiza as mensagens trazidas até ele de acordo com o lugar para onde se destinam e o momento em que foram escritas, e, assim, encontra uma ordem e um sistema para todas elas, a mente também distribui suas sensações no espaço e no tempo, atribui essas mesmas sensações a este ou àquele objeto, a este momento presente ou àquele no passado. Espaço e tempo não são coisas percebidas, mas modos de percepção, maneiras de dar sentido à sensação; espaço e tempo são órgãos de percepção.

Eles são *a priori*, porque toda experiência ordenada os envolve e pressupõe. Sem eles, sensações jamais poderiam evoluir para percepções. São *a priori* porque é inconcebível que venhamos a ter qualquer experiência futura que não os envolverá também. E por serem *a priori*, suas leis, que são as leis da matemática, são *a priori*, absolutas e necessárias, para sempre. Não é meramente provável, é certo que nunca encontraremos uma linha reta que não seja a distância mais curta entre dois pontos. A matemática, pelo menos, está salva do dissolvente ceticismo de David Hume.

Poderão todas as ciências estar igualmente a salvo? Sim, se a lei da causalidade — segundo a qual uma determinada causa deve *sempre* ser seguida de um determinado efeito —, seu princípio básico, puder ser demonstrada, como acontece com o espaço e o tempo, tão inerente a todos os processos de compreensão que não se possa conceber nenhuma experiência futura que a viole ou fuja dela. Será também a causalidade, *a priori*, um pré-requisito indispensável e condição de todo pensamento?

## 2. ANALÍTICA TRANSCENDENTAL

Assim, passamos do vasto campo da sensação e da percepção para a escura e estreita câmara do pensamento; da "estética transcendental" para a "lógica transcendental". Primeiro, daremos nomes e vamos analisar os elementos em nosso pensamento que são mais propriamente dados pela mente à percepção do que por esta à mente; aquelas alavancas que elevam o conhecimento "conceitual" de relações, sequências e leis; aqueles instrumentos da mente que refinam a experiência transformando-a em ciência. Assim como as percepções organizavam as sensações em torno de objetos no espaço e no tempo, a concepção organiza percepções (objetos e eventos) em torno das ideias de causa, unidade, relação recíproca, necessidade, contingência etc.; estas e outras "categorias" são a estrutura na qual as percepções são recebidas, e pela qual são classificadas e moldadas nos conceitos ordenados do pensamento. São elas a própria essência e o caráter da mente; mente é a coordenação da experiência.

Aqui, mais uma vez, observe a atividade dessa mente, que era, para Locke e Hume, mera "cera passiva" sob os golpes da experiência sensorial. Imagine um sistema de pensamento como o de Aristóteles; seria concebível que essa ordenação quase cósmica de dados devesse ter sido obtida pela espontaneidade automática, anarquista, dos próprios dados? Veja esse magnífico catálogo em fichários na biblioteca, inteligentemente ordenado na sequência para propósitos humanos. Em seguida, imagine todos esses fichários jogados no chão, todas essas fichas espalhadas a esmo numa desordem turbulenta. Consegue agora conceber essas fichas espalhadas levantando-se, *à la* barão de Münchausen, passando tranquilamente aos seus lugares alfabéticos e por assunto nas caixas adequadas, e cada caixa ao seu lugar na prateleira, até que tudo volte a ser ordem, sentido e propósito? Que história fantasiosa esses céticos nos trazem!

Sensação é estímulo desorganizado, percepção é sensação organizada, concepção é percepção organizada, ciência é conhecimento organizado, sabedoria é vida organizada: cada qual é um grau maior de ordem, sequência e unidade. De onde vêm essa ordem, essa sequência, essa unidade? Não das próprias coisas, pois nós só as conhecemos pelas sensações que chegam por meio de mil canais ao mesmo tempo em turbas desordenadas; é o nosso propósito que dá ordem, sequência e unidade a essa impertinente anarquia; somos nós mesmos, nossa personalidade, nossa mente, que levamos luz a esses mares. Locke estava enganado quando disse: "Nada existe no intelecto exceto o que primeiro existiu nos sentidos"; Leibniz estava certo quando acrescentou: "nada, exceto o próprio intelecto". "As percepções sem concepções", diz Kant, "são cegas". Se as percepções se organizassem automaticamente em pensamento ordenado, se a mente não fosse um esforço ativo extraindo a ordem do caos, como poderia a mesma experiência deixar um homem medíocre, e numa alma mais ativa e incansável ser alçada à luz da sabedoria e à bela lógica da verdade?

O mundo, então, tem ordem, não por si mesmo, mas porque o pensamento que conhece o mundo é, ele próprio, uma ordem, o primeiro estágio na classificação da experiência que, no fim das contas, é ciência e filosofia. As leis do pensamento são, também, as leis das coisas, porque as coisas são conhecidas por nós apenas por meio desse pensamento que deve obedecer a essas leis, já que ele e elas são a mesma coisa; com efeito, como iria dizer Hegel, as leis da lógica e as leis da natureza são a mesma coisa, e a lógica e a metafísica se fundem. Os princípios generalizados da ciência são necessários porque constituem, em última instância, leis do pensamento envolvidas e pressupostas em toda experiência, passada, presente e futura. A ciência é absoluta, e a verdade é eterna.

## 3. DIALÉTICA TRANSCENDENTAL

Entretanto, essa certeza, essa incondicionalidade, das mais altas generalizações da lógica e da ciência, é, paradoxalmente, limitada e relativa: limitada estritamente ao campo da experiência real, e relativa estritamente ao nosso modo humano de experiência. Porque se a nossa análise estiver correta, o mundo tal como o conhecemos é um constructo, um produto acabado, quase — pode-se dizer — um artigo manufaturado, para o qual contribui tanto a mente por suas formas modeladoras quanto a coisa com seus estímulos. (Assim percebemos que o tampo da mesa é circular, enquanto nossa sensação é de uma elipse.) O objeto, tal como se parece a nós, é um fenômeno, uma aparência, talvez muito diferente do objeto externo antes de chegar ao alcance de nossos sentidos; o que era aquele objeto original nunca poderemos saber; a "coisa-em-si-mesma" pode ser um objeto do pensamento ou de inferência (um "númeno"), mas não pode ser experimentada — porque, ao ser experimentada, seria alterada pela passagem através do sentido e do pensamento. "Continua inteiramente desconhecido, para nós, o que os objetos podem ser por si sós e fora da receptividade de nossos sentidos. Nada conhecemos exceto a nossa maneira de percebê-los; maneira essa que é peculiar a nós, e não necessariamente partilhada por todos, embora o seja, sem dúvida, por todo ser humano."[18] A lua que conhecemos é meramente um apanhado de sensações (como Hume percebeu), unificado (como Hume não percebeu) pela nossa estrutura mental nativa por meio da elaboração de sensações para torná-las percepções, e destas para torná-las concepções ou ideias; como resultado, a lua é, *para nós*, apenas nossas ideias.*

Não que Kant chegue a duvidar da existência da "matéria" e do mundo externo; mas ele acrescenta que não sabemos ao certo sobre eles, exceto que existem. Nosso conhecimento detalhado é sobre a aparência deles, seus fenômenos, sobre as sensações que temos deles. Idealismo não significa, como pensa o homem da rua, que nada existe fora do sujeito que percebe; mas que boa parte de todo objeto é criada pelas formas de percepção e compreensão: conhecemos o objeto tal como transformado em ideia; o que ele é antes de ser assim transformado não temos como saber. A ciência, afinal, é ingênua; ela supõe que esteja lidando com coisas em si mesmas, em sua plena realidade externa e incorrupta; a filosofia é um pouco mais sofisticada e percebe que toda a matéria-prima da ciência consiste de sensações, percepções e concepções, e não de coisas. "O maior mérito de Kant", diz Schopenhauer, "é distinguir o fenômeno da coisa em si".[19]

Segue-se que qualquer tentativa, pela ciência ou pela religião, de dizer o que é a realidade última, deve acabar caindo na mera hipótese; "a compreensão nunca poderá ultrapassar os limites da sensibilidade".[20] Essa ciência transcendental se perde em "antinomias", e essa teologia transcendental se perde em "paralogismos". É a função cruel da "dialética transcendental" examinar a validade dessas tentativas da razão de fugir do restringente círculo da sensação e da aparência para o mundo incognoscível das coisas "em si mesmas".

---

* Por isso, John Stuart Mill, com toda a sua tendência inglesa para o realismo, foi levado finalmente a definir a matéria como meramente "uma permanente possibilidade de sensações".

Antinomias são os dilemas insolúveis nascidos de uma ciência que tenta exceder a experiência. Assim, por exemplo, quando o conhecimento tenta decidir se o mundo é finito ou infinito no espaço, o pensamento se rebela contra as duas suposições: além de qualquer limite, somos levados a conceber algo mais além, indefinidamente; contudo, a própria infinidade é inconcebível. Mais uma vez: o mundo teve um começo no tempo? Não podemos conceber a eternidade; mas também não podemos conceber qualquer ponto no passado sem sentir, de imediato, que antes disso havia algo. Ou será que essa cadeia de causas que a ciência estuda teve um começo, uma Primeira Causa? Sim, porque uma cadeia interminável é inconcebível; não, porque uma primeira causa não causada também é inconcebível. Será que existe alguma saída desses impasses do pensamento? Existe, diz Kant, se lembrarmos que espaço, tempo e causa são modos de percepção e concepção, que devem entrar em toda a nossa experiência, já que são a teia e a estrutura da experiência; esses dilemas surgem de se supor que espaço, tempo e causa são coisas externas, independentes da percepção. Nunca teremos nenhuma experiência que não interpretemos em termos de espaço, tempo e causa; mas nunca teremos nenhuma filosofia se nos esquecermos de que eles não são coisas, mas modos de interpretação e compreensão.

O mesmo acontece com os paralogismos da teologia "racional" — que tenta provar, por uma razão teórica, que a alma é uma substância incorruptível, que a vontade é livre e está acima da lei de causa e efeito, e que existe um "ser necessário", Deus, como a pressuposição de toda a realidade. A dialética transcendental deve lembrar à teologia que substância, causa e necessidade são categorias finitas, modos de organização e classificação que a mente aplica à experiência sensorial, e seguramente válidas apenas para os fenômenos que aparecem a tais experiências; não podemos aplicar essas concepções ao mundo numenal (ou meramente inferido e conjectural). A religião não pode ser provada pela razão teórica.

Assim termina a primeira *Crítica*. Podemos bem imaginar David Hume, um escocês mais fantástico que o próprio Kant, vendo os resultados com um sorriso irônico. Ali estava um tremendo livro, com oitocentas páginas; insuportavelmente abarrotado de uma terminologia pesada; propondo solucionar todos os problemas da metafísica e, eventualmente, salvar o absolutismo da ciência e a verdade essencial da religião. O que o livro realmente fizera? Ele destruíra o mundo ingênuo da ciência, e o limitara, se não em grau, com certeza em alcance — limitando-o também a um mundo confessadamente de mera superfície e aparência, além do qual ele só podia resultar em ridículas "antinomias"; assim, a ciência estava "salva"! Os trechos mais eloquentes e incisivos do livro afirmavam que os objetos da fé — uma alma livre e imortal, um criador benevolente — nunca poderiam ser provados pela razão; assim, a religião estava "salva"! Não é à toa que os padres da Alemanha protestavam alucinados contra essa salvação e se vingavam chamando seus cachorros de Immanuel Kant.[21]

Também não é à toa que Heine comparava o pequeno professor de Königsberg ao terrível Robespierre; este havia apenas matado um rei e alguns milhares de franceses — o que um alemão poderia perdoar; mas Kant, disse Heine, matara Deus, comprometera os mais caros argumentos da teologia. "Que nítido contraste entre a vida exterior desse homem e seus destrutivos pensamentos que abalavam o mundo! Se tivessem os cidadãos de Königsberg desconfiado do pleno significado desses pensamentos, teriam sentido um assombro mais profundo na presença desse homem do que na de um carrasco, que apenas mata seres humanos. Mas o bom povo via nele nada mais que um professor de filosofia; e quando na hora marcada ele passava caminhando, acenavam com a cabeça uma saudação amigável e acertavam seus relógios."[22]

Isso seria uma caricatura ou uma revelação?

## IV. A CRÍTICA DA RAZÃO PRÁTICA

Se a religião não pode ser fundamentada na ciência e na teologia, em que então o será? Na moral. A base na teologia é demasiado insegura; seria melhor abandoná-la, até destruí-la; a fé deve ser colocada longe do alcance ou dos domínios da razão. Mas dessa forma a base moral da religião deve ser absoluta, não derivada de duvidosas experiências sensoriais ou inferências precárias; não corrompida pela mistura da razão falível; deve ser derivada do eu interior, pela percepção direta e pela intuição. Temos que encontrar uma ética universal e necessária; princípios *a priori* de moral, tão absolutos e certos quanto a matemática. Temos que mostrar que a "razão pura pode ser prática; ou seja, pode, por si só, determinar a vontade, independentemente de qualquer coisa empírica",[23] que o senso moral é inato, e não derivado da experiência. O imperativo moral de que precisamos como a base da religião deve ser um imperativo absoluto, categórico.

Ora, a mais impressionante realidade em toda a nossa experiência é, exatamente, o nosso senso moral, nosso sentimento inexorável, diante da tentação, de que isto ou aquilo está errado. Podemos ceder; mas, apesar de tudo, o sentimento está lá. *Le matin je fais des projets, et le soir je fais des sottises;*[24] mas sabemos que se trata de *sottises*, e tornamos a decidir não cometê-las. O que é isso que traz a mordida do remorso e a nova decisão? É o imperativo categórico que existe em nós, o incondicional comando de nossa consciência, para "agir como se a máxima de nossa ação fosse tornar-se, por vontade nossa, uma lei universal da natureza".[25] Sabemos, não pelo raciocínio, mas por sentimentos vívidos e imediatos, que precisamos evitar comportamentos que, se adotados por todos os homens, tornariam impossível a vida social. Desejo fugir a uma dificuldade usando uma mentira? Mas "embora eu possa desejar a mentira, não posso, de forma alguma, desejar que mentir seja uma lei universal. Porque com uma lei dessas não haveria promessas de nenhum tipo".[26] Daí, então, é que vem a sensação dentro de mim de que não devo mentir, ainda que seja para tirar vantagem. A prudência é hipotética; seu lema é: Honestidade quando esta for a melhor política; mas a lei moral em nossos corações é incondicional e absoluta.

E uma boa ação é boa não porque traz bons resultados, ou porque é sábia, mas porque é feita obedecendo esse senso íntimo de dever, essa lei moral que não vem de nossa experiência pessoal, mas legisla imperiosamente e *a priori* para todos os nossos comportamentos, passados, presentes e futuros. A única coisa incondicionalmente boa deste mundo é uma boa vontade — a vontade de seguir a lei moral, não importando que isso resulte em vantagem ou desvantagem para nós. Tanto faz a sua felicidade; cumpra o seu dever. "Moralidade não é propriamente a doutrina de como podemos nos fazer felizes, mas de como podemos nos tornar dignos da felicidade."[27] Vamos buscar a felicidade nos outros; mas para nós, a perfeição — quer ela nos traga felicidade, quer nos traga dor.[28] Para conseguir a perfeição em você mesmo e felicidade nos outros, "aja de modo a tratar a humanidade, quer na sua própria pessoa, quer na pessoa de outrem, sempre como um fim, nunca apenas como um meio"[29] — isso também, como sentimos diretamente, faz parte do imperativo categórico. Vivamos de acordo com este princípio, assim logo criaremos uma comunidade ideal de seres racionais; para isso, precisamos apenas agir como se já pertencêssemos a ela; devemos aplicar a lei perfeita no estado imperfeito. É uma ética rígida, você pode dizer — esta colocação do dever acima da beleza, da moralidade acima da felicidade; mas só assim podemos deixar de ser animais e começar a ser deuses.

Observe que, enquanto isso, essa ordem absoluta ao dever prova, no fim das contas, a liberdade de nossa vontade; como teríamos concebido uma noção de dever como essas, se não tivéssemos nos sentido livres? Não podemos provar essa liberdade pela razão teórica; nós a provamos ao senti-la diretamente na crise da escolha moral. Sentimos essa liberdade como a própria essência de nosso eu interior, do "puro Ego"; sentimos dentro de nós a espontânea atividade de uma mente moldando a experiência e escolhendo metas. Nossas ações, tão logo as iniciemos, parecem seguir leis fixas e invariáveis, mas só porque percebemos seu resultado por meio do sentido, que reveste tudo que transmite com a roupa daquela lei causal feita por nossa própria mente. Não obstante, estamos além e acima das leis que fazemos a fim de compreendermos o mundo de nossa experiência; cada um de nós é um centro de força iniciativa e poder criativo. De uma maneira que sentimos, mas não podemos provar, cada um de nós é livre.

E, mais uma vez, embora não possamos provar, sentimos que somos imortais. Percebemos que a vida não é como esses dramas tão adorados pelas pessoas — nos quais todo vilão é punido e todo ato de virtude tem a sua recompensa; aprendemos de novo que, aqui, a sabedoria da serpente se sai melhor do que a delicadeza da pomba, e que qualquer ladrão poderá triunfar se roubar o suficiente. Se simplesmente a utilidade e a conveniência mundanas fossem a justificativa da virtude, não seria sensato ser demasiado bom. Todavia, mesmo sabendo de todas essas coisas, tendo isso jogado nas nossas faces com uma brutal repetição, continuamos sentindo esse mandamento da retidão, *sabemos que devemos* fazer o bem desaconselhável. Como esse senso do correto poderia sobreviver se não sentíssemos no fundo do coração que esta vida é apenas uma parte da vida, que este sonho terreno é apenas um prelúdio embrional para um novo nascimento, um novo despertar; se não tivéssemos a vaga ideia de que naquela vida posterior e mais longa o equilíbrio será corrigido, e que não haverá um só copo d'água dado com generosidade que não retorne multiplicado por cem?

Por fim, e seguindo o mesmo raciocínio, existe um Deus. Se o senso do dever envolve e justifica a crença em recompensas futuras, "o postulado da imortalidade (...) deve levar à suposição da existência de uma causa adequada a esse efeito; em outras palavras, deve postular a existência de Deus".[30] Isso, frisamos, não é uma prova "racional"; o senso moral, que tem a ver com o mundo de nossas ações, deve ter prioridade sobre a lógica teórica que só foi criada para lidar com fenômenos sensoriais. A nossa razão nos deixa livres para acreditar que por trás da coisa-em-si-mesma existe um Deus justo; nosso senso moral nos ordena que acreditemos nisso. Rousseau tinha razão: acima da lógica da cabeça está o sentimento no coração. Pascal tinha razão: o coração tem razões próprias, que a cabeça jamais poderá compreender.

## V. SOBRE RELIGIÃO E RAZÃO

Isso parece trivial, tímido, conservador? Mas não era assim; pelo contrário, essa intrépida negação da teologia "racional", essa franca redução da religião para fé e esperança morais, incitou protestos por parte de todos os ortodoxos da Alemanha. Enfrentar esse "poder de quarenta párocos" (como Byron o teria chamado) exigia mais coragem do que normalmente se associaria ao nome de Kant.

Que ele era bem valente ficou bastante claro quando publicou, aos sessenta e seis anos, sua *Crítica da Faculdade de Julgar*, e, aos sessenta e nove, a sua *A Religião nos Limites da Simples Razão*. No primeiro desses livros, Kant volta à discussão daquele argumento da concepção da existência de Deus que, na primeira *Crítica*, ele rejeitara por considerá-lo prova insuficiente. Ele começa correlacionando planejamento e beleza; o belo, segundo ele, é qualquer coisa que revele simetria e unidade de estrutura, como se tivesse sido planejada pela inteligência. Ele observa de passagem (e Schopenhauer bebeu bastante dessa fonte para sua teoria da arte) que a contemplação do desenho simétrico sempre nos dá um prazer desinteressado; e que "um interesse na beleza da natureza em si mesma é sempre um sinal de bondade".[31] Muitos objetos na natureza exibem essa beleza, essa simetria e unidade, a ponto de quase nos levarem à ideia de um projeto sobrenatural. Mas, por outro lado, diz Kant, também existem na natureza vários casos de desperdício e caos, de repetição e multiplicação inúteis; a natureza preserva a vida, mas à custa de quanto sofrimento e morte! A aparência de um projeto externo, portanto, não é uma prova conclusiva da Providência. Os teólogos que usam tanto essa teoria deveriam abandoná-la, e os cientistas que o abandonaram deveriam usá-la; é uma pista magnífica, e conduz a centenas de revelações. Pois não há dúvida de que existe um projeto; mas é um projeto interno, o projeto das partes pelo todo; e se a ciência for interpretar as partes de um organismo em termos de seu significado para o todo, terá um admirável equilíbrio para aquele outro princípio heurístico — a concepção mecânica da vida —, que também é útil para a descoberta, mas que, sozinho, jamais poderá explicar sequer o crescimento de uma folha de grama.

O ensaio sobre religião é uma produção espantosa para um homem de sessenta e nove anos; talvez seja o mais audacioso de todos os livros de Kant. Como a religião deve ser baseada não na lógica da razão teórica, mas na razão prática do senso moral, segue-se que qualquer Bíblia ou revelação deve ser julgada pelo seu valor para a moralidade, não podendo ser ela própria o juiz de um código moral. Igrejas e dogmas só têm valor até o ponto em que auxiliam o desenvolvimento moral da raça. Quando meros credos ou cerimônias usurpam a prioridade em relação à excelência moral como um teste da religião, a religião desapareceu. A verdadeira igreja é uma comunidade de pessoas que, por mais espalhadas e divididas, estão reunidas pela devoção à lei moral comum. Foi para criar essa comunidade que Cristo viveu e morreu; foi essa igreja verdadeira que ele sustentou para contrastar com o eclesiasticismo dos fariseus. Mas outro eclesiasticismo quase suplantou essa nobre concepção. "Cristo trouxe o reino de Deus para mais perto da Terra; mas foi mal interpretado, e no lugar do reino de Deus estabeleceu-se entre nós o reino dos padres."[32] Credo e ritual novamente substituíam a boa vida; e, em vez de os homens ficarem unidos pela religião, estão divididos em mil seitas; e todo tipo de "absurdo piedoso" é inculcado como "uma espécie de serviço de bajulação celestial, por meio do qual se pode obter, pela lisonja, o favor do soberano do céu".[33] De novo, milagres não podem servir de prova para uma religião, porque nunca podemos confiar inteiramente no testemunho que os apoia; e a oração é inútil se visar à suspensão das leis naturais que vigoram para toda a experiência. Por fim, o nadir da perversão é atingido quando a Igreja se torna um instrumento nas mãos de um governo reacionário; quando o clero, cuja função é consolar e guiar uma atormentada humanidade com fé, esperança e caridade religiosas, é transformado em instrumento de obscurantismo teológico e opressão política.

A audácia dessas conclusões está no fato de que foi exatamente isso o que aconteceu na Prússia. Frederico, o Grande, morrera em 1786 e fora sucedido por Frederico Guilherme II, para quem as políticas liberais de seu antecessor tinham traços antipatrióticos do Iluminismo francês. Zedlitz, que fora ministro da Educação no reino de Frederico, foi exonerado, e seu lugar dado a um pietista, Wöllner. Wöllner tinha sido descrito por Frederico como "um padre traiçoeiro e intrigante", que dividia seu tempo entre a alquimia e os mistérios rosacrucianistas, e ascendeu ao poder ao oferecer-se como um "indigno instrumento" para a política do novo monarca de restaurar a fé ortodoxa compulsoriamente.[34] Em 1788, Wöllner expediu um decreto que proibia qualquer ensinamento, na escola ou na universidade, que se desviasse da forma ortodoxa do protestantismo luterano; criou uma rigorosa censura para todas as formas de publicações e ordenou a demissão de todo professor suspeito de qualquer heresia. Kant, de início, não foi incomodado, porque era um homem velho, e — como disse um conselheiro real — só umas poucas pessoas o liam, e estas não o compreendiam. Mas o ensaio sobre religião era inteligível, e embora parecesse sincero quanto ao fervor religioso, revelava traços muito fortes de Voltaire para passar pela nova censura. A *Berliner Monatsschrift*, que planejara publicar o ensaio, recebeu ordens para não o fazer.

Kant, que agia agora com um vigor e uma coragem dificilmente críveis em um homem de quase setenta anos, enviou o ensaio a alguns amigos em Jena, e, por meio deles, conseguiu publicá-lo pela imprensa da universidade local. Jena ficava fora da Prússia, sob a jurisdição do mesmo liberal duque de Weimar, que na época protegia Goethe. O resultado foi que, em 1794, Kant recebeu uma eloquente ordem do gabinete real prussiano, que dizia o seguinte: "Nosso altíssimo ficou muitíssimo contrariado ao observar que fazeis mau uso de vossa filosofia para solapar e destruir muitas das mais importantes e fundamentais doutrinas das Sagradas Escrituras e do cristianismo. Ordenamos uma imediata explicação correta e esperamos que, no futuro, não mais provoqueis uma ofensa dessas, mas que, pelo contrário, de acordo com o vosso dever, empregueis vossos talentos e autoridade a fim de que o nosso propósito paternal possa ser alcançado cada vez mais. Se continuardes a vos opor a esta ordem, podereis esperar consequências desagradáveis".[35] Kant respondeu que todo homem erudito deveria ter o direito de dar pareceres independentes sobre questões religiosas e tornar conhecidas suas opiniões; mas que durante o reinado do atual rei ele iria manter silêncio. Alguns biógrafos, que podem ser muito corajosos por procuração, têm-no condenado por essa concessão; mas é bom lembrar que Kant estava com setenta anos, com a saúde frágil, e não se encontrava em condições para travar uma batalha; e que já tinha dado a sua mensagem ao mundo.

## VI. SOBRE POLÍTICA E PAZ PERPÉTUA

O governo prussiano poderia ter perdoado a teologia de Kant se ele também não fosse culpado de heresias políticas. Três anos depois da ascensão de Frederico Guilherme II, a Revolução Francesa fez tremer todos os tronos da Europa. Numa época em que a maioria dos professores das universidades prussianas correu para apoiar a monarquia legítima, Kant, um jovem de sessenta e cinco anos de idade, saudou a Revolução com alegria; e com lágrimas nos olhos, comentou com os amigos: "Agora posso dizer como Simeão: 'Senhor, deixa que teu servo parta em paz; porque meus olhos viram a Tua salvação'".[36]

Kant publicara, em 1784, uma breve exposição de sua teoria política, sob o título "O Princípio Natural da Ordem Política Considerado Conexo com a Ideia de uma História Cosmopolita Universal". Ele começa reconhecendo, na luta de cada um contra todos que tanto chocara Hobbes, o método usado pela natureza para desenvolver as capacidades ocultas da vida; a luta é o indispensável acompanhamento do progresso. Se os homens fossem inteiramente sociais, o homem estagnaria; uma certa liga de individualismo e competição é necessária para fazer com que a espécie humana sobreviva e evolua. "Sem qualidades de um tipo antissocial (...) os homens poderiam ter levado uma vida arcadiana de pasto em completa harmonia, contentamento e amor mútuo; mas nesse caso, todos os seus talentos teriam ficado para sempre ocultos em seu germe." (Kant, portanto, não tinha nada do seguidor submisso de Rousseau.) "Demos graças, pois, à natureza por essa insociabilidade, por esse ciúme e essa vaidade invejosos, por esse insatisfeito desejo de posse e poder. (...) O homem deseja a concórdia; mas a natureza é quem sabe mais o que é bom para a sua espécie; e ela deseja a discórdia, a fim de que o homem possa ser impelido a um novo emprego de seus poderes e a um maior desenvolvimento de suas capacidades naturais."

A luta pela existência, então, não é de todo um mal. Mesmo assim, os homens logo notam que ela deve ficar restrita a certos limites e regulada por normas, costumes e leis; daí a origem e a evolução da sociedade civil. Mas agora "a mesma insociabilidade que forçou os homens a formar uma sociedade volta a se tornar a causa da atitude de cada comunidade, de descontrolada liberdade em suas relações externas — isto é, como um Estado em relação a outros Estados; e consequentemente, qualquer Estado deve esperar de qualquer outro o mesmo tipo de males que antes oprimiam os indivíduos e os levaram a fazer uma união civil regulamentada por lei".[37] Está na hora de as nações, tal como os homens, emergirem do estado selvagem da natureza e fazerem um acordo para manter a paz. Todo o significado e movimento da história é no sentido de uma restrição cada vez maior à beligerância e à violência, a contínua ampliação da área de paz. "A história da raça humana, vista como um todo, pode ser considerada como a realização de um plano oculto da natureza de criar uma constituição política, perfeita interna e externamente, como o único Estado no qual todas as capacidades por ela implantadas na humanidade possam desenvolver-se em sua plenitude."[38] Se não houver esse progresso, os trabalhos de sucessivas civilizações serão como os de Sísifo, que repetidas vezes "empurrava uma enorme pedra redonda montanha acima" só para vê-la rolar de volta quando estava quase chegando ao topo. A história não seria, portanto, mais do que uma interminável e circundante loucura; "e poderíamos supor, como os hindus, que a Terra é um lugar para a expiação de velhos e esquecidos pecados".[39]

O ensaio *À Paz Perpétua* (publicado em 1795, quando Kant estava com setenta e um anos) é um nobre desenvolvimento desse tema. Kant sabe como é fácil rir dessas palavras; e debaixo do título, ele escreve: "Essas palavras, certa vez, foram colocadas por um holandês na placa de seu albergue, com intuito satírico, por cima da representação de uma igreja" e seu cemitério.[40] Kant reclamara antes, como parece que toda geração deve fazer: "os nossos governantes não têm dinheiro para gastar na educação pública (...) porque todos os seus recursos já foram alocados na conta da próxima guerra".[41] As nações só serão realmente civilizadas quando todos os exércitos permanentes forem abolidos. (A audácia dessa proposta se destaca quando nos lembramos de que fora a própria Prússia, sob o pai de Frederico, o Grande, que primeiro criara a conscrição.) "Exércitos permanentes excitam os Estados a sobrepujarem mutuamente seus rivais em número de homens armados, sem chegar a um limite. Em virtude dos gastos ocasionados por essa situação, a paz se torna, em longo prazo, mais opressiva do que uma guerra curta; e exércitos permanentes são, por esse motivo, a causa das guerras agressivas, que são travadas com o objetivo de se livrarem desse ônus."⁴² Porque em tempo de guerra o exército se sustentava à custa do país, por meio de confisco, aquartelamento e saques; de preferência no território do inimigo, mas, se necessário, no próprio país; até isso teria sido melhor do que sustentá-lo com fundos do governo.

Grande parte desse militarismo, segundo Kant, era devido à expansão da Europa pela América, África e Ásia, com as resultantes disputas dos ladrões pelo novo espólio. "Se compararmos os casos bárbaros de hostilidade (...) com o comportamento desumano dos Estados civilizados, e especialmente comerciais, do nosso continente, a injustiça cometida por eles, mesmo em seu primeiro contato com terras e povos estrangeiros, encher-nos-á de horror; a mera visita a esses povos sendo considerada por eles como o equivalente a uma conquista. A América, as terras dos negros, as Ilhas das Especiarias [Molucas], o Cabo da Boa Esperança etc., ao serem descobertos, foram tratados como países que não pertenciam a ninguém; porque os habitantes aborígenes eram considerados como se nada fossem. (...) E tudo isso tem sido realizado por nações que fazem um grande alarde sobre a sua piedade e que, enquanto bebem a iniquidade como se fosse água, consideram-se os próprios eleitos da fé ortodoxa."⁴³ A velha raposa de Königsberg ainda não se calara!

Kant atribuía essa ganância imperialista à constituição oligárquica dos Estados europeus; os espólios iam para uma minoria seleta e continuavam substanciais mesmo depois da divisão. Se a democracia fosse instalada e todos participassem do poder político, os espólios da roubalheira internacional teriam que ser subdivididos de modo a constituírem uma tentação resistível. Daí "o primeiro artigo definitivo das condições da paz perpétua" ser o seguinte: "A constituição civil de todo Estado será republicana, e a guerra só será declarada por um plebiscito de todos os cidadãos".⁴⁴ Quando aqueles que são obrigados a lutar tiverem o direito de decidir entre guerra e paz, a história já não será escrita com sangue. "Por outro lado, numa constituição em que o sujeito não é um membro votante do Estado, e que, portanto, não é republicana, a decisão de ir à guerra é uma questão da menor importância no mundo. Porque, nesse caso, o governante que, como tal, não é um simples cidadão, mas o dono do Estado, não precisa de forma alguma sofrer pessoalmente com a guerra, nem sacrificar seus prazeres da mesa ou da caça, ou seus agradáveis palácios, festivais da corte ou coisa parecida. Sendo assim, pode decidir-se pela guerra por motivos insignificantes, como se aquilo não passasse de uma expedição de caça; e quanto à propriedade da guerra, ele nem precisa se preocupar, deixando a justificativa para o corpo diplomático, que está sempre pronto para trabalhar com esse propósito."[45] Como a verdade é atual!

A aparente vitória da Revolução sobre os exércitos da reação em 1795 levou Kant a ter esperanças de que agora surgiriam repúblicas por toda a Europa e que nasceria uma ordem internacional baseada numa democracia sem escravidão e sem exploração, e comprometida com a paz. Afinal, a função do governo é ajudar a desenvolver o indivíduo, não usá-lo e maltratá-lo. "Todo homem deverá ser respeitado como um fim absoluto em si mesmo; e é um crime contra a dignidade que lhe pertence como ser humano usá-lo como simples meio para alguma finalidade externa."[46] Isso também é uma parte essencial daquele imperativo categórico sem o qual a religião é uma farsa hipócrita. Kant, portanto, exige a igualdade: não de capacidade, mas de oportunidade para o desenvolvimento e a aplicação da capacidade; ele rejeita todas as prerrogativas de nascimento e classe, e atribui todo privilégio hereditário a alguma violenta conquista no passado. Em meio ao obscurantismo, à reação e à união de toda a Europa monárquica para esmagar a Revolução, ele toma sua posição, apesar de seus setenta anos de idade, em favor da nova ordem, do estabelecimento da democracia e da liberdade em todos os cantos. Nunca a velhice falara tão corajosamente com a voz da juventude.

Mas agora Kant estava exausto; já terminara a sua corrida, já lutara a sua luta. Ele recolheu-se lentamente para uma senilidade infantil que, por fim, se tornou uma insanidade inofensiva: um a um, seus poderes e suas sensibilidades o deixaram; e em 1804, aos setenta e nove anos, morreu, tranquila e naturalmente, como uma folha caindo da árvore.

## VII. CRÍTICAS E OPINIÃO

E agora, como essa complexa estrutura de lógica, metafísica, psicologia, ética e política se encontra hoje, depois que as tempestades filosóficas de mais de um século se abateram sobre ela? É um prazer responder que grande parte do majestoso edifício continua de pé; e que a "filosofia crítica" representa um evento de permanente importância na história do pensamento. Mas muitos detalhes e fortificações da estrutura foram abalados.

Primeiro, então, seria o espaço uma simples "forma de sensibilidade", sem nenhuma realidade objetiva independente da mente que a percebe? Sim e não. Sim: porque o espaço é um conceito vazio quando não preenchido por objetos percebidos; "espaço" significa apenas que certos objetos estão, para a mente perceptiva, em uma e outra posição ou distância com referência a outros objetos percebidos; e nenhuma percepção externa é possível a não ser de objetos no espaço; então, espaço é, com toda a certeza, uma "forma necessária do sentido externo". E não: porque, sem dúvida, tais fatos espaciais, como o circuito elíptico anual da Terra em torno do sol, embora constatáveis apenas por uma mente, são independentes de qualquer percepção; o profundo oceano azul-escuro se agitou antes de Byron ordenar-lhe que o fizesse, e depois que ele morreu. Tampouco o espaço é um "constructo" da mente por meio da coordenação de sensações ilimitadas; nós percebemos o espaço diretamente por meio de nossa percepção simultânea de diferentes objetos e vários pontos — como quando vemos um inseto atravessando um fundo imóvel. Da mesma forma: o tempo como uma sensação de antes e depois, ou uma medida de movimento, é, obviamente, subjetivo e altamente relativo; mas uma árvore vai envelhecer, secar e deteriorar-se, quer o lapso de tempo seja medido quer seja simplesmente percebido. A verdade é que Kant estava ansioso demais para provar a subjetividade do espaço, como um refúgio do materialismo; ele temia o argumento de que se o espaço fosse objetivo e universal, Deus devia existir nele e ser, portanto, espacial e material. Ele deve ter ficado contente com o idealismo crítico que mostra que toda realidade é conhecida por nós, primordialmente, como nossas sensações e ideias. A velha raposa abocanhou mais do que podia mastigar.*

Ele também poderia ter se contentado com a relatividade da verdade científica, sem se esforçar para atingir aquela miragem, o absoluto. Estudos recentes, como os de Pearson, na Inglaterra, Mach, na Alemanha, e Henri Poincaré, na França, concordam mais com Hume do que com Kant: toda ciência, até a mais rigorosa matemática, é relativa em sua verdade. A própria ciência não está preocupada com o assunto; um alto nível de probabilidade a satisfaz. No fim das contas, será que conhecimento "necessário" não é necessário?

A grande conquista de Kant é ter demonstrado, de uma vez por todas, que o mundo externo só é conhecido por nós como uma sensação; e que a mente não é uma simples tábula rasa indefesa, a vítima inativa da sensação, mas um agente positivo, selecionando e reconstruindo as experiências conforme elas vão chegando. Podemos fazer subtrações dessa realização sem prejudicar a sua grandeza essencial. Podemos sorrir, com Schopenhauer, diante da exata dúzia de categorias, tão belamente dispostas em trincas e depois esticadas, encolhidas e interpretadas maldosa e implacavelmente para se encaixarem e cercarem todas as coisas.[47] E podemos até questionar se essas categorias, ou formas interpretativas de pensamento, são inatas, existindo antes da sensação e da experiência; talvez seja assim no indivíduo, como admitia Spencer, embora adquirida pela raça; e depois, novamente, talvez adquirida até pelo indivíduo: as categorias poderão ser sulcos de pensamento, hábitos de percepção e concepção, gradualmente provocados

---

* A persistente vitalidade da teoria de conhecimento de Kant aparece na completa aceitação por um cientista tão prosaico como Charles P. Steinmetz: "Todas as nossas percepções sensoriais são limitadas pelas concepções de tempo e espaço, e a elas vinculadas. Kant, o maior e mais crítico de todos os filósofos, nega que o tempo e o espaço sejam o produto da experiência, mas mostra que ambos constituem categorias — concepções com as quais nossa mente veste as percepções sensoriais. A física moderna chegou à mesma conclusão na teoria da relatividade, de que o espaço absoluto e o tempo absoluto não existem; tempo e espaço só existem na medida em que as coisas ou os eventos os enchem; isto é, são formas de percepção". — Palestra na Igreja Unitária, Schenectady, 1923.

por sensações e percepções que se arrumavam automaticamente — primeiro, de forma desordenada, e depois, por uma espécie de seleção natural de formas de arrumação, de modo ordenado, adaptável e esclarecedor. É a memória que classifica e interpreta as sensações transformando-as em percepções, e estas em ideias; mas a memória é uma acreção. A unidade de mente que Kant pensava ser nativa (a "transcendental unidade de apercepção") é adquirida — e não por todos; e tanto pode ser ganha quanto perdida — na amnésia, personalidade alterada ou insanidade. Os conceitos são uma conquista, não uma dádiva.

O século XIX tratou com muita rudeza a ética de Kant, sua teoria de um senso moral inato, *a priori*, absoluto. A filosofia da evolução sugeria, de forma irresistível, que o senso do dever é um depósito social no indivíduo, sendo a satisfação da consciência adquirida, embora a vaga disposição para o comportamento social seja inata. O eu moral, o homem social, não tem nada de "criação especial" vinda misteriosamente das mãos de Deus, mas é o produto final de uma evolução vagarosa. A moral não é absoluta; é um código de conduta criado mais ou menos ao acaso para a sobrevivência grupal e variando com a natureza e as circunstâncias do grupo: um povo encurralado por inimigos, por exemplo, irá considerar imoral o individualismo entusiástico e irrequieto que uma nação jovem e segura em sua riqueza e seu isolamento irá tolerar como sendo um ingrediente necessário da exploração de recursos naturais e de formação do caráter nacional. Nenhuma ação é boa por si mesma, como supõe Kant.[48]

Sua juventude pietista e sua vida difícil, de intermináveis deveres e raros prazeres, deram-lhe uma tendência moralista; ele passou, finalmente, a defender o dever pelo dever e, com isso, caiu sem perceber nos braços do absolutismo prussiano.[49] Existe algo de um severo calvinismo escocês nessa oposição do dever à felicidade; Kant dá continuidade a Lutero e à Reforma estoica, assim como Voltaire deu seguimento a Montaigne e à Renascença epicurista. Ele representava uma implacável reação contra o egoísmo e o hedonismo nos quais Helvetius e Holbach haviam formulado a vida de sua época inconsequente, uma atitude muito parecida com a de Lutero ao reagir contra o luxo e a negligência da Itália mediterrânea. Mas depois de um século de reação contra o absolutismo da ética de Kant, encontramo-nos mais uma vez em uma confusão de sensualismo e imoralidade, de implacável individualismo não contido pela consciência democrática ou pela honra aristocrática; e talvez esteja próximo o dia em que a civilização em vias de se desintegrar voltará a ouvir de bom grado o chamado kantiano ao dever.

A maravilha da filosofia de Kant é o dinâmico ressurgimento, na segunda *Crítica*, daquelas ideias religiosas de Deus, liberdade e imortalidade, que, aparentemente, a primeira *Crítica* destruíra. "Nas obras de Kant", diz o amigo crítico de Nietzsche, Paul Ree, "você se sente como se estivesse numa feira do interior. Pode comprar nela o que quiser — liberdade da vontade e controle da vontade, idealismo e uma refutação do idealismo, ateísmo e o bom Deus. Como um mágico tirando coisas de uma cartola vazia, Kant tira do conceito de dever um Deus, a imortalidade e a liberdade — para grande surpresa de seus leitores".[50] Schopenhauer também faz um ataque à derivação da imortalidade da necessidade de recompensa: "A virtude de Kant, que a princípio se voltava para a felicidade, perde sua independência mais tarde e estende a mão pedindo uma gorjeta".[51] O grande pessimista acredita que Kant era, na realidade, um cético que, tendo abandonado a crença, hesitava em destruir a fé do povo, por temer as consequências para a moral pública. "Kant revela a falta de fundamento da teologia especulativa e deixa intocada a teologia popular, inclusive a estabelece numa forma mais nobre como uma fé baseada no sentimento moral." "Isso foi, depois, desvirtuado pelos filosofastros, passando a ser considerado apreensão racional e consciência de Deus etc. (...); mas Kant, enquanto demolia velhos e reverenciados erros, consciente do perigo que isso representava, queria por meio da teologia moral apenas apresentar como substitutos alguns fracos suportes temporários, não só para que a ruína não desabasse sobre ele, mas para que ele tivesse tempo de escapar."[52] Também Heine, no que sem dúvida é uma caricatura intencional, representa Kant, depois de ter destruído a religião, saindo para um passeio com o seu criado Lampe e, de repente, percebendo que os olhos do velho estão cheios de lágrimas. "Então Immanuel Kant sente compaixão e mostra que é não só um grande filósofo, mas também um homem bom; e meio gentil, meio irônico, diz: 'O velho Lampe deve ter um

Deus, do contrário não pode ser feliz, diz a razão prática; de minha parte, a razão prática pode, então, garantir a existência de Deus'."⁵³ Se essas interpretações fossem verdadeiras, teríamos que chamar a segunda *Crítica* de Anestética Transcendental.

Mas essas reconstruções aventurosas do Kant íntimo não precisam ser levadas demasiadamente a sério. O fervor do ensaio sobre "A Religião nos Limites da Simples Razão" indica uma sinceridade intensa demais para ser posta em dúvida, e a tentativa de alterar a base da religião, de teologia para moral, de credo para conduta, só poderia ter partido de uma mente profundamente religiosa. "É realmente verdade", escreveu ele a Moses Mendelssohn, em 1766, "que penso em muitas coisas com a mais clara das convicções, (...) que nunca tenho a coragem de dizer; mas nunca direi qualquer coisa que eu não pense".⁵⁴ Naturalmente, um tratado longo e obscuro como a grande *Crítica* se presta a interpretações rivais; uma das primeiras resenhas do livro, escrita por Reinhold poucos anos depois de seu lançamento, disse aquilo que podemos dizer hoje: "A *Crítica da Razão Pura* tem sido proclamada pelos dogmatistas como a tentativa de um cético que solapa a certeza de todo o conhecimento; pelos céticos como um trabalho de presunção arrogante que se põe a erguer uma nova forma de dogmatismo sobre as ruínas de sistemas anteriores; pelos sobrenaturalistas como um artifício sutilmente tramado para deslocar as fundações históricas da religião e estabelecer o naturalismo sem polêmica; pelos naturalistas como um novo apoio para a filosofia da fé que está morrendo; pelos materialistas como uma contradição idealística da realidade da matéria; pelos espiritualistas, como uma injustificável limitação de toda a realidade ao mundo corpóreo, escondida sob o nome de campo da experiência".⁵⁵ Na verdade, a glória do livro está na avaliação de todos esses pontos de vista; e para uma inteligência tão perspicaz quanto a de Kant, bem poderia parecer que ele tivesse realmente reconciliado todos eles e fundindo-os numa unidade de verdade complexa como a filosofia jamais vira em toda a sua história.

Quanto à sua influência, todo o pensamento filosófico do século XIX girou em torno de sua especulação. Depois de Kant, toda a Alemanha começou a falar sobre metafísica: Schiller e Goethe o estudaram;

Beethoven citou, com admiração, suas famosas palavras sobre as duas maravilhas da vida — "o céu estrelado lá em cima, a lei moral aqui dentro"; e Fichte, Schelling, Hegel e Schopenhauer produziram, em rápida sucessão, grandes sistemas de pensamento erguidos sobre o idealismo do velho sábio de Königsberg. Foi naqueles dias balsâmicos da metafísica alemã que Jean Paul Richter escreveu: "Deus deu aos franceses a terra, aos ingleses o mar, aos alemães o império do ar". A crítica da razão de Kant e sua exaltação do sentimento preparam o terreno para o voluntarismo de Schopenhauer e Nietzsche, o intuicionismo de Bergson e o pragmatismo de William James; sua identificação das leis do pensamento com as leis da realidade deu a Hegel todo um sistema de filosofia; e a sua incognoscível "coisa-em-si-mesma" influenciou Spencer mais do que este percebeu. Grande parte da obscuridade de Carlyle pode ser atribuída à sua tentativa de apresentar em alegorias o já obscuro pensamento de Goethe e Kant — de que as diversas religiões e filosofias não passam de modificações na roupagem de uma verdade eterna. Caird, Green, Wallace, Watson, Bradley e muitos outros na Inglaterra devem sua inspiração à primeira *Crítica*; e mesmo o selvaticamente inovador Nietzsche tira a sua epistemologia do "grande chinês de Königsberg", cuja ética estática ele condena ardorosamente. Depois de um século de luta entre o idealismo de Kant, reformado em diversas oportunidades, e o materialismo do Iluminismo, repaginado em diversas oportunidades, a vitória parece ficar com Kant. Até o grande materialista Helvetius escreveu, paradoxalmente: "Os homens, se posso ousar dizê-lo, são os criadores da matéria".[56] A filosofia nunca mais será tão ingênua quanto em seus primeiros e mais simples dias; de hoje até o fim dos tempos, ela deverá continuar sendo diferente, e mais profunda, porque Kant viveu.

## VIII. UMA NOTA SOBRE HEGEL

Não muito tempo atrás, era costume dos historiadores da filosofia dedicarem aos sucessores imediatos de Kant — a Fichte, Schelling e Hegel — a mesma honra e o mesmo espaço que haviam dedicado a todos os seus predecessores no pensamento moderno, de Bacon e Descartes a Voltaire e Hume. Hoje, nossa perspectiva é um pouco diferente, e gostamos, talvez com muita intensidade, da invectiva dirigida por Schopenhauer contra seus rivais bem-sucedidos na concorrência por cargos profissionais. Ao ler Kant, disse Schopenhauer, "o público foi compelido a ver que aquilo que é obscuro nem sempre é sem importância". Fichte e Schelling se aproveitaram disso e excogitaram magníficas teias de aranha de metafísica. "Mas o ápice da audácia em expor puros absurdos, em unir disparatados e extravagantes labirintos de palavras, do tipo que antes só era conhecido em hospícios, foi finalmente atingido em Hegel, e se tornou o instrumento da mais descarada mistificação geral já ocorrida, com um resultado que irá parecer fabuloso para a posteridade, mas permanecerá um monumento à estupidez alemã."[57] Isso é justo?

Georg Wilhelm Friedrich Hegel nasceu em Stuttgart, em 1770. Seu pai era um funcionário subalterno no departamento de finanças do Estado de Würtemberg; e o próprio Hegel cresceu com os hábitos pacientes e metódicos daqueles funcionários públicos cuja modesta eficiência tem dado à Alemanha as cidades mais bem governadas do mundo. O jovem foi um estudante incansável: fazia análises completas de todos os livros importantes que lia e copiava longos trechos. A verdadeira cultura, dizia ele, deve começar com uma decidida modéstia; como no sistema pitagórico de educação, em que era exigido do discípulo, nos primeiros cinco anos, manter-se sempre calado.

Seus estudos de literatura grega lhe conferiram um entusiasmo pela cultura ática que continuou com ele quando quase todos os outros entusiasmos haviam desaparecido. "Ao ouvir o nome Grécia", escreveu ele, "o alemão culto se sente acolhido em casa. Os europeus têm a sua religião vinda de uma fonte mais distante, do Oriente; (...) mas aquilo que está aqui, o que está presente — ciência e arte, tudo que torna a vida agradável, e a eleva, e a adorna — origina-se, direta ou indiretamente, da Grécia". Durante algum tempo, ele preferiu a religião dos gregos ao cristianismo; e antecipou-se a Strauss e Renan ao escrever uma *Vida de Jesus* na qual Jesus era tido como filho de Maria e José, e o elemento milagroso era ignorado. Mais tarde, ele destruiu o livro.

Na política, mostrou também um espírito de rebeldia que dificilmente se podia desconfiar que existisse, se levarmos em consideração sua posterior santificação do *status quo*. Enquanto estudava para o ministério em Tübingen, ele e Schelling defenderam calorosamente a Revolução Francesa e foram, certa manhã bem cedo, plantar uma Árvore da Liberdade na praça do mercado. "A nação francesa, pelo banho de sangue de sua revolução", ele escreveu, "libertou-se de muitas instituições que o espírito do homem deixou para trás, como fez com seus sapatinhos de bebê, e que, por conta disso, pesavam sobre ela, como pesam ainda sobre outras, como penas sem vida". Foi naquela época de esperanças, "quando ser jovem era o próprio paraíso", que ele flertou, como Fichte, com um tipo de socialismo aristocrático e se entregou, com um vigor característico, à corrente romântica na qual toda a Europa estava mergulhada.

Formou-se em Tübingen, em 1793, com um certificado que declarava ser ele um homem talentoso e de bom caráter, bem preparado em teologia e filologia, mas sem nenhuma aptidão em filosofia. Na época, ele era pobre e tinha de ganhar o seu pão como professor particular em Berna e Frankfurt. Esses foram seus anos de crisálida: enquanto a Europa se fazia em pedaços nacionalistas, Hegel se estruturava e crescia. Então (1799) seu pai morreu, e Hegel, herdando cerca de mil e quinhentos dólares, considerou-se um homem rico e desistiu das aulas particulares. Ele escreveu a seu amigo Schelling pedindo conselhos sobre onde deveria instalar-se e solicitou um lugar onde a comida fosse simples, houvesse abundância de livros e *"ein gutes Bier"*.* Schelling recomendou Jena, que era uma cidade universitária sob a jurisdição do duque de Weimar. Em Jena, Schiller estava ensinando história; Tieck, Novalis e os Schlegels pregavam o romantismo; e Fichte e Schelling propunham suas filosofias. Hegel chegou lá em 1801, e em 1803 tornou-se professor na universidade.

Ele ainda estava lá em 1806, quando a vitória de Napoleão sobre os prussianos projetou confusão e terror na cidadezinha erudita. Soldados franceses invadiram a casa de Hegel, e ele bateu em retirada como todo

---

* N. do T.: "Uma boa cerveja."

bom filósofo, carregando consigo o manuscrito de seu primeiro livro importante, *Fenomenologia do Espírito*. Durante algum tempo, enfrentou tamanha miséria que Goethe disse a Knebel que emprestasse alguns trocados para que ele superasse essa onda ruim. Hegel escreveu em tons quase rancorosos a Knebel: "Tornei minha estrela-guia o ditado bíblico cuja verdade constatei por experiência própria: 'Procurai primeiro alimento e vestuário, e depois vos será acrescentado o reino dos céus'". Por um tempo, foi editor de um jornal em Bamberg; depois, em 1812, tornou-se diretor do ginásio em Nuremberg. Foi ali, talvez, que as estoicas necessidades do trabalho administrativo esfriaram nele o fogo do romantismo e o transformaram, como ocorreu com Napoleão e Goethe, num clássico vestígio de uma era romântica. E foi ali que ele escreveu sua *Ciência da Lógica* (1812-16), que cativou a Alemanha com a sua ininteligibilidade e lhe valeu a cadeira de filosofia em Heidelberg. Em Heidelberg, ele escreveu a sua imensa *Enciclopédia das Ciências Filosóficas* (1817), graças à qual foi promovido, em 1818, para a Universidade de Berlim. Desse período até o fim de sua vida, ele dominou o mundo filosófico tão indiscutivelmente quanto Goethe dominou o mundo da literatura, e Beethoven, o reino da música. Seu aniversário era no dia seguinte ao de Goethe; e a orgulhosa Alemanha fazia, todos os anos, um feriado de dois dias em homenagem a eles.

Um francês, certa vez, pediu a Hegel que explicasse a sua filosofia em uma única frase; ele não se saiu muito bem quanto o monge que, instado a definir o cristianismo enquanto se equilibrava em um pé só, disse apenas: "Ama o próximo como a ti mesmo". Hegel preferiu responder em dez volumes; e quando foram escritos e publicados, o mundo todo falando sobre eles, ele reclamou: "Só um homem me compreende, mas nem ele entende".* A maioria de seus escritos, como os de Aristóteles, consiste em anotações de palestras; ou, pior ainda, de anotações feitas por alunos que assistiram às suas palestras. Só a *Lógica* e a *Fenomenologia* são de próprio punho e constituem obras-primas de falta de clareza, obliteradas por abstração e condensação de estilo,

---

* Críticos implacáveis, como seria de se esperar, contestam a autenticidade dessa história.

por uma terminologia estranhamente original e por uma modificação excessivamente cuidadosa de todas as declarações com uma riqueza gótica de cláusulas limitantes. Hegel descreveu sua obra como "uma tentativa de ensinar a filosofia a falar alemão".[58] E ele conseguiu.

A *Lógica* é uma análise não de métodos de raciocínio, mas dos conceitos usados no raciocínio. Hegel acha que esses conceitos são as categorias citadas por Kant — Ser, Qualidade, Quantidade, Relação etc. A primeira tarefa da filosofia é dissecar essas noções básicas tão discutidas em todo o nosso processo de raciocínio. A mais difusa de todas é a Relação; toda ideia é um grupo de relações; só pensamos em alguma coisa ao relacioná-la com alguma outra coisa e perceber suas similaridades e suas divergências. Uma ideia sem relações de qualquer espécie é vazia; isso é tudo que se quer exprimir quando se diz que "Puro Ser e Nada são a mesma coisa": Ser absolutamente destituído de relações ou qualidades não existe e não tem significado nenhum. Essa proposição levou a uma interminável criação de chistes que ainda se multiplicam; e, na mesma hora, mostrou ser um obstáculo e uma atração para o estudo do pensamento de Hegel.

De todas as relações, a mais universal é a do contraste, ou oposição. Toda condição de pensamento ou das coisas — toda ideia e toda situação do mundo — leva irresistivelmente ao seu oposto e depois se une a ele para formar um todo mais elevado e mais complexo. Esse "movimento dialético" está presente em tudo que Hegel escreveu. Trata-se de uma ideia antiga, é claro, prenunciada por Empédocles e incorporada na "justa medida" de Aristóteles, que escreveu que "o conhecimento dos opostos é uno". A verdade (como um elétron) é uma unidade orgânica de partes contrárias. A verdade do conservadorismo e do radicalismo é o liberalismo — um espírito aberto e uma mão cautelosa, uma mão aberta e um espírito cauteloso; a formação de nossas opiniões sobre grandes problemas é uma oscilação decrescente entre extremos; e em todas as questões discutíveis, *veritas in medio stat*. O movimento de evolução é um contínuo desenvolvimento de oposições, e a fusão e reconciliação destas. Schelling estava certo — há uma "identidade de contrários" subjacente; e Fichte estava certo — tese, antítese e síntese constituem a fórmula e o segredo de todo o desenvolvimento e de toda a realidade.

Porque não só pensamentos se desenvolvem e evoluem segundo esse "movimento dialético", mas todas as coisas igualmente; toda condição das coisas contém uma contradição que a evolução deve resolver com uma unidade reconciliadora. Assim, sem dúvida, o nosso atual sistema social oculta uma contradição autocorrosiva: o estimulante individualismo exigido em um período de adolescência econômica e recursos inexplorados despertam, numa era posterior, a aspiração por uma comunidade cooperativa; e o futuro não verá nem a realidade presente nem o ideal imaginado, mas uma síntese na qual um pouco de ambos se juntará para gerar uma vida mais elevada. E esse estágio mais elevado também dividir-se-á em uma contradição produtiva, e alçará a níveis ainda mais altos de organização, complexidade e unidade. O movimento do pensamento, portanto, é idêntico ao movimento das coisas; em cada um deles há uma progressão dialética que parte da unidade, segue até a diversidade e passa para a diversidade-na-unidade. Pensamento e ser seguem a mesma lei; e lógica e metafísica são uma coisa só.

A mente é o órgão indispensável à percepção desse processo dialético e dessa unidade na diferença. A função da mente, e a tarefa da filosofia, é descobrir a unidade que se encontra latente na diversidade; a tarefa da ética é unificar caráter e conduta, e a tarefa da política é unificar indivíduos para formar um Estado. A tarefa da religião é atingir e sentir aquele Absoluto no qual todos os opostos fundem-se na unidade, aquela grande soma do ser em que matéria e mente, sujeito e objeto, bem e mal tornam-se um só. Deus é o sistema de relações no qual todas as coisas se movem e têm sua existência e seu significado. No homem, o Absoluto se alça à autoconsciência e se torna a Ideia Absoluta — isto é, pensamento que se realiza como parte do Absoluto, transcendendo limitações e propósitos individuais e captando, sob a batalha universal, a oculta harmonia de todas as coisas. "A razão é a substância do universo; (...) o projeto do mundo é absolutamente racional."[59]

Não que batalha e mal sejam meras suposições negativas; eles são bem reais; mas são, na perspectiva da sabedoria, estágios para a satisfação e o bem. Lutar é a lei para o crescimento; o caráter é formado na tempestade e na tensão do mundo; e um homem só alcança seu pleno auge por meio de compulsões, responsabilidade e sofrimento. Até a dor tem seu fundamento racional; ela é um sinal de vida e um estímulo para a reconstrução. A paixão também tem um lugar na razão das coisas: "nada de grande no mundo foi realizado sem paixão";[60] e mesmo as ambições egoístas de um Napoleão contribuem, inadvertidamente, para o desenvolvimento de nações. A vida não é feita para a felicidade, mas para realizações. "A história do mundo não é o teatro da felicidade; os períodos de felicidade são páginas em branco, porque são períodos de harmonia";[61] e esse conteúdo monótono é indigno de um homem. A história só é feita nos períodos em que as contradições da realidade estão sendo resolvidas pelo crescimento, assim como as hesitações e os constrangimentos da juventude se transformam na tranquilidade e na ordem da maturidade. A história é um movimento dialético, quase uma série de revoluções, na qual povo após povo, gênio após gênio, tornam-se o instrumento do Absoluto. Os grandes homens não são tanto geradores quanto parteiras do futuro; o que eles produzem é gerado pelo *Zeitgeist*, o Espírito da Era. O gênio se limita a colocar outra pedra na pilha, como outros fizeram; "de algum modo, a pedra dele tem a felicidade de ser a última, e quando ele coloca a sua pedra, o arco aparece autossustentado". "Tais indivíduos não tinham consciência da Ideia geral que estavam desvendando; (...) mas tinham uma percepção quanto às exigências da época — aquilo que estava maduro para o desenvolvimento. Isso era a própria Verdade para a sua época, para o seu mundo; a espécie seguinte da fila, por assim dizer, e que já estava formada no ventre do tempo."[62]

Essa filosofia da história parece levar a conclusões revolucionárias. O processo dialético faz da mudança o princípio cardinal da vida; nenhuma condição é permanente; em cada estágio das coisas, há uma contradição que só a "batalha dos opostos" pode resolver. A lei mais profunda da política, por conseguinte, é a liberdade — uma avenida aberta para mudanças; a história é o crescimento da liberdade, e o Estado é, ou deveria ser, a liberdade organizada. Por outro lado, a doutrina de que "o real é racional" tem tonalidades conservadoras: toda condição, embora destinada a desaparecer, tem o direito divino que lhe pertence como uma etapa necessária na evolução; num certo sentido, é prudentemente verdadeiro dizer que "seja o que for, está certo". E como a unidade é a meta do desenvolvimento, a ordem é o primeiro requisito para a liberdade.

Se Hegel, no fim da vida, tendia mais para as implicações conservadoras de sua filosofia do que para as radicais, isto em parte se devia ao fato de que o Espírito da Era (para usar a sua própria frase histórica) desconfiava de um excesso de mudanças. Depois da Revolução de 1830, ele escreveu: "Finalmente, depois de quarenta anos de guerra e de uma confusão incomensurável, um velho coração deve regozijar-se por ver um fim para tudo isso e o começo de um período de satisfação pacífica".[63] Não era exatamente "ordenado" que o filósofo da batalha como dialética do crescimento se tornasse o defensor da satisfação; mas aos sessenta anos de idade, um homem tem o direito de pedir paz. Apesar disso, as contradições no pensamento de Hegel eram profundas demais para que houvesse paz; e na geração seguinte, seus seguidores dividiram-se com dialética fatalidade entre a "direita hegeliana" e a "esquerda hegeliana". Weisse e o jovem Fichte encontraram, na teoria do real como racional, uma expressão filosófica da doutrina da Providência e uma justificativa para uma política de absoluta obediência. Feuerbach, Moleschott, Bauer e Marx voltaram ao ceticismo e à "crítica mais elevada" da juventude de Hegel, e desenvolveram a filosofia da história, transformando-a numa teoria de lutas de classes, levando ao "socialismo inevitável" por uma necessidade hegeliana. No lugar do Absoluto como determinante da história por meio do *Zeitgeist*, Marx sugeria movimentos de massa e forças econômicas como as causas básicas de toda mudança fundamental, fosse no mundo das coisas, fosse na vida do pensamento. Hegel, o professor imperial, havia chocado os ovos socialistas.

O velho filósofo denunciou os radicais como sendo sonhadores e escondeu cuidadosamente seus primeiros ensaios. Aliou-se ao governo prussiano, abençoou-o como a mais recente expressão do Absoluto e aqueceu-se ao sol de seus favores acadêmicos. Seus inimigos o chamavam de "o filósofo oficial". Ele começou a considerar o sistema hegeliano uma parte das leis naturais do mundo; esqueceu-se de que a sua própria dialética condenava o seu pensamento à impermanência e à decadência. "Nunca a filosofia assumiu um tom tão arrogante, e nunca suas honras reais foram tão plenamente reconhecidas e asseguradas, como em 1830" em Berlim.[64]

Mas Hegel envelheceu rapidamente naqueles anos felizes. Tornou-se tão distraído quanto um gênio de livro de contos de fadas; certa vez, entrou na sala de aula calçando apenas um sapato, tendo deixado o outro, sem perceber, na lama. Quando a epidemia de cólera chegou a Berlim em 1831, seu corpo enfraquecido foi um dos primeiros a sucumbir ao contágio. Depois de apenas um dia de doença, ele faleceu súbita e tranquilamente durante o sono. Assim como o intervalo de um ano viu o nascimento de Napoleão, Beethoven e Hegel, no período de 1827 a 1832 a Alemanha perdeu Goethe, Hegel e Beethoven. Foi o fim de uma época, o último grande esforço da maior era da Alemanha.

# CAPÍTULO II
# Schopenhauer

## I. A ÉPOCA

Por que será que a primeira metade do século XIX levantou, como vozes da época, um grupo de poetas pessimistas — Byron na Inglaterra, De Musset na França, Heine na Alemanha, Leopardi na Itália, Pushkin e Lermontof na Rússia; um grupo de compositores pessimistas — Schubert, Schumann, Chopin e até mesmo o Beethoven de sua última fase (um pessimista tentando convencer a si próprio de que era um otimista); e, sobretudo, um filósofo profundamente pessimista — Arthur Schopenhauer?

A grande antologia do infortúnio, *O Mundo como Vontade e Representação*, apareceu em 1818. Foi a época da "Santa" Aliança. A Batalha de Waterloo havia chegado ao fim, a Revolução morrera, e o "Filho da Revolução" apodrecia num rochedo em um mar distante. Algo da apoteose da Vontade de Schopenhauer era devido à magnífica e sangrenta aparição desta Vontade em carne e osso na figura do pequeno corso; e algo de seu desespero por viver provinha da distância patética de Santa Helena — a Vontade finalmente derrotada, e a Morte sombria, a única vitoriosa de todas as guerras. Os Bourbons foram restabelecidos, os barões feudais estavam voltando para reivindicar suas terras, e o pacífico idealismo de Alexandre, sem notar, gerara uma liga para a supressão do progresso em toda parte. A grande era chegara ao fim. "Agradeço a Deus", disse Goethe, "por não ser jovem em um mundo tão minuciosamente exterminado".

A Europa toda se encontrava prostrada. Milhões de homens fortes haviam morrido; milhões de hectares de terra tinham sido negligenciados ou tornados improdutivos; em todo lugar naquele continente, a vida tinha que recomeçar do zero, para recuperar dolorosa e lentamente o civilizador excedente econômico que havia sido engolido pela guerra. Schopenhauer, em uma viagem pela França e pela Áustria em 1804, ficou abalado com o caos e a sujeira dos vilarejos, a pobreza deplorável dos agricultores, a impaciência e a miséria das cidades. A passagem dos exércitos napoleônicos e antinapoleônicos deixara cicatrizes da destruição nos rostos de todos os países. Moscou estava em cinzas. Na Inglaterra, a orgulhosa vencedora da batalha, seus agricultores estavam arruinados pela queda no preço do trigo; e os trabalhadores industriais provavam de todos os horrores do nascente e descontrolado sistema fabril. A desmobilização piorava o desemprego. "Ouvi meu pai dizer", escreveu Carlyle, "que nos anos em que seis quilos e meio de farinha de aveia chegavam a custar dez xelins, ele percebera que os trabalhadores dirigiam-se, isoladamente, até um riacho, e lá bebiam em vez de jantar, ansiosos apenas para esconderem uns dos outros a miséria em que se encontravam".[1] Nunca a vida parecera tão sem sentido, ou tão terrível.

Sim, a Revolução morrera; e com ela, a vida parecia ter deixado a alma da Europa. Aquele novo paraíso chamado Utopia, cujo encanto havia abrandado o crepúsculo dos deuses, recuara para um futuro vago em que só os olhos jovens podiam vê-lo; os olhos mais experientes haviam seguido aquela atração durante muito tempo, e agora se desviavam dela por considerá-la uma zombaria das esperanças dos homens. Só os jovens podem viver no futuro, e só os velhos podem viver no passado; a maioria dos homens era obrigada a viver no presente, e o presente era uma ruína. Quantos milhares de heróis e crentes haviam lutado pela Revolução! Como os corações da juventude de toda a Europa haviam se voltado para a jovem república e vivido sob a égide da esperança daquela república — até que Beethoven rasgou em pedaços a dedicatória de sua Sinfonia Heroica ao homem que deixara de ser o

Filho da Revolução e se tornara o genro da reação. Quantos lutaram, mesmo na ocasião, pela grande esperança, e acreditaram com apaixonada incerteza até o fim? E agora, ali estava o fim: Waterloo, Santa Helena e Viena; e no trono da França prostrada, um Bourbon que nada aprendera e que de nada se esquecera. Esse era o glorioso fim de uma geração com uma esperança e um esforço que a história humana jamais conhecera. Como era cômica essa tragédia — para aqueles cuja risada era ainda mais amarga pelas lágrimas!

Muitos dos pobres tinham, naqueles tempos de desilusão e sofrimento, o consolo da esperança religiosa; mas uma grande proporção das classes mais altas havia perdido a fé, e olhava para o mundo em ruínas sem a visão atenuante de uma vida mais abundante em cuja beleza e justiça final aqueles terríveis males seriam dissolvidos. E, na verdade, era bem duro acreditar que um planeta tão lamentável quanto o que os homens viram em 1818 fosse sustentado pela mão de um Deus inteligente e benevolente. Mefistófeles triunfara, e todos os Faustos estavam desesperados. Voltaire semeara o turbilhão, e Schopenhauer viria colher a safra.

Poucas vezes o problema do mal fora lançado tão viva e insistentemente no rosto da filosofia e da religião. Cada túmulo militar, de Bolonha a Moscou e até as Pirâmides, erguia uma interrogação muda às estrelas indiferentes. Por quanto tempo, Ó Deus, e Por Quê? Seria aquela calamidade quase universal a vingança de um Deus justo por causa da Era da Razão e da descrença? Seria um chamado para o intelecto penitente curvar-se diante das virtudes ancestrais da fé, esperança e caridade? Assim pensava Schlegel, e pensavam Novalis, Chateaubriand, De Musset, Southey, Wordsworth e Gogol; e eles voltaram para a antiga fé como filhos pródigos desgarrados, retornando felizes da vida para o lar de origem. Mas alguns outros deram uma resposta mais dura: que o caos da Europa não era nada mais do que o reflexo do caos universal; que, no fim das contas, não havia uma ordem divina, nem qualquer esperança celestial; que Deus, se houvesse Deus, era cego, e o Mal perambulava com rancor sobre a face da Terra. Assim pensaram Byron, Heine, Lermontof, Leopardi e o nosso filósofo.

## II. O HOMEM

Schopenhauer nasceu em Dantzig, no dia 22 de fevereiro de 1788. Seu pai, um comerciante conhecido por sua habilidade, independência de caráter, seu temperamento forte e amor pela liberdade, mudou-se de Dantzig para Hamburgo quando Arthur estava com cinco anos de idade, porque Dantzig perdera sua liberdade ao anexar-se com a Polônia, em 1793. O jovem Schopenhauer, por isso, cresceu em meio aos negócios e às finanças; e apesar de ter, com pouco tempo, abandonado a carreira comercial para a qual seu pai o empurrara, ela deixara nele uma marca caracterizada pela certa aspereza no trato, uma mentalidade prática e um conhecimento do mundo e dos homens; ela o tornou o antípoda daquele tipo fechado ou acadêmico de filósofo que ele tanto desprezava. O pai morreu, aparentemente pelas próprias mãos, em 1805. Sua avó paterna morrera louca.

"O caráter, ou vontade", diz Schopenhauer, "é herdado do pai; o intelecto, da mãe".[2] A mãe tinha intelecto — tornou-se uma das mais populares romancistas de sua época —, mas também era temperamental e austera. Tinha sido infeliz com o prosaico marido; e quando ele morreu, ela adotou o amor livre, e mudou-se para Weimar, por ser o clima mais adequado para aquele estilo de vida. Arthur Schopenhauer reagiu a isso como Hamlet reagiu ao novo casamento de sua mãe; e suas discussões com ela ensinaram-lhe uma grande parte daquelas meias verdades sobre as mulheres com as quais ele viria a temperar a sua filosofia. Uma das cartas que ela lhe escreveu revela a situação entre os dois: "Você é insuportável e incômodo, é muito difícil viver ao seu lado; todas as suas boas qualidades são ofuscadas por sua arrogância e tornadas inúteis para o mundo, simplesmente porque você não consegue conter sua propensão a achar defeitos nos outros". Dessa forma, eles decidiram morar separados; ele iria visitá-la apenas quando houvesse recepções na casa, e seria só mais um entre os convidados; assim, os dois poderiam ser tão delicados um com o outro como se fossem estranhos, em vez de se odiarem como se fossem parentes. Goethe, que gostava da senhora Schopenhauer porque ela lhe permitia levar consigo a sua Christiane, tornou as coisas piores ao dizer à mãe que o filho iria se tornar um homem muito famoso; a mãe nunca ouvira falar em dois gênios na mesma família. Por fim, numa discussão derradeira, a mãe empurrou o filho e rival escada abaixo; depois disso, o nosso filósofo lhe disse, com amargor, que ela só seria conhecida pela posteridade por meio dele. Schopenhauer deixou Weimar pouco tempo depois; e embora a mãe tenha vivido mais vinte e cinco anos, ele nunca tornou a vê-la. Byron, também uma criança em 1788, parece ter tido uma sorte semelhante com sua mãe. Esses homens estavam, quase devido a essas circunstâncias, fadados ao pessimismo; o homem que não conheceu o amor de mãe — e pior, que conheceu o ódio da mãe — não tem motivos para se apaixonar pelo mundo.

Nesse meio-tempo, Schopenhauer havia passado pelo ginásio e pela universidade, e aprendera mais do que estava nos respectivos currículos. Teve suas aventuras no âmbito do amor e do mundo, com resultados que afetaram seu caráter e a sua filosofia.[3] Tornara-se melancólico, cínico e desconfiado; era obcecado por medos e pesadelos; mantinha seus cachimbos trancados a sete chaves e jamais confiou seu pescoço à navalha de um barbeiro; dormia com pistolas carregadas ao lado da cama — presume-se que para a conveniência do ladrão. Não suportava barulho: "Há muito que sou da opinião", escreveu ele, "de que o volume de barulho que qualquer pessoa pode suportar sem se perturbar está na proporção inversa de sua capacidade mental e pode, portanto, ser considerado como uma boa medida para tal. (...) O barulho é uma tortura para todo intelectual. (...) A superabundante exibição de vitalidade que assume a forma de bater, martelar e derrubar as coisas de um lado para o outro tem sido o meu tormento a vida toda".[4] Tinha um senso quase paranoico de grandeza não reconhecida; sem conseguir sucesso e fama, voltava-se para dentro e roía a própria alma.

Ele não tinha mãe, não tinha mulher, não tinha filho, nem família, nem pátria. "Ele estava absolutamente sozinho, sem nem um amigo; e entre um e nenhum existe um infinito."[5] Mais ainda do que Goethe, ele era imune às febres nacionalistas de sua época. Em 1813, deixou-se influenciar tanto pelo entusiasmo de Fichte por uma guerra de libertação contra Napoleão que pensou em se apresentar como voluntário, chegando mesmo a comprar um conjunto de armas. Mas a prudência o conteve a tempo; ele alegou que "Napoleão, no fim das contas, só não se importava em dar voz concentrada e desimpedida àquela autoconfiança e àquela ânsia de viver mais que os mortais mais fracos sentem, mas são obrigados a disfarçar".[6] Em vez de ir para a guerra, foi para o interior do país e escreveu uma tese de doutorado em filosofia.

Depois dessa tese, *Sobre a Quádrupla Raiz do Princípio da Razão Suficiente* (1813),[7] Schopenhauer dedicou todo o seu tempo e todas as suas forças àquela que seria a sua obra-prima — *O Mundo como Vontade e Representação*. Ele enviou o manuscrito ao editor *magna cum laude*; ali, disse ele, não se tratava de mera apresentação nova de velhas ideias, mas de uma estrutura altamente coerente de pensamento original, "perfeitamente inteligível, vigoroso e sem beleza"; um livro "que seria, daqui por diante, a fonte e a ocasião de uma centena de outros livros".* Tudo excessivamente egoísta e absolutamente verdadeiro. Muitos anos mais tarde, Schopenhauer estava tão certo de ter resolvido os principais problemas da filosofia que pensou em mandar gravar em seu anel de sinete a figura da Esfinge lançando-se no abismo, como ela prometera fazer caso seus enigmas fossem decifrados.

Não obstante, o livro praticamente não atraiu nenhuma atenção; o mundo estava muito pobre e exausto para ler sobre sua pobreza e exaustão. Dezesseis anos após a publicação, Schopenhauer foi informado de que a maior parte da edição tinha sido vendida como papel velho. No seu ensaio sobre a Fama, em *A Sabedoria da Vida*, ele cita, com uma clara alusão à sua obra-prima, duas observações de Lichtenberger: "Trabalhos como este são como um espelho: se um burro

---

* Schopenhauer insiste, dificilmente com razão suficiente, e quase como se estivesse numa campanha de vendas, que este livro deve ser lido antes que *O Mundo como Vontade e Representação* possa ser compreendido. Não obstante, o leitor pode ter a satisfação de saber que o "princípio de razão suficiente" é a "lei de causa e efeito" sob quatro formas: 1 — Lógica, como a determinação de conclusão à base de premissas; 2 — Física, como a determinação do efeito pela causa; 3 — Matemática, como a determinação da estrutura pelas leis da matemática e da mecânica; e 4 — Moral, como a determinação da conduta pelo caráter.

olhar para ele, não se pode esperar que veja um anjo"; e "quando uma cabeça e um livro se chocam, e um deles soa como se estivesse oco, será que é sempre o livro?".[8] Schopenhauer continua, com a voz da vaidade ferida: "Quanto mais um homem pertence à posteridade — em outras palavras, à humanidade de modo geral —, mais ele é um estranho para os seus contemporâneos; porque, uma vez que sua obra não é feita especialmente para eles, mas apenas na medida em que eles façam parte da humanidade como um todo, não existe nada daquela cor local em suas produções que lhes interessaria". E, então, ele se torna tão eloquente quanto a raposa na fábula: "Será que um músico iria se sentir lisonjeado pelo ruidoso aplauso de uma plateia que ele soubesse ser quase surda, e na qual, para esconder sua enfermidade, apenas uma ou duas pessoas aplaudissem? E o que diria ele se descobrisse que aquelas pessoas tinham muitas vezes sido subornadas para garantir o mais caloroso aplauso para o mais sofrível dos intérpretes?". Em alguns homens, o egoísmo é uma compensação pela ausência da fama; em outros, dá uma generosa cooperação para a presença da fama.

Schopenhauer colocou tanto de seu corpo e de sua alma nesse livro que seus trabalhos posteriores não são nada mais que comentários sobre essa obra; ele se tornou talmudista para a sua própria Torah, exegeta para suas próprias jeremiadas. Em 1836, publicou um ensaio, *Sobre a Vontade na Natureza*, que foi, até certo ponto, incluído na edição aumentada de *O Mundo como Vontade e Representação* que apareceu em 1844. Em 1841, saiu *Os Dois Problemas Fundamentais da Ética*, e em 1851, dois substanciais volumes de *Parerga e Paralipomena* — literalmente, "Subprodutos e Sobras" — que foram traduzidos para o inglês como *Ensaios*. Por este, o mais legível de seus trabalhos e repleto de sabedoria e espírito, Schopenhauer recebeu, como remuneração total, dez exemplares grátis. O otimismo fica difícil em tais circunstâncias.

Só uma aventura perturbou a monotonia de seu isolamento depois de sair de Weimar. Ele tinha a esperança de uma oportunidade para apresentar sua filosofia em uma das grandes universidades da Alemanha; a oportunidade chegou em 1822, quando foi convidado para dar aulas em Berlim como *privat-docent*.* Ele deliberadamente escolheu os mesmos horários em que o então poderoso Hegel estava escalado para dar suas aulas; Schopenhauer confiava que os estudantes iriam olhar para ele e Hegel com os olhos da posteridade. Mas os estudantes não podiam fazer uma previsão dessas, e Schopenhauer viu-se falando com as cadeiras vazias. Ele se demitiu e vingou-se por meio das virulentas diatribes contra Hegel que maculam as edições posteriores de sua obra-prima. Em 1831, irrompeu em Berlim uma epidemia de cólera; Hegel e Schopenhauer fugiram; mas Hegel, que voltou antes do tempo, contraiu a infecção, e morreu em poucos dias. Schopenhauer parou apenas quando chegou a Frankfurt, onde passou o restante de seus setenta e dois anos.

Como um pessimista sensato, ele evitou a armadilha dos otimistas — a tentativa de ganhar a vida com a pena. Como herdara uma participação na firma do pai, ele viveu com modesto conforto com a renda que isso lhe proporcionava. Investiu seu dinheiro com uma sabedoria que não condiz com um filósofo. Quando uma empresa da qual ele havia adquirido ações faliu, e os outros credores concordaram com um acerto na base de 70%, Schopenhauer lutou pelo pagamento integral, e ganhou. Ficou com o suficiente para alugar dois quartos numa pensão; ali ele viveu os últimos trinta anos de sua vida, sem nenhum companheiro a não ser um cachorro. Chamava o pequeno poodle de Atma (o termo brâmane para indicar a Alma Mundial), mas os engraçadinhos de plantão o chamavam de "Jovem Schopenhauer". Jantava, normalmente, no Englischer Hof. No início de cada refeição, colocava uma moeda de ouro sobre a mesa, à sua frente; e ao final de cada refeição, tornava a colocar a moeda no bolso. Foi, sem dúvida, um garçom indignado que, por fim, lhe perguntou o significado daquela invariável cerimônia. Schopenhauer respondeu que era sua aposta silenciosa depositar a moeda na caixa de esmolas no primeiro dia em que os oficiais ingleses

---

* N. do T.: O autor refere-se erroneamente ao título acadêmico de "docente privado", com a grafia em francês, quando, na verdade, quis fazer menção ao título em alemão. Realmente, as grafias são muito semelhantes, mas a grafia correta, em alemão, para este cargo universitário, sem paralelo em português, é *Privatdozent*.

que jantavam lá falassem sobre outra coisa que não fosse cavalos, mulheres ou cachorros.[9]

As universidades ignoravam-no, bem como seus livros, como se para confirmar sua declaração de que todos os progressos da filosofia são feitos fora das paredes acadêmicas. "Nada", diz Nietzsche, "ofendia tanto os sábios alemães quanto a dessemelhança entre Schopenhauer e eles". Mas ele aprendera a ter um pouco de paciência; estava confiante de que, embora atrasado, o reconhecimento chegaria. E afinal, lentamente, chegou. Homens das classes médias — advogados, médicos, comerciantes — encontravam nele um filósofo que lhes oferecia não um mero jargão pretensioso de irrealidades metafísicas, mas um exame inteligível dos fenômenos da vida real. Uma Europa desiludida com os ideais e os esforços de 1848 voltou-se quase por aclamação para aquela filosofia que dera voz ao desespero de 1815. O ataque da ciência contra a teologia, a indicação socialista da pobreza e da guerra, o estresse biológico sobre a luta pela existência — todos esses fatores ajudaram Schopenhauer a finalmente obter fama.

Ele não estava muito velho para desfrutar de sua popularidade: lia com avidez todos os artigos que apareciam a seu respeito; pedia aos amigos que lhe enviassem qualquer comentário impresso que encontrassem — ele pagaria a postagem. Em 1854, Wagner enviou-lhe um exemplar de O Anel dos Nibelungos, com uma palavra de agradecimento pela filosofia da música de Schopenhauer. Assim, o grande pessimista tornou-se quase um otimista na velhice; tocava flauta com assiduidade depois do jantar e agradecia ao Tempo por tê-lo livrado dos ardores da juventude. Pessoas do mundo inteiro vinham visitá-lo; e no seu septuagésimo aniversário, em 1858, choveram cumprimentos advindos de todos os quadrantes e todos os continentes do planeta.

Já não era sem tempo; restavam-lhe apenas mais dois anos de vida. Em 21 de setembro de 1860, Schopenhauer sentou-se sozinho para o café da manhã, aparentemente bem. Uma hora depois, sua senhoria o encontrou ainda sentado à mesa, morto.

## III. O MUNDO COMO IDEIA

O que impressiona o leitor logo que abre *O Mundo como Vontade e Representação*\* é o estilo. Nele não existe o enigma chinês da terminologia kantiana, a ofuscação hegeliana, a geometria espinosista; tudo é clareza e ordem; e tudo está admiravelmente centrado em torno da principal concepção do mundo como vontade, e, por conseguinte, batalha, e, por conseguinte, angústia. Que honestidade abrupta, que vigor refrescante, que retidão intransigente! Onde seus predecessores são abstratos até a invisibilidade, com teorias que abrem poucas janelas de ilustração para o mundo real, Schopenhauer, como o filho de um homem de negócios, é rico no concreto, em exemplos, em aplicações, até em humor.\*\* Depois de Kant, o humor em filosofia era uma inovação surpreendente.

Mas por que o livro foi rejeitado? Em parte porque atacava justamente aqueles que poderiam ter lhe dado publicidade — os professores universitários. Hegel era o ditador filosófico da Alemanha em 1818; porém, Schopenhauer não perde tempo em atacá-lo. No prefácio da segunda edição, ele escreve:

> Nenhum período pode ser mais desfavorável à filosofia do que aquele no qual ela é vergonhosamente usada de forma incorreta, de um lado para favorecer objetivos políticos, e de outro, como meio de vida.

---

\* N. do T.: O título completo da obra, em alemão, é *Die Welt als Wille und Vorstellung*. A primeira tradução para o inglês foi publicada como *The World as Will and Idea*, título em que o autor do presente livro se baseia. Porém, a tradução de "Vorstellung" para "Idea" não oferece o sentido que Schopenhauer pretendia. Então, a versão seguinte foi *The World as Will and Representation*, e a mais recente, *The World as Will and Presentation*, que atualmente é a mais aceita, por transmitir a noção de "representação teatral" (*presentation*) do mundo. As versões em português ainda traduzem "Vorstellung" por "representação", pois essa palavra também está relacionada ao conceito teatral ao qual nos referimos, sendo, portanto, o título oficial em português (no Brasil), *O Mundo como Vontade e Representação*.
\*\* Preferiu-se que um exemplo de seu humor fosse enterrado na obscuridade de uma nota de rodapé. "O ator Unzelmann", notório por acrescentar comentários próprios nas falas dos roteiros das peças, "foi proibido, no teatro de Berlim, de improvisar. Pouco depois, teve que aparecer no palco montado num cavalo". No exato momento em que os dois entraram, o cavalo portou-se de maneira seriamente imprópria para um palco público. "A plateia começou a rir; Unzelmann repreendeu com severidade o cavalo: 'Você não sabe que estamos proibidos de improvisar?'" — Vol. II, p. 273.

(...) Não haverá, então, nada para se opor à máxima que diz *Primum vivere, deinde philosophari*?[10] Esses cavalheiros desejam viver, e de fato viver em virtude da filosofia. Estão dedicados à filosofia, com suas esposas e filhos. (...) A regra que diz "eu canto a canção daquele cujo pão eu como" sempre esteve em vigor; ganhar dinheiro com a filosofia era considerado pelos antigos como sendo a característica dos sofistas. (...) Nada se consegue em troca de ouro a não ser mediocridade. (...) É impossível que uma era que há vinte anos vem aplaudindo um Hegel — esse Caliban intelectual — como o maior dos filósofos (...) faça com que alguém que tenha observado isso fique desejoso de sua aprovação. (...) Mas, sobretudo, a verdade será sempre *paucorum hominum*,[11] e portanto deve esperar, tranquila e modestamente, pelos poucos que, por terem um modo de pensar fora do comum, possam achá-la apreciável. (...) A vida é curta, mas a verdade vai longe e tem vida longa; falemos a verdade.

As últimas palavras são ditas com nobreza; mas há um certo despeito em tudo isso; ninguém esteve mais ansioso por uma aprovação do que Schopenhauer. Teria sido ainda mais nobre não dizer nada sobre Hegel; *de vivis nil nisi bonum* — dos vivos, só falamos coisas boas. E quanto a esperar modestamente o reconhecimento... "Não consigo entender", diz Schopenhauer, "que entre Kant e mim nada tenha sido feito em filosofia".[12] "Afirmo que essa teoria — de que o mundo é vontade — é aquilo que há muito tempo vem sendo procurado sob o nome de filosofia e cuja descoberta é considerada, portanto, por aqueles familiarizados com a história, tão impossível quanto a descoberta da pedra filosofal."[13] "Pretendo apenas transmitir uma única teoria. Mesmo assim, apesar de todos os meus esforços, não encontrei maneira mais curta de transmiti-la do que todo este livro. (...) Leiam o livro duas vezes, a primeira com muita paciência."[14] Modéstia para quê?! "O que é a modéstia senão uma humildade hipócrita, por meio da qual, em um mundo que vai se inchando de inveja, um homem procura obter perdão por excelências e méritos de quem não os tem?"[15] "Não há dúvida de que a transformação da modéstia em virtude foi de grande vantagem para os idiotas; porque se espera que todos falem de si como se fossem um."[16]

Não havia humildade com relação à primeira frase do livro de Schopenhauer. "O mundo", começa ele, "é a minha ideia". Quando Fichte proferiu um posicionamento semelhante, até os metafisicamente sofisticados alemães perguntaram: "O que a mulher dele diz disso?". Mas Schopenhauer não tinha mulher. Sua intenção, é claro, era bem simples: ele queria aceitar, logo de início, a posição kantiana, segundo a qual o mundo externo só chega ao nosso conhecimento por meio de nossas sensações e ideias. Segue-se uma exposição de idealismo que está bem clara e convincente, mas que constitui a parte menos original do livro; teria sido melhor que viesse no fim, e não no início. O mundo levou uma geração para descobrir Schopenhauer, porque ele acabou mostrando o que havia de pior em si, e escondeu o seu pensamento atrás de uma barreira de duzentas páginas de idealismo de segunda mão.*

A parte mais vital da primeira seção é um ataque ao materialismo. Como podemos explicar a mente como matéria, quando só conhecemos a matéria por meio da mente?

> Se tivéssemos seguido o materialismo até aqui com ideias claras, quando atingíssemos o ponto mais elevado seríamos tomados de um acesso do inextinguível riso dos deuses olímpicos. Como que acordando de um sonho, todos nós ficaríamos, de imediato, cientes de que o fatal resultado — o conhecimento — que ele atingira com tanto esforço estava pressuposto como condição indispensável de seu próprio ponto de partida. Mera matéria; e quando imaginávamos que pensávamos matéria, na realidade, só pensávamos o sujeito que percebe a matéria: o olho que a vê, a mão que a sente, a compreensão que a conhece. Assim, o tremendo *petitio principii* revela-se de forma inesperada;

---

* Em vez de recomendar livros sobre Schopenhauer, melhor seria remeter o leitor ao próprio Schopenhauer: todos os três volumes de sua obra principal (com exceção da 1a parte de cada volume) são de fácil leitura e cheios de substância; e todos os Ensaios são valiosos e agradáveis. Quanto às biografias, a *Life*, de Wallace, deve ser o suficiente. Neste ensaio foi considerado conveniente condensar os imensos volumes de Schopenhauer não reescrevendo suas ideias, mas selecionando e coordenando os trechos notáveis, e deixando o pensamento na clara e brilhante linguagem do filósofo. O leitor terá o benefício de receber Schopenhauer em primeira mão, embora de forma resumida.

porque subitamente se percebe que o último elo é o ponto de partida, a cadeia de um círculo; e o materialista é como o barão de Münchausen, que, nadando montado a cavalo, puxou o cavalo para o ar com as pernas, e a si mesmo puxando as próprias tranças.[17] (...) O materialismo grosseiro que mesmo agora, em meados do século XIX,[18] tem sido novamente servido na ignorante ilusão de que é original (...), estupidamente nega a força vital e, antes de tudo, tenta explicar os fenômenos da vida com base em forças físicas e químicas, e estas também com base nos efeitos mecânicos da matéria.[19] (...) Mas eu nunca acreditarei que até mesmo a mais simples combinação química possa dar margem, alguma vez, a uma explicação mecânica; muito menos no caso das propriedades da luz, do calor e da eletricidade. Estas irão, sempre, exigir uma explicação dinâmica.[20]

Não: é impossível resolver o enigma metafísico, descobrir a essência secreta da realidade, examinando primeiro a matéria, e depois passando ao exame do pensamento: devemos começar com aquilo que conhecemos direta e intimamente — nós mesmos. "Nunca poderemos chegar à verdadeira natureza das coisas de fora para dentro. Por mais que investiguemos, nunca poderemos alcançar outra coisa que não imagens e nomes. Parecemos o homem que anda em volta de um castelo procurando, em vão, uma entrada, e às vezes desenhando as fachadas."[21] Vamos lá para dentro. Se pudermos revelar a natureza fulcral de nossas próprias mentes, talvez passemos a ter a chave para o mundo exterior.

## IV. O MUNDO COMO VONTADE

### 1. A VONTADE DE VIVER

Quase sem exceção, os filósofos colocaram a essência da mente no pensamento e na consciência; o homem era o animal conhecedor, o *animal rationale*. "Este antigo e universal erro radical, este enorme *proton pseudos*,[22] (...) deve ser, antes de qualquer coisa, posto de lado."[23] "A consciência é a mera superfície de nossas mentes, da qual, como em relação à terra, não sabemos o que há dentro, mas só conhecemos a crosta."[24] Sob o intelecto consciente está a *vontade* cônscia ou inconsciente, uma força vital persistente e batalhadora, uma atividade espontânea, uma vontade de desejo imperioso. Às vezes, o intelecto pode parecer conduzir a vontade, mas apenas da maneira com que um guia conduz o seu mestre; a vontade "é o forte homem cego que carrega nos ombros o homem manco que enxerga".[25] Nós não queremos uma coisa porque encontramos motivos para ela, encontramos motivos para ela porque a queremos; chegamos até a elaborar filosofias e teologias para disfarçar os nossos desejos.[26] Daí Schopenhauer chamar o homem de "animal metafísico": outros animais desejam sem metafísica. "Nada é mais provocante, quando estamos discutindo com um homem usando razões e explicações e fazendo todos os esforços para convencê-lo, do que descobrir, no final das contas que ele *não quer* compreender, que temos que nos entender com a *vontade* dele."[27] Daí a inutilidade da lógica: ninguém jamais convenceu alguém usando a lógica; e até mesmo os lógicos só a usam como fonte de renda. Para convencer um homem é preciso apelar para o seu interesse pessoal, seus desejos, sua vontade. Observem o tempo que costumamos gastar com lembranças de nossas vitórias, e como logo esquecemos as derrotas; a memória é a criada da *vontade*.[28] "Quando fazemos alguma contabilidade, é mais frequente errarmos a nosso favor do que contra nós; e isso sem a menor intenção de lesar ninguém."[29] "Por outro lado, a compreensão do mais estúpido dos homens se torna aguçada quando se trata de objetos que interessam de perto aos seus desejos";[30] geralmente, o intelecto é desenvolvido pelo perigo, como na raposa, ou pela necessidade, como no criminoso. Mas ele sempre parece fundamental para o desejo, e a este subordinado; quando ele tenta tirar o lugar da vontade, dá-se a confusão. Ninguém está mais sujeito a erros do que aquele que só age por reflexo.[31]

Pensem na agitada luta do homem por alimentos, companheiras ou filhos; poderá isso ser obra do reflexo? Claro que não; a causa é a semiconsciente vontade de viver, e de viver plenamente. "Só aparentemente é que os homens são puxados pela frente; na realidade, são empurrados por trás";[32] eles pensam que são conduzidos pelo que veem, quando na verdade são levados adiante por aquilo que sentem — por instintos cujo funcionamento ignoram na metade do tempo. O intelecto é meramente o ministro das relações exteriores; "a natureza criou-o para servir à vontade individual. Consequentemente, está projetado para saber coisas apenas na medida em que elas ofereçam motivos à vontade, mas não para sondá-las ou para compreender sua verdadeira essência".[33] "A vontade é o único elemento permanente e imutável da mente; (...) é a vontade que", por meio da continuidade do propósito, "dá unidade à consciência e mantém em conexão todas as ideias e todos os pensamentos, acompanhando-os como uma harmonia contínua".[34] É o pedal de tônica do pensamento.

O caráter está na vontade, e não no intelecto; o caráter também é continuidade de propósito e atitude: e estes são a vontade. A linguagem popular está certa quando prefere "coração" à "cabeça"; ela sabe (porque não raciocinou sobre o assunto) que uma "boa vontade" é mais profunda e mais confiável do que uma mente lúcida; e quando ela chama um homem de "perspicaz", "erudito" ou "esperto", insinua a sua suspeita e o seu desagrado. "As brilhantes qualidades mentais conquistam admiração, mas nunca afeição"; e "todas as religiões prometem uma recompensa (...) por excelências da *vontade* ou do coração, mas nenhuma pelas excelências da cabeça ou da compreensão".[35]

Até o corpo é um produto da vontade. O sangue, empurrado por aquela vontade a que vagamente chamamos de vida, constrói seus próprios vasos abrindo sulcos no corpo do embrião; os sulcos se alargam e se fecham, tornando-se artérias e veias.[36] A vontade de saber constrói o cérebro, assim como a vontade de agarrar constrói a mão, ou como a vontade de comer desenvolve o trato digestivo.[37] De fato, esses pares — essas formas de vontade e essas formas de carne — não passam de dois lados de um processo e uma realidade. Vê-se melhor a relação na emoção, onde o sentimento e as alterações corpóreas internas formam uma unidade complexa.[38]

> O ato da vontade e o movimento do corpo não são duas coisas diferentes conhecidas de forma objetiva, que o elo da causalidade une; eles não se encontram na relação de causa e efeito; são uma coisa só, mas são apresentados de maneira completamente distinta — imediatamente, e de

novo na percepção. (...) A ação do corpo nada mais é do que o ato da vontade objetivado. O mesmo acontece com todos os movimentos do corpo; (...) o corpo todo não passa de vontade objetivada. (...) As partes do corpo devem, portanto, corresponder inteiramente aos desejos principais por meio dos quais a vontade se manifesta; elas devem ser a expressão visível desses desejos. Os dentes, a garganta e os intestinos são a fome objetivada; os órgãos reprodutores são o desejo sexual objetivado. (...) Todo o sistema nervoso constitui as antenas da vontade, que ela estende para dentro e para fora. (...) Como o corpo humano em geral corresponde à vontade humana em geral, a estrutura corpórea individual corresponde à vontade individualmente modificada, o caráter do indivíduo.[39]

O intelecto se cansa, a vontade, jamais; o intelecto precisa de sono, mas a vontade trabalha até mesmo durante o sono. A fadiga, como a dor, tem a sua sede no cérebro; os músculos não conectados com o cérebro (como o coração) nunca se cansam.* No sono, o cérebro se alimenta; mas a vontade não requer alimento algum. Daí a necessidade de dormir ser maior nos que trabalham com o cérebro. (Este fato, porém, "não nos deve desorientar e fazer com que estendamos o sono de forma indevida; porque aí ele perde a intensidade (...) e se torna mera perda de tempo".[40]) Durante o sono, a vida do homem mergulha para o nível vegetativo, e então "a vontade funciona de acordo com sua natureza original e essencial, sem receber perturbações do exterior, sem diminuição de poder por meio da atividade do cérebro e do empenho do saber, que é a mais pesada das funções orgânicas; (...) sendo assim, durante o sono, todo o poder da vontade é direcionado para a manutenção e a melhoria do organismo. Por isso, todas as curas, todas as crises favoráveis, acontecem durante o sono".[41] Burdach estava certo quando declarou que o sono era o estado original. O embrião dorme quase continuamente, e o bebê, a maior parte do tempo. A vida é "uma luta contra o sono: primeiramente, ganhamos terreno sobre ele, mas no fim esse terreno é reconquistado. O sono é um pedaço de morte tomado

---

* II, 424. Mas não haverá essa coisa de saciação ou exaustão do desejo? Numa fadiga profunda ou numa doença grave, até a vontade de viver vai desaparecendo.

emprestado para manter e renovar a parte da vida que foi exaurida pelo dia".[42] "É o nosso eterno inimigo; mesmo quando estamos acordados, ele nos possui em parte. Afinal de contas, o que se pode esperar de cabeças, mesmo daquelas inteligentes, que todas as noites se tornam o cenário dos mais estranhos e mais absurdos sonhos e que, ao despertar, têm que retomar a sua meditação?"[43]

A vontade, portanto, é a essência do homem. Agora, e se for também a essência da vida em todas as suas formas, e até mesmo da matéria "inanimada"? E se a vontade for a tão desesperada e longamente procurada "coisa-em-si-mesma" — a íntima realidade última, a essência secreta de todas as coisas?

Então, tentemos interpretar o mundo exterior em termos da vontade. E vamos mergulhar fundo nisso; onde outros disseram que a vontade é uma forma de força, digamos que a força é uma forma de vontade.[44] Para a pergunta de Hume — "O que é causalidade?" —, responderemos: a Vontade. Assim como a vontade é a causa universal em nós mesmos, assim o é nas coisas; e a menos que compreendamos a causa como vontade, a causalidade continuará sendo apenas uma fórmula mágica e mística, sem significar realmente coisa nenhuma. Sem esse segredo, somos levados a meras qualidades ocultas como "força", ou "gravidade", ou "afinidade"; não sabemos o que essas forças são, mas sabemos — pelo menos um pouco mais claramente — o que é a vontade; digamos, então, que repulsa e atração, combinação e decomposição, magnetismo e eletricidade, gravidade e cristalização são Vontade.[45] Goethe expressou essa ideia no título de um de seus romances, quando chamou a irresistível atração de amantes *die Wahlverwandschaften* — "afinidades eletivas". A força que atrai o amante e a força que atrai o planeta são a mesma.

O mesmo acontece na vida das plantas. Verificamos que quanto mais descemos entre as formas de vida, menor é o papel do intelecto; mas não é isso o que acontece com a vontade.

> Aquilo que em nós persegue seus fins à luz do conhecimento, mas aqui (...) apenas luta cega e silenciosamente de maneira unilateral e imutável, deve, em ambos os casos, ser classificado sob o nome de Vontade. (...) A

inconsciência é a condição original e natural de todas as coisas, e, portanto, também a base a partir da qual, em determinadas espécies de seres, a consciência resulta como sua mais alta eflorescência; por isso, mesmo então a inconsciência sempre continua a predominar. Em consequência, a maior parte das existências não tem consciência; mas ainda assim age segundo as leis da natureza — isto é, de sua vontade. As plantas têm, no máximo, um análogo muito fraco de consciência; a espécie mais inferior de animais tem só um princípio. Mas mesmo depois de a consciência subir por toda a série de animais até chegar ao homem e sua razão, a inconsciência das plantas, na qual ela começou, ainda continua sendo a fundação e pode ser detectada na necessidade de dormir.[46]

Aristóteles tinha razão: existe uma força interna que molda todas as formas, nas plantas e nos planetas, nos animais e nos homens. "O instinto dos animais, em geral, nos oferece a melhor ilustração do que resta de teleologia na natureza. Pois assim como o instinto é uma ação semelhante àquela que é guiada pela concepção de um fim, porém esvaziada dessa concepção, igualmente toda construção na natureza se assemelha àquela que é guiada pela concepção de um fim, porém, completamente desprovido dela."[47] A maravilhosa habilidade mecânica dos animais mostra o quanto a vontade antecede o intelecto. Um elefante que tinha sido conduzido por toda a Europa e atravessara centenas de pontes recusou-se a avançar sobre uma ponte fraca, embora tivesse visto muitos cavalos e homens atravessá-la. Um cachorro novo tem medo de pular de cima de uma mesa; ele prevê o efeito da queda não pelo raciocínio (porque não tem experiência alguma de uma queda daquelas), mas por instinto. Orangotangos se aquecem junto a uma fogueira que encontram, mas não alimentam o fogo; é óbvio, então, que tais ações são instintivas, e não o resultado de raciocínio; são a expressão não do intelecto, mas da vontade.[48]

A vontade, claro, é uma vontade de viver, e de viver ao máximo. Como a vida é cara a todas as coisas vivas! E com que paciência silenciosa ela irá esperar o momento propício! "Durante milhares de anos, o galvanismo se manteve inativo no cobre e no zinco, e os dois ficaram tranquilamente ao lado da prata, que é consumida em chamas assim que os três são unidos nas condições necessárias. Mesmo no reino orgânico vemos uma semente seca preservar a força inativa da vida durante três mil anos e, quando finalmente ocorrem as circunstâncias favoráveis, desenvolver-se numa planta." Sapos encontrados vivos em calcário levam à conclusão de que mesmo a vida animal é capaz de suspensão durante milhares de anos.[49] A vontade é vontade de viver; e o seu eterno inimigo é a morte.

Mas será que ela é capaz de derrotar até mesmo a morte?

## 2. A VONTADE DE REPRODUZIR

Sim, pela estratégia e pelo martírio da reprodução.

Todo organismo normal, ao atingir a maturidade, apressa-se a se sacrificar à tarefa de reprodução: desde o macho da aranha que é devorado pela fêmea que ele acaba de fertilizar, ou da abelha que se dedica a coletar alimento para uma prole que jamais verá, ao homem que se arruína no esforço de alimentar, vestir e educar os filhos. A reprodução é o propósito máximo de todo organismo, e o seu mais forte instinto; porque só assim a vontade pode vencer a morte. E para garantir essa conquista da morte, a vontade de reproduzir-se é colocada quase inteiramente fora do controle do conhecimento ou da reflexão: até mesmo um filósofo, de vez em quando, tem filhos.

> A vontade se mostra, aqui, independente do conhecimento e funciona cegamente, como numa natureza inconsciente. (...) Devido a isso, os órgãos reprodutores são, adequadamente, o foco da vontade e formam o polo oposto ao cérebro, que é o representante do conhecimento. (...) Eles são o princípio que sustenta a vida — eles garantem a vida eterna; por essa razão, eram adorados pelos gregos no *phallus*, e pelos hindus no *lingam*. (...) Hesíodo e Parmênides diziam, de forma muito sugestiva, que Eros é o primeiro, o criador, o princípio do qual se originam todas as coisas. A relação dos sexos (...) é, na realidade, o invisível ponto central de todos os atos e condutas, e está se deixando entrever em toda parte, apesar de todos os véus lançados sobre ela. É a causa das guerras e o fim da paz; a base do que é sério e o alvo da

zombaria; a inexaurível fonte de espírito, a chave de todas as ilusões e o significado de todas as insinuações misteriosas.⁵⁰ (...) Nós a vemos, a todo instante, sentar-se, como a verdadeira e hereditária senhora do mundo, pela plenitude de sua própria força, no trono ancestral; e de lá, com um olhar de desdém, rir dos preparativos para confiná-la, aprisioná-la ou, ao menos, limitá-la e, sempre que possível, mantê-la escondida, e mesmo assim dominá-la a fim de que ela só apareça como uma subordinada e secundária preocupação da vida.*

A "metafísica do amor" gira em torno dessa subordinação do pai à mãe, dos pais ao filho, do indivíduo à espécie. E primeiro, a lei da atração sexual manda que a escolha do parceiro seja em grande parte determinada, embora de forma inconsciente, pela capacidade mútua de procriar.

Cada qual procura um companheiro que vá neutralizar seus defeitos, para que não sejam transmitidos; (...) um homem fisicamente fraco vai procurar uma mulher forte. (...) Cada qual irá considerar bonitas em outro indivíduo as perfeições que lhe faltarem; mais ainda, até as imperfeições que forem opostas às suas.⁵¹ (...) As qualidades físicas de dois indivíduos podem ser tais que, para o fim de restaurar tanto quanto possível o tipo da espécie, um deles será especial e perfeitamente o complemento e suplemento do outro, que, por esse motivo, irá desejá-lo com exclusividade. (...) A profunda consciência com que consideramos e avaliamos cada parte do corpo, (...) a escrupulosidade crítica com que olhamos para uma mulher que começa a nos agradar (...) o indivíduo age, aqui, sem o saber, por ordem de algo superior a ele mesmo. (...) Todo indivíduo perde a atração pelo sexo oposto na proporção em que ele ou ela se afasta do período mais indicado para gerar ou conceber: (...) juventude sem beleza ainda exerce sempre uma atração; beleza sem juventude, nenhuma. (...) Em todos os casos em que o indivíduo se apaixona, (...) a única coisa visada é a produção de um

---

* I, 426 e 525; III, 314. Schopenhauer, como todos os que sofreram de problemas com o sexo, exagera o papel deste; é provável que a relação com os pais tenha mais influência do que a sexual na mente de adultos normais.

indivíduo de natureza definida, o que pode ser confirmado primordialmente pelo fato de que a questão essencial não é a reciprocidade do amor, mas a posse.[52]

A despeito disso, nenhuma união é tão infeliz quanto esses casamentos por amor — e precisamente pelo fato de que o objetivo dos casamentos é a perpetuação da espécie, e não o prazer do indivíduo.[53] "Aquele que se casar por amor deverá ter uma vida triste", diz um provérbio espanhol. Metade da literatura que aborda o problema do casamento fica invalidada por considerá-lo como um acasalamento, em vez de um arranjo para a preservação da raça. A natureza não parece se importar se os pais serão "felizes para sempre" ou apenas por um dia, desde que a reprodução seja realizada. Os casamentos de conveniência, arranjados pelos pais dos parceiros, são muitas vezes mais felizes do que os casamentos por amor. No entanto, a mulher que se casa por amor, contra o conselho dos pais, deve ser, até certo ponto, admirada; porque "escolheu o que é de máxima importância e agiu segundo o espírito da natureza (mais precisamente, da espécie), enquanto os pais davam conselhos segundo o espírito do egoísmo individual".[54] O amor é a melhor eugenia.

Já que o amor é uma fraude praticada pela natureza, o casamento é o atrito do amor, e deve ser decepcionante. Só um filósofo pode ser feliz no casamento, e os filósofos não se casam.

> Por ser a paixão dependente de uma ilusão que representa aquilo que só será valioso para a espécie se o for igualmente para o indivíduo, o logro deve desaparecer depois de atingido o fim visado pela espécie. O indivíduo descobre que bancou o bobo diante da espécie. Se a paixão de Petrarca tivesse sido satisfeita, sua canção teria sido silenciada.[55]

A subordinação do indivíduo à espécie como instrumento de sua continuação torna a surgir na aparente dependência da vitalidade individual à condição das células reprodutoras.

O impulso sexual deve ser considerado como a vida interior da árvore (a espécie) sobre a qual a vida do indivíduo cresce, como uma folha que é alimentada pela árvore e ajuda a alimentá-la; é por isso que esse impulso é tão forte e vem das profundezas de nossa natureza. Castrar um indivíduo significa separá-lo da árvore da espécie sobre a qual ele cresce, e, assim cortado, ele é deixado a fenecer; daí a degradação de seus poderes mentais e físicos. Que o serviço da espécie, ou seja, a fecundação, é seguida, no caso de todo animal, por uma momentânea exaustão e debilidade de todas as forças e, no caso da maioria dos insetos, de fato, por uma morte rápida — motivo pelo qual Celsus disse: *Seminis emissio est partis animae jactura* (A emissão do sêmen é a perda de parte da alma); que, no caso do homem, a extinção da força geradora mostra que o indivíduo se aproxima da morte; que o uso excessivo dessa força em todas as idades encurta a vida, ao passo que, por outro lado, o comedimento a esse respeito aumenta todas as forças, especialmente as musculares, motivo pelo qual isso fazia parte do treinamento dos atletas gregos; que a mesma moderação aumenta a vida do inseto, mesmo que até a primavera seguinte; tudo isso indica o fato de que a vida do indivíduo é, no fundo, apenas tomada por empréstimo à vida da espécie. (...) A procriação é o ponto mais elevado; e depois de atingi-lo, a vida do primeiro indivíduo decai rápida ou lentamente, enquanto uma nova vida garante à natureza a durabilidade da espécie e repete os mesmos fenômenos. (...) Assim, a alternância de morte e reprodução é como a pulsação da espécie. (...) A morte é para a espécie o que o sono é para o indivíduo; (...) esta é a grande doutrina da imortalidade da natureza. (...) Porque o mundo todo, com todos os seus fenômenos, é a objetividade da única vontade indivisível, a Ideia, que está relacionada com todas as outras Ideias, assim como a harmonia está relacionada à voz isolada. (...) Em *Conversações com Goethe*, de Eckermann (vol. I, p. 161), Goethe diz: "Nosso espírito é um ser de uma natureza realmente indestrutível, e sua atividade continua de eternidade a eternidade. É como o sol, que parece se pôr apenas aos nossos olhos terrenos, mas que, na realidade, nunca se põe, antes brilhando sem cessar". Essa alegoria foi tirada por Goethe de mim, e não dele por mim.[56]

Só no espaço e no tempo parecemos seres separados; eles constituem o "princípio de individuação" que divide a vida em organismos distintos que aparecem em diferentes lugares e períodos; o espaço e o tempo são o Véu de Maya — a Ilusão que esconde a unidade das coisas. Na realidade, existe apenas a espécie, apenas vida, apenas vontade. "Compreender claramente que o indivíduo é apenas o fenômeno, não a coisa-em-si-mesma", ver na "constante mudança da matéria a permanência fixa da forma" — esta é a essência da filosofia.[57] "O lema da história deveria ser: *Eadem, sed aliter*".[58] Quanto mais as coisas mudam, mais continuam as mesmas.

> Aquele para quem os homens e todas as coisas não tenham parecido, o tempo todo, meros fantasmas ou ilusões não tem capacidade para a filosofia. (...) A verdadeira filosofia da história está em perceber que, em todas as intermináveis mudanças e heterogênea complexidade de eventos, é apenas o mesmíssimo ser inalterável que está diante de nós, que hoje persegue os mesmos fins que perseguia ontem, e perseguirá sempre. O filósofo histórico tem, por isso, que reconhecer o caráter idêntico em todos os eventos, (...) e apesar de toda a variedade de circunstâncias especiais, de trajes, condutas e costumes, ver em toda parte a mesma humanidade. (...) Ter lido Heródoto é, do ponto de vista filosófico, ter estudado bastante história. (...) O tempo todo e em toda parte, o verdadeiro símbolo da natureza é o círculo, porque ele é o plano ou projeto do retorno.[59]

Gostamos de acreditar que toda a história é uma preparação vacilante e imperfeita para a magnífica era da qual somos o espírito e a cúpula; mas essa ideia de progresso é mera presunção e tolice. "Geralmente, o sábio, em todas as eras, sempre disse as mesmas coisas, e os tolos, que em todas as épocas formam a imensa maioria, também à sua maneira sempre agiram da mesma forma e fizeram o oposto; e assim continuará a ser. Porque, como diz Voltaire, deixaremos o mundo tão tolo e depravado quanto o encontramos."[60]

À luz de tudo isso, temos uma nova e mais sinistra sensação de inelutável realidade do determinismo. "Espinosa diz (Epístola 62) que se uma pedra que foi projetada ao ar tivesse consciência, iria acreditar que estava se movendo por sua livre vontade. A isto acrescento apenas que a pedra teria razão. Para ela, o impulso que lhe é dado representa o mesmo que o motivo para mim; e o que na pedra aparece como coesão, gravitação, rigidez é, na sua natureza interna, o mesmo que reconheço também em mim, e o que a pedra também, se lhe fosse dado o conhecimento, reconheceria como vontade."[61] Mas nem na pedra nem no filósofo a vontade é "livre". A vontade, como um todo, é livre, por não existir nenhuma outra além dela que possa limitá-la; mas cada parte da Vontade universal — cada espécie, cada organismo, cada órgão — é irrevogavelmente determinada pelo todo.

> Todo o mundo se considera, *a priori*, perfeitamente livre, mesmo em suas ações individuais, e acha que a todo momento pode começar outra maneira de viver, o que apenas significa que pode se tornar outra pessoa. Mas *a posteriori*, por meio da experiência, verifica, para surpresa sua, que não é livre, mas está sujeito à necessidade; que, apesar de todas as suas resoluções e reflexões, não altera a sua conduta e que, do começo ao fim da vida, deverá pôr em prática as características que ele próprio condena e, por assim dizer, representar o papel que assumiu, até o fim.[62]

## V. O MUNDO COMO MAL

Mas se o mundo é vontade, deve ser um mundo de sofrimentos.

E antes de tudo, porque a vontade em si indica uma necessidade, e sua compreensão está sempre muito além do seu alcance. Pois para cada desejo satisfeito restam dez que são negados. O desejo é infinito, a realização é limitada — "é como as esmolas jogadas para um mendigo, que o mantêm vivo hoje para que sua miséria seja prolongada amanhã. (...) Enquanto nossa consciência estiver tomada pela nossa vontade, enquanto formos entregues à enxurrada de desejos com suas constantes esperanças e medos, enquanto estivermos sujeitos a ter vontade, nunca poderemos ter felicidade ou paz duradoura".[63] E a realização nunca é satisfeita; nada é tão fatal para um ideal do que a sua realização. "A paixão satisfeita leva com mais frequência à infelicidade do que à felicidade. Porque suas exigências muitas vezes conflitam tanto com o bem-estar pessoal do interessado que o prejudicam."[64] Todo indivíduo traz dentro de si uma contradição disruptiva; o desejo realizado cria um novo desejo, e assim por diante, eternamente. "No fundo, isso resulta do fato de que a vontade tem que viver de si própria, porque nada existe além dela, e ela é uma vontade faminta."[65]

> Em cada indivíduo a medida do sofrimento que lhe é essencial foi determinada, de forma decisiva, pela natureza; uma medida que não poderia ficar vazia, nem ser transbordada (...) Se uma grande e premente preocupação nos é tirada do peito, (...) imediatamente é substituída por outra, cuja matéria-prima já se encontrava lá, mas não podia ser percebida pela consciência como preocupação, porque não tinha lugar para ela. (...) Mas agora que sobrou espaço, ela se manifesta e ocupa o trono.[66]

De novo, a vida é má porque a dor é seu estímulo e sua realidade fundamentais, sendo o prazer meramente uma cessação da dor. Aristóteles tinha razão: o homem sábio não procura o prazer, mas a liberdade em relação à preocupação e à dor.

> Toda satisfação, ou aquilo que normalmente chamamos de felicidade, é, em realidade e essência, apenas negativa. (...) Não estamos devidamente conscientes das bênçãos e vantagens que realmente temos, e tampouco lhes damos valor, mas as consideramos apenas como coisas naturais, porque elas só nos satisfazem de forma negativa, controlando o sofrimento. Só depois de perdê-las é que ficamos sensíveis ao seu valor; porque a necessidade, a privação, o sofrimento, é a coisa positiva, comunicando-se diretamente conosco. (...) O que levou os cínicos a repudiarem o prazer sob qualquer forma senão o fato de que a dor, em maior ou menor grau, está sempre vinculada ao prazer? (...) A mesma verdade está contida no belo provérbio francês: *le mieux est l'ennemi du bien*[67] — deixem estar o que é suficientemente bom.

A vida é má porque "tão logo a necessidade e o sofrimento dão uma trégua a um homem, o tédio se lhe aproxima tanto que ele necessariamente exige distração"[68] — isto é, mais sofrimento. Mesmo se a Utopia socialista fosse alcançada, restariam inúmeros males, porque alguns deles — como a luta — são essenciais à vida; e se todos os males fossem eliminados e a luta acabasse de todo, o tédio se tornaria tão intolerável quando a dor. Assim, "a vida oscila, como um pêndulo, para a frente e para trás, entre dor e tédio. (...) Depois que o homem transformou todos os sofrimentos e tormentos na concepção de inferno, não restou nada para o paraíso além do tédio".[69] Quanto mais sucesso alcançamos, mais entediados ficamos. "Assim como a necessidade é o constante flagelo do povo, o tédio é o flagelo do mundo elegante. Na classe média, o tédio é representado pelos domingos, e a necessidade, pelos dias de semana."[70]

A vida é má porque quanto mais elevado o organismo, maior o sofrimento. A evolução do conhecimento não é solução.

> Porque à medida que o fenômeno da vontade se torna mais completo, o sofrimento se torna cada vez mais aparente. Na planta ainda não há sensibilidade, e, por isso, não há dor. Um certo grau muito pequeno de sofrimento é experimentado pelas espécies mais baixas da vida animal — os infusórios e os radiados; até nos insetos a capacidade de sentir e sofrer ainda é limitada. Ela aparece primeiro em alto grau com o completo sistema nervoso dos animais vertebrados, e sempre em grau mais elevado quanto mais a inteligência se desenvolve. Dessa forma, na proporção em que o conhecimento atinge a distinção, que a consciência ascende, a dor também aumenta e chega ao seu ponto máximo no homem. E então, outra vez, quanto mais distintamente o homem sabe — quanto mais inteligente ele for —, mais dor ele terá; o homem dotado de gênio sofre mais do que todos os outros.[71]

Aquele que aumenta o conhecimento, portanto, aumenta o sofrimento. Até a memória e a antevisão aumentam a miséria humana; porque a maior parte do nosso sofrimento está no retrospecto ou na antecipação; a dor, em si, é breve. Como é maior o sofrimento causado pelo pensamento na morte do que pela morte em si!

Por fim, e acima de tudo, a vida é má porque a vida é guerra. Em toda parte na natureza vemos luta, competição, conflito e uma suicida alternância de vitória e derrota. Toda espécie "luta pela matéria, pelo espaço e pelo tempo das outras".

A hidra jovem, que cresce como um botão da hidra mais velha e, posteriormente, separa-se dela, luta, enquanto ainda ligada à mais velha, pela presa que se oferece, de tal forma que uma tira a presa da boca da outra. A formiga buldogue da Austrália nos oferece o mais extraordinário exemplo desse tipo; porque se ela for cortada em dois pedaços, tem início uma batalha entre a cabeça e a traseira. A cabeça pega a traseira com os dentes, e a traseira se defende bravamente aferroando a cabeça; a batalha pode durar meia hora, até as duas morrerem ou serem carregadas por outras formigas. Essa disputa acontece toda vez que se tenta o experimento. (...) Yunghahn conta que viu, em Java, uma planície, até onde a vista podia alcançar, totalmente coberta de esqueletos, e imaginou tratar-se de um campo de batalha; contudo, eram apenas esqueletos de enormes tartarugas, (...) que vão para lá, saídas do mar, para pôr seus ovos e, em seguida, são atacadas por cães selvagens que, com a sua força conjunta, viram-nas de casco para baixo, retiram-lhes a pequena casca da barriga e as devoram vivas. Porém, é frequente também um tigre atacar os cães. (...) É para isso que aquelas tartarugas nascem. (...) Assim, a vontade de viver, em toda parte, alimenta-se de si mesma, e de diferentes formas é o seu próprio alimento, até que, por fim, a raça humana, por subjugar todas as outras, considera a natureza como uma fábrica para seu próprio uso. Ainda assim, até a raça humana (...) revela em si mesma com uma distinção aterrorizante esse conflito, esse desacordo da vontade consigo mesma; e verificamos que *homo homini lupus.*[72]

O quadro completo da vida é quase demasiado doloroso para ser contemplado; a vida depende de nosso não saber ou conhecer coisas demais.

Se fizéssemos um homem ver claramente os terríveis sofrimentos e angústias a que sua vida está constantemente exposta, ele seria tomado pelo horror; e se fôssemos conduzir um otimista inveterado pelos hospitais, enfermarias e salas de operações cirúrgicas, pelas prisões, câmaras de tortura e casebres de escravos, por campos de batalhas e locais de execuções; se abríssemos para ele todas as habitações escuras da miséria, onde ela se esconde dos olhares da fria curiosidade; e, finalmente, permitíssemos que ele olhasse para dentro das famintas masmorras de Ugolino, também ele iria compreender, no fim das contas, a natureza deste "melhor dos mundos possíveis". Porque de onde tirou Dante a matéria-prima do seu inferno senão do nosso mundo real? E mesmo assim ele fez um inferno muito adequado com esse material. Mas quando, por outro lado, pretendeu descrever o paraíso e suas delícias, teve diante de si uma dificuldade insuperável, pois o nosso mundo não fornece matéria-prima nenhuma para isso. (...) Todo poema épico e dramático só pode representar uma disputa, um esforço, uma luta pela felicidade; uma felicidade nunca duradoura e completa. O seu herói é conduzido por mil perigos e dificuldades até o objetivo, e, tão logo ele o atinge, apressa-se para fechar as cortinas da apresentação; porque agora não restaria nada a fazer a não ser mostrar que a meta reluzente na qual o herói esperava encontrar a felicidade só o desapontara, e que depois de alcançá-la ele não estava em situação melhor do que antes.[73]

Somos infelizes casados, e sem estar casados somos infelizes. Somos infelizes quando estamos sozinhos, e infelizes na sociedade: somos como ouriços que se agrupam à procura do calor, desconfortáveis quando o grupo está muito espremido, e infelizes quando separados. É tudo muito engraçado; e "a vida de todo indivíduo, se a considerarmos como um todo, (...) e só destacarmos suas características mais importantes, na realidade é uma tragédia; examinada em detalhe, porém, tem as características de uma comédia".[74] Pense no seguinte:

Aos cinco anos de idade, entrar numa fiação de algodão ou outra fábrica, e, a partir daquele momento, sentar-se ali diariamente, primeiro dez, depois doze e, por fim, catorze horas, realizando o mesmo trabalho mecânico, é pagar caro pelo prazer de respirar. Mas é este o destino de milhões, e o de outros milhões é análogo a isso. (...) De novo, debaixo da firme crosta do planeta habitam poderosas forças da natureza, que, tão logo um acidente lhes permita liberdade de ação, devem necessariamente destruir a crosta, com tudo que nela vive, como já aconteceu pelo menos três vezes no nosso planeta, e, provavelmente, acontecerá com maior frequência. O terremoto de Lisboa, o terremoto do Haiti, a destruição de Pompeia, são apenas pequenos indícios do que é possível.[75]

Diante de tudo isso, "o otimismo é uma zombaria amarga dos infortúnios do homem";[76] e "não podemos atribuir à *Teodiceia*" de Leibniz, "sendo ela uma revelação metódica e ampla do otimismo, qualquer outro mérito senão o de dar uma brecha posterior para os desdobramentos que vimos com o imortal *Cândido* do grande Voltaire; por meio do qual Leibniz repetiu muitas vezes a esfarrapada desculpa para o mal do mundo — de que o mau às vezes faz surgir o bom — que recebeu uma confirmação que ele não esperava".[77] Resumindo, "a natureza da vida se nos apresenta, por toda parte, como proposital e calculada para despertar a convicção de que nada, absolutamente nada, vale a nossa luta, nossos esforços e nossas disputas; que todas as coisas boas são uma vaidade, o mundo em todos os seus fins está falido, e a vida é um negócio que não dá para cobrir as despesas".[78]

Para ser feliz é preciso ser ignorante como um jovem. A juventude pensa que ter vontade e realizar esforços são alegrias; ela ainda não descobriu a exaustiva insaciabilidade do desejo, e a inutilidade de sua realização; ela ainda não percebe a inevitabilidade da derrota.

> A alegria e a vivacidade da juventude são parcialmente justificáveis devido ao fato de que, quando estamos subindo a montanha da vida, a morte não está visível; ela se encontra deitada lá embaixo, do outro lado. (...) A caminho do desfecho da vida, cada dia que vivemos nos dá o mesmo tipo de sensação que o criminoso experimenta a cada passo que dá a caminho da forca. (...) Para ver como a vida é curta é preciso

ter vivido bastante. (...) Até o nosso trigésimo sexto ano de vida podemos ser comparados, com relação à maneira de usarmos nossa energia vital, àquelas pessoas que vivem dos juros do dinheiro; aquilo que gastam hoje voltam a ter amanhã. Mas dos trinta e seis anos em diante, nossa situação é igual à do investidor que começa avançando indevidamente sobre o capital. (...) É o medo dessa calamidade que faz com que o amor pela posse aumente com a idade. (...) Desse modo, longe de a juventude ser o período mais feliz da vida, há muito mais verdade na observação feita por Platão, no início de *A República*, de que o prêmio devia ser dado à velhice, porque, aí sim, o homem finalmente fica livre da paixão animal que, até então, nunca deixou de inquietá-lo. (...) Contudo, não se deve esquecer de que, quando essa paixão é extinta, o verdadeiro cerne da vida se acaba, e nada resta a não ser a concha oca; ou, sob outro ponto de vista, a vida se torna, então, como uma comédia que, iniciada com atores reais, é continuada e levada até o fim por autômatos vestindo a roupa que era deles.[79]

No fim, encontramo-nos com a morte. Justamente quando a experiência começa a se coordenar no sentido da sabedoria, o cérebro e o corpo começam a deteriorar. "Tudo dura apenas um momento e se precipita para a morte."[80] E se a morte fica aguardando o instante propício, está apenas brincando conosco como um gato com um camundongo sem saída. "Está claro que, do mesmo jeito que é inevitável que o nosso caminhar não passe de uma constante prevenção de quedas, a vida de nossos corpos também não é nada além de uma constante prevenção da morte, uma morte continuamente postergada."[81] "Entre os magníficos ornamentos e acessórios dos déspotas orientais há sempre um dispendioso frasco de veneno."[82] A filosofia do Oriente compreende a onipresença da morte, e demonstra aos seus discípulos aquele aspecto calmo e uma postura morosa que advêm de uma consciência da brevidade da existência pessoal. O medo da morte é o começo da filosofia e a causa final da religião. O homem médio não consegue resignar-se com a morte; por isso cria inúmeras filosofias e teologias; a prevalência de uma crença na imortalidade é um símbolo do terrível temor da morte.

Do mesmo modo que a teologia é um refúgio da morte, a insanidade é um refúgio da dor. "A loucura vem como meio de evitar a memória do sofrimento";[83] é uma trava de segurança no fluxo da consciência; só podemos sobreviver a certas experiências ou temores esquecendo-nos deles.

> Com que relutância pensamos em coisas que prejudicam poderosamente nossos interesses, ferem o nosso orgulho ou interferem em nossos desejos; imagine só a dificuldade com que determinamos expor tais coisas diante de nossos intelectos com o objetivo de uma investigação séria e cuidadosa! (...) Nessa resistência da vontade em permitir que aquilo que lhe seja contrário seja submetido ao exame do intelecto está o lugar pelo qual a loucura poderá inserir-se na mente. (...) Se a resistência da vontade contra a apreensão de certo conhecimento for tal que a operação não se realize em sua totalidade, certos elementos ou circunstâncias se tornam, para o intelecto, inteiramente suprimidas, porque a vontade não suporta vê-las; e, então, devido às conexões necessárias, os hiatos que assim surgem são preenchidos ao bel-prazer; assim, a loucura desabrocha. Porque o intelecto abriu mão de sua natureza para agradar a vontade; o homem, agora, imagina aquilo que não existe. No entanto, a loucura que surgiu desse modo é o esquecimento de sofrimentos insuportáveis; foi o último remédio da natureza atormentada, ou seja, da vontade.[84]

O refúgio final é o suicídio. Nele, finalmente, por mais estranho que pareça, o pensamento e a imaginação superam o instinto. Dizem que Diógenes pôs fim à própria vida recusando-se a respirar — que vitória sobre a vontade de viver! Mas esse triunfo é meramente individual; a vontade continua na espécie. A vida ri do suicídio e sorri para a morte; para cada morte deliberada existem milhares de nascimentos indeliberados. "O suicídio, a obstinada e personalíssima destruição da existência fenomenal, é um ato fútil e tolo, porque a coisa-em-si-mesma — a espécie, a vida e a vontade em geral — continua indiferente a ele, assim como o arco-íris persiste por mais rápido que as gotas que o formam venham a cair."[85] Miséria e batalha continuam depois da morte do indivíduo, e devem continuar enquanto a vontade for dominante no homem. Não tem como haver vitória sobre os males da vida enquanto a vontade não estiver inteiramente subordinada ao conhecimento e à inteligência.

## VI. A SABEDORIA DA VIDA

### 1. FILOSOFIA

Pense, primeiro, no absurdo do desejo de bens materiais. Os tolos acreditam que, se ao menos puderem enriquecer, suas vontades poderão ficar plenamente satisfeitas; supõe-se que um homem de posses seja um homem com posses que satisfaçam todos os seus desejos. "As pessoas muitas vezes são censuradas por desejarem dinheiro acima de todas as coisas e por gostarem mais dele do que de tudo o mais; mas é natural, e até inevitável, que elas adorem aquilo que, como um incansável Proteu, está sempre pronto a se transformar no objeto em que seus devaneios e seus múltiplos desejos possam fixar-se. Todo o resto só pode satisfazer *um* desejo; só o dinheiro é absolutamente bom, (...) por ser a satisfação abstrata de todos os desejos."[86] Não obstante, uma vida dedicada à aquisição abstrata de riqueza é inútil a menos que saibamos convertê-la em alegria; e isso é uma arte que exige cultura e sabedoria. Uma sucessão de buscas sensuais nunca satisfaz por muito tempo; é preciso compreender a finalidade da vida e, também, a arte de adquirir riqueza. "Os homens estão mil vezes mais interessados em ficar ricos do que em adquirir cultura, embora seja mais certo dizer que aquilo que um homem *é* contribui mais para a sua felicidade do que aquilo que ele *tem*."[87] "O homem que não tenha necessidades mentais é chamado de filisteu";[88] ele não sabe o que fazer com o seu lazer — *difficilis in otio quies*;[89] tomado pela ganância, ele vai de um lugar para o outro em busca de novas sensações; e, por fim, é conquistado pela nêmesis dos ricos ociosos ou do voluptuário inconsequente — o tédio.[90]

Não a riqueza, mas a sabedoria é o Caminho. "O homem é, ao mesmo tempo, uma batalha impetuosa pela vontade (cujo foco se estabelece no sistema reprodutor) e um eterno, livre e sereno súdito do conhecimento puro (cujo foco é o cérebro)."⁹¹ É maravilhoso dizer que o conhecimento, embora nascido da vontade, ainda poderá chegar a dominá-la. A possibilidade da independência do conhecimento aparece pela primeira vez na maneira indiferente como o intelecto responde, em certas ocasiões, aos ditames do desejo. "Às vezes, o intelecto se recusa a obedecer à vontade: por exemplo, quando tentamos em vão fixar a mente em alguma coisa, ou quando chamamos em vão pela memória à procura de algo que a ela foi confiado. A raiva da vontade contra o intelecto em tais ocasiões torna muito clara a sua relação com ele, bem como a diferença entre os dois. Na verdade, atormentado por essa raiva, às vezes o intelecto traz oficiosamente o que lhe pediram horas depois, ou mesmo na manhã seguinte, de forma completamente inesperada e inoportuna."⁹² Dessa subserviência imperfeita o intelecto poderá passar ao domínio. "De acordo com uma reflexão anterior, ou uma necessidade reconhecida, o homem sofre, ou realiza a sangue-frio, aquilo que é da máxima, e frequentemente terrível, importância para ele: suicídio, execução, duelo, situações variadas repletas de perigo para a vida; e de modo geral, coisas contra as quais se rebela toda a sua natureza animal. Nessas circunstâncias, vemos até que ponto a razão dominou a natureza animal."⁹³

Esse poder do intelecto sobre a vontade permite o desenvolvimento deliberado; o desejo pode ser moderado ou atenuado pelo conhecimento; e, sobretudo, por uma filosofia determinista que reconheça tudo como o resultado inevitável de seus antecedentes. "De dez coisas que nos irritam, nove não seriam capazes de se concretizar se compreendêssemos a fundo as suas causas, e, por conseguinte, conhecêssemos suas necessidades e a sua natureza verdadeira. (...) Porque aquilo que a brida e o freio são para um cavalo indômito o intelecto é para a vontade de um homem."⁹⁴ "É uma necessidade tanto interna quanto externa: nada nos reconcilia tão extensivamente quanto o conhecimento distinto."⁹⁵ Quanto mais conhecemos nossas paixões, menos elas nos controlam; e "nada nos protegerá tanto da compulsão externa quanto o controle de nós mesmos".⁹⁶ *Si vis tibi omnia subjicere, subjice te rationi.*⁹⁷ A maior de todas as maravilhas não é o conquistador do mundo, mas o dominador de si mesmo.

Assim, a filosofia purifica a vontade. Mas ela deve ser entendida como experiência e pensamento, não como mera leitura ou estudo passivo.

A constante entrada dos pensamentos de terceiros deve confinar e abafar os nossos; e, na verdade, em longo prazo, paralisar o poder de raciocínio. (...) A inclinação da maioria dos eruditos é uma espécie de *fuga vacui*[98] da pobreza de suas próprias mentes, o que forçosamente atrai os pensamentos dos outros. (...) É perigoso ler sobre um assunto antes de termos pensado nele. (...) Quando lemos, uma outra pessoa pensa por nós; nós apenas repetimos o seu processo mental. (...) Por isso, se alguém passar quase o dia todo lendo, (...) acabará perdendo gradualmente a capacidade de pensar. (...) A experiência do mundo pode ser considerada como uma espécie de texto, em relação ao qual a reflexão e o conhecimento constituem o comentário. Onde há muito conhecimento intelectual e reflexão, e muito pouca experiência, o resultado se assemelha aos livros que têm em cada página duas linhas de texto para quarenta de comentários.[99]

O primeiro conselho, então, é Vida antes de livros; e o segundo, Texto antes de comentário. Prefira ler os criadores antes de ler expositores e críticos. "Só dos próprios autores podemos receber pensamentos filosóficos: portanto, quem se sentir atraído para a filosofia deverá procurar seus imortais mestres no tranquilo santuário de suas obras."[100] Uma obra de gênio vale mil comentários.

Dentro dessas limitações, a busca da cultura, mesmo por meio dos livros, é valiosa, porque nossa felicidade depende do que temos na cabeça, e não do que temos nos bolsos. Até a fama é uma tolice; "a cabeça dos outros é um lugar deplorável para ser a morada da verdadeira felicidade de um homem".[101]

> O que um ser humano pode representar para outro não é grande coisa; no fim, todo o mundo fica sozinho; e o importante é quem fica sozinho. (...) A felicidade que recebemos de nós mesmos é maior do que aquela que obtemos em nosso lar. (...) O mundo em que um homem vive toma

a sua forma principalmente pela maneira pela qual ele o vê. (...) Já que tudo que existe, ou acontece, para um homem só existe na sua consciência, e acontece só para ele, a coisa mais essencial para um homem é a constituição de sua consciência. (...) Portanto, há uma grande verdade quando Aristóteles diz que "Ser feliz significa ser autossuficiente".[102]

A maneira de fugir do mal do desejo perpétuo é a contemplação inteligente da vida e a conversa com as realizações dos grandes de todas as épocas e países; foi só para essas mentes dedicadas que esses grandes viveram. "O intelecto altruísta ergue-se como um perfume acima dos defeitos e das loucuras do mundo da Vontade."[103] A maioria dos homens nunca se eleva acima da visão das coisas como objetos do querer — daí o seu infortúnio; mas ver as coisas puramente como objetos de compreensão é alçar-se para a liberdade.

Quando uma causa externa ou disposição interna nos tira de repente da interminável corrente do querer e livra o conhecimento da escravidão da vontade, a atenção já não é mais dirigida para os motivos do querer, mas compreende as coisas livres das suas relações com a vontade e, assim, as observa sem interesse pessoal, sem subjetividade, de forma puramente objetiva — entrega-se inteiramente a elas, desde que sejam ideias, mas não na medida em que sejam motivos. Então, de repente, a paz que sempre procuramos, mas que sempre nos escapou no antigo caminho dos desejos, vem até nós por sua própria inciativa, e isso faz bem para nós. É o estado sem sofrimento que Epicuro considerava o maior dos bens e o estado dos deuses; porque ficamos, temporariamente, livres da infeliz batalha da vontade; guardamos o sabá da pena de trabalhos forçados do querer; a roda de Íxion fica parada.[104]

## 2. GENIALIDADE

A genialidade é a mais alta forma desse conhecimento desprovido da vontade. As mais baixas formas de vida são inteiramente constituídas de vontade, sem conhecimento; o homem, de maneira geral, é muito conhecimento e pouca vontade. "A genialidade consiste no seguinte: a faculdade de saber receber um desenvolvimento consideravelmente maior do que o serviço da vontade exige."[105] Isso envolve uma certa passagem de força da atividade reprodutora para a intelectual. "A condição fundamental do gênio é uma predominância anormal da sensibilidade e da irritabilidade sobre o poder reprodutor."[106] Daí a hostilidade entre a genialidade e a mulher, que representa a reprodução e a submissão do intelecto à vontade de viver e fazer viver. "As mulheres podem ter um grande talento, mas nenhuma genialidade, porque continuam sempre subjetivas";[107] com elas, tudo é pessoal, e considerado como um meio para fins pessoais. Por outro lado,

> a genialidade é simplesmente a mais completa objetividade — ou seja, a tendência objetiva da mente. (...) A genialidade é o poder de esconder inteiramente os próprios interesses, desejos e metas, inteiramente fora de alcance, de renunciar por completo à própria personalidade durante algum tempo a fim de continuar sendo puro sujeito conhecedor, com clara visão do mundo. (...) Consequentemente, a expressão da genialidade em um rosto consiste em que seja totalmente visível a predominância decidida do conhecimento sobre a vontade. Nas fisionomias comuns há uma predominante expressão de vontade, e vemos que o conhecimento só entra em atividade sob o impulso da vontade, sendo dirigido meramente por motivos de interesse e vantagem pessoais.[108]

Livre da vontade, o intelecto pode ver o objeto tal como é; "a genialidade ergue para nós o espelho mágico no qual tudo aquilo que é essencial e significativo nos é mostrado de forma reunida e posta com a maior clareza, e aquilo que é acidental e estranho é deixado de fora".[109] O pensamento atravessa a paixão como a luz do sol corta uma nuvem, e revela o cerne das coisas; passa por trás do individual e do particular, depois vai para a "Ideia Platônica", ou essência universal, da qual ela é uma forma — assim como um pintor vê, na pessoa que ele quer pintar, não apenas o caráter e os traços individuais, mas uma qualidade universal e uma realidade permanente para cuja revelação o indivíduo é apenas um símbolo e um meio. O segredo da genialidade, portanto, está na clara e imparcial percepção do objetivo, do essencial e do universal.

É essa eliminação da equação pessoal que deixa o gênio tão mal-adaptado ao mundo de atividade voluntariosa, prática e pessoal. Como enxerga muito longe, ele não vê o que está perto; ele é imprudente e "esquisito"; e enquanto sua visão está concentrada numa estrela, ele cai num poço. Por isso, em parte, a falta de sociabilidade nos gênios; ele está pensando no fundamental, no universal, no eterno; outros estão pensando no temporário, no específico, no imediato; sua mente e a deles não têm uma área comum, e nunca se encontram. "Em geral, o homem só é sociável na medida em que é intelectualmente pobre e ordinariamente vulgar."[110] O homem dotado de genialidade tem suas compensações e não precisa tanto de companhia quanto as pessoas que vivem numa dependência perpétua do mundo exterior. "O prazer que ele recebe de toda a beleza, o consolo que a arte proporciona, o entusiasmo do artista, (...) habilitam-no a esquecer as preocupações da vida" e "o recompensam pelo sofrimento que aumenta em proporção à clareza da consciência e pela sua solidão desértica entre uma raça diferente de homens".[111]

Porém, o resultado é que o gênio é forçado a isolar-se, e, às vezes, caminha para a loucura; a extrema sensibilidade que lhe traz dor, juntamente com a imaginação e a intuição, combina-se com a solidão e a má adaptação para romper os laços que prendem a mente à realidade. Aristóteles estava certo, uma vez mais: "Os homens que se destacam em filosofia, política, poesia ou arte parecem ter, todos, um temperamento melancólico".[112] A direta conexão entre loucura e gênio "está estabelecida pelas biografias de grandes homens, como Rousseau, Byron, Alfieri etc".[113] "Por uma diligente busca em manicômios, descobri casos individuais de pacientes que eram indubitavelmente dotados de grande talento, e cujo gênio transparecia visivelmente por sua loucura."[114]

No entanto, nesses parcialmente loucos, nesses gênios, está a verdadeira aristocracia da humanidade. "No que tange ao intelecto, a natureza é altamente aristocrática. As distinções que ela estabeleceu são maiores do que aquelas feitas em qualquer país, de acordo com nascimento, posição, riqueza ou casta."[115] A natureza só dá genialidade a uns poucos, porque um temperamento desses seria um entrave para as atividades normais da vida, que exigem concentração no específico e no imediato. "A natureza, na verdade, pretendia que até os homens cultos fossem lavradores do solo; de fato, professores de filosofia deveriam ser avaliados de acordo com esse padrão; e então veríamos que suas realizações correspondem a todas as expectativas razoáveis."*

## 3. ARTE

Essa libertação do conhecimento da escravidão da vontade, esse esquecimento do eu individual e de seu interesse material, essa elevação da mente à contemplação da verdade, sem influência da vontade, é a função da arte. O objetivo da ciência é o universal que contém muitos particulares; o objetivo da arte é o particular que contém um universal. "Até mesmo o retrato deveria ser, como diz Winckelmann, o ideal do indivíduo."[116] "Ao pintar animais, o mais detalhado é considerado o mais bonito, por melhor revelar a espécie. Um trabalho artístico é bem-sucedido, portanto, na proporção em que sugere a Ideia Platônica, ou universal, do grupo ao qual o objeto representado pertence. O retrato de um homem deve visar, por conseguinte, não a uma fidelidade fotográfica, mas a expor ao máximo, por meio de uma imagem, algumas qualidades essenciais ou universais do homem."** A arte é maior do que a ciência, porque esta provém de acúmulo diligente e do raciocínio cauteloso, enquanto aquela atinge o seu objetivo de imediato, pela intuição e pela apresentação; a ciência pode se dar bem com o talento, mas a arte requer genialidade.

Nosso prazer na natureza, como acontece com a poesia ou com as pinturas, é derivado da contemplação do objeto sem participação da vontade pessoal. Para o artista, o Reno é uma série variada de paisagens fascinantes, agitando os sentidos e a imaginação com sugestões

---

\* O professor de filosofia poderá vingar-se salientando que, por natureza, parecemos mais caçadores do que agricultores; que a agricultura é uma invenção humana, não um instinto natural.

\*\* Assim, na literatura, a retratação de um personagem alça-se à grandeza — sem mudar os outros elementos —, na proporção em que o indivíduo nitidamente descrito represente também um tipo universal, como Fausto e Margarida ou Quixote e Sancho Pança.

de beleza; mas o viajante dedicado a seus problemas pessoais "verá o Reno e suas margens apenas como uma linha, e as pontes apenas como linhas que cortam a primeira".[117] O artista se liberta tanto das preocupações pessoais que, "para a percepção artística, tanto faz se vemos o pôr do sol de uma prisão ou de um palácio".[118] "É essa bênção da percepção desprovida da vontade que lança um fascínio encantador sobre o passado e o distante, apresentando-os a nós sob uma luz tão clara."[119] Mesmo os objetos hostis, quando os contemplamos sem a excitação da vontade, e sem o perigo imediato, tornam-se sublimes. Igualmente, a tragédia pode assumir um valor estético ao nos livrar da batalha da vontade individual e habilitar-nos a ver o nosso sofrimento com uma visão mais ampla. A arte atenua os males da vida ao nos mostrar o eterno e o universal por trás do transitório e do individual. Espinosa estava certo: "na medida em que a mente vê as coisas em seu aspecto eterno, participa da eternidade".[120]

Esse poder das artes de nos elevar acima da competição de vontades é possuído, acima de tudo, pela música.* "A música não é, em absoluto, como as outras artes, a cópia das Ideias", ou essências das coisas, mas é "a cópia da própria vontade"; isso nos mostra a vontade em movimento, batalha e perambulação eternas, e, ao fim, sempre retornando a si mesma, para começar uma batalha completamente nova. "É por isso que o efeito da música é mais poderoso e penetrante do que o das outras artes, pois estas só falam de sombras, enquanto a música fala das coisas em si mesmas."[121] Ela difere também das outras artes porque afeta diretamente os nossos sentimentos,[122] e não por intermédio das ideias; ela fala a algo mais sutil do que o intelecto. O que a simetria é para as artes plásticas o ritmo é para a música; a partir disso, música e arquitetura são antípodas; arquitetura, como disse Goethe, é música congelada; e simetria é ritmo imóvel.

---

\* "Schopenhauer foi o primeiro a reconhecer e designar com clareza filosófica a posição da música com referência às outras belas-artes." — Wagner, *Beethoven*, Boston, 1872, p. 23.

## 4. RELIGIÃO

Ficou evidente para a maturidade de Schopenhauer que sua teoria da arte — como sendo a retirada da vontade e a contemplação do eterno e universal — era também uma teoria da religião. Na juventude, ele recebera pouquíssima educação religiosa; e seu temperamento não colaborava muito para que fosse uma pessoa muito propensa ao respeito às organizações eclesiásticas de seu tempo. Ele desprezava os teólogos: "Como *ultima ratio*", ou último argumento, "dos teólogos encontramos, em muitas nações, o poste em que são amarrados os condenados a serem queimados vivos";[123] e descrevia a religião como "a metafísica das massas".[124] Mas, passados alguns anos, ele começou a ver um profundo significado em certas práticas e dogmas religiosos. "A controvérsia exercida com tanta perseverança em nossa época entre os sobrenaturalistas e os racionalistas baseia-se no fato de não se reconhecer a natureza alegórica de todas as religiões."[125] O cristianismo, por exemplo, é uma profunda filosofia do pessimismo; "a doutrina do pecado original (afirmação da vontade) e da salvação (negação da vontade) é a grande verdade que constitui a essência do cristianismo".[126] O jejum é um notável expediente para enfraquecer os desejos que nunca levam à felicidade, mas à desilusão ou a um desejo maior. "O poder por meio do qual o cristianismo conseguiu vencer primeiro o judaísmo e, depois, o paganismo da Grécia e de Roma está unicamente no seu pessimismo, na confissão de que o nosso estado é excessivamente deplorável e pecaminoso, enquanto o judaísmo e o paganismo eram otimistas":[127] eles consideravam a religião um suborno aos poderes celestiais em troca de ajuda para o sucesso terreno; o cristianismo considerava a religião um freio para a inútil jornada em busca da felicidade terrena. Em meio ao luxo e ao poder mundanos, a Igreja tem sustentado o ideal do santo, o Louco em Cristo, que se recusa a lutar, e supera por completo a vontade individual.[128]

O budismo é mais profundo do que o cristianismo, porque faz da destruição da vontade a totalidade da religião e prega o Nirvana como sendo a meta de toda a evolução pessoal. Os hindus eram mais profundos do que os pensadores da Europa, porque a sua interpretação do mundo era interna e intuitiva, não externa e intelectual; o intelecto divide tudo, a intuição une tudo; os hindus viam que o "Eu" é uma ilusão; que o indivíduo é meramente fenomenal, e que a única realidade é o Ser Infinito — "Isto é você". "Quem for capaz de dizer isso a si mesmo, com relação a todos os seres com os quais entrar em contato" — quem tiver olhos e alma suficientemente limpos para compreender que somos todos membros de um só organismo, somos todos pequeninos córregos em um oceano de vontade — "estará destinado a ter todas as virtudes e bênçãos, e na estrada direta para a salvação".[129]. Schopenhauer não pensa que o cristianismo venha, algum dia, a tomar o lugar do budismo no Oriente: "é o mesmo que dispararmos uma bala contra um rochedo".[130] Em vez disso, é a filosofia indiana que penetrará a Europa e irá alterar profundamente o nosso conhecimento e nosso pensamento. "A influência da literatura sânscrita penetrará não menos profundamente do que o renascimento das letras gregas no século XV."[131]

A sabedoria máxima, portanto, é o Nirvana: reduzir o eu interior a um mínimo de desejo e vontade. A vontade do mundo é mais forte do que a nossa: cedamos imediatamente. "Quanto menos a vontade for excitada, menos sofreremos."[132] As grandes obras-primas da pintura sempre representaram fisionomias nas quais "vemos a expressão do mais completo conhecimento, que não é dirigido a determinadas coisas, mas que (...) se tornou a mais tranquila de todas as vontades".[133] "Aquela paz que é, acima de tudo, razão, aquela perfeita calma do espírito, aquele profundo repouso, aquela inviolável confiança e serenidade, (...) tal como Rafael e Correggio representaram, é uma completa e certa interpretação da mensagem divina; só resta conhecimento, a vontade desapareceu."[134]

## VII. A SABEDORIA DA MORTE

Ainda assim, algo mais é necessário. Pelo Nirvana o indivíduo alcança a paz da ausência da vontade e encontra a salvação; mas e depois do indivíduo? A vida ri da morte do indivíduo; parte dele seguirá sobrevivendo em sua prole, ou na prole de outros; mesmo que o seu pequeno córrego de vida seque, existem mil outros fluxos que crescem mais largos e mais profundos a cada geração. Como pode o *Homem* ser salvo? Haverá um Nirvana para a raça, assim como para o indivíduo?

Obviamente, a única conquista final e radical da vontade deve estar em deter a fonte da vida — a vontade de reproduzir-se. "A satisfação do impulso reprodutor é extrema e intrinsecamente repreensível, porque é a mais forte afirmação da ânsia de viver."[135] Que crime essas crianças cometeram para terem de nascer?

> Se, agora, contemplamos o turbilhão da vida, vemos todos ocupados com as privações e misérias da existência, usando o máximo de seus esforços para satisfazer-lhe as infinitas necessidades e evitar as múltiplas aflições que ela proporciona, mas sem ousar ter esperanças de outra coisa que não simplesmente a preservação dessa atormentada existência por um curto espaço de tempo. Nesse ínterim, porém, e em meio a essa confusão, vemos os olhares de dois amantes se encontrarem, ardendo de paixão; contudo, por que tão secreta, receosa e furtivamente? Porque esses amantes são os traidores que buscam perpetuar todas as privações e todo o trabalho baixo e serviçal que, do contrário, chegaria rapidamente ao fim; (...) está aqui a profunda razão para a vergonha ligada ao processo da geração.[136]

Aqui, a mulher é a culpada; porque quando o conhecimento chega ao ponto em que há ausência de vontade, seus encantos irrefletidos seduzem o homem, mais uma vez, à reprodução. A juventude não tem inteligência suficiente para ver quão breves devem ser esses encantos; e quando a inteligência chega, já é tarde demais.

> Com as jovens, a Natureza parece ter tido em vista o que, na linguagem do drama, é chamado de *efeito de impacto*; uma vez que durante alguns anos ela as dota de uma abundância de beleza e é pródiga na distribuição de encantos, à custa do prejuízo do resto de suas vidas, para que durante aqueles anos elas possam captar a simpatia de algum homem a ponto de fazer com que ele se apresse a assumir o honrado dever de cuidar delas (...) enquanto viverem — um passo para o qual não pareceria

haver uma justificativa suficiente se ao menos a razão dirigisse os pensamentos do homem. (...) Aqui, como em outra parte qualquer, a Natureza age com a sua economia de sempre; porque, dessa maneira, como a fêmea das formigas depois da fecundação perde as asas, que então são supérfluas, ou mais, são, na verdade, um perigo para a atividade reprodutora, a mulher, depois de dar à luz um ou dois filhos, normalmente, perde a beleza; provavelmente, de fato, por razões idênticas.[137]

Os rapazes deveriam refletir que "se o objeto que os inspira hoje a escrever madrigais e sonetos tivesse nascido dezoito anos antes, dificilmente iria merecer deles um simples olhar".[138] Afinal de contas, os homens são muito mais bonitos de corpo do que as mulheres.

Só um homem com o intelecto anuviado pelo impulso sexual poderia dar o nome de *o belo sexo* a essa raça de pequena estatura, ombros estreitos, quadris largos e pernas curtas; porque toda a beleza do sexo está vinculada a esse impulso. Em vez de chamar de bonitas as mulheres, seria mais justo descrevê-las como o sexo sem estética. Nem para a música, nem para a poesia, nem para as belas-artes elas têm real e verdadeiramente qualquer senso de suscetibilidade; trata-se de mero simulacro se elas fingem ter esse senso a fim de ajudar seus esforços no sentido de agradar. (...) Elas são incapazes de um interesse puramente objetivo por qualquer coisa. (...) Os mais destacados intelectos de todo o sexo jamais conseguiram produzir uma única realização nas belas-artes que seja realmente autêntica e original; ou dar ao mundo qualquer trabalho de valor permanente em qualquer esfera.[139]

Essa veneração das mulheres é um produto do cristianismo e do sentimentalismo alemão; e é, por sua vez, uma das causas do movimento romântico que exalta o sentimento, o instinto e a vontade acima do intelecto.[140] Os asiáticos não caem nessa e reconhecem francamente a inferioridade da mulher. "Quando as leis deram às mulheres os mesmos direitos dos homens, também deveriam tê-las dotado de intelectos masculinos."[141] Uma vez mais a Ásia demonstra uma honestidade mais refinada do que a nossa em suas instituições matrimoniais; ela aceita como normal e legal o costume da poligamia, que, embora tão amplamente praticado entre nós, vem disfarçado na frase: "Onde existem monógamos de verdade?".[142] E que absurdo é dar direitos de propriedade às mulheres! "Todas as mulheres têm, com raras exceções, tendência para a extravagância", porque vivem apenas no presente e seu principal esporte ao ar livre é fazer compras. "As mulheres acham que cabe aos homens ganhar dinheiro, e a elas, gastá-lo";[143] é esta a concepção que elas têm da divisão do trabalho. "Sou, portanto, de opinião que as mulheres nunca devem ter permissão para gerir seus negócios, devendo estar sempre sob supervisão masculina, seja do pai, do marido, do filho ou do Estado — como é o caso do Hindustão; e que, consequentemente, nunca deverão receber plenos poderes para se desfazerem de qualquer propriedade que não tenha sido adquirida por elas."[144] Foi provavelmente o luxo e a extravagância das mulheres da corte de Luís XIII que provocaram a corrupção generalizada do governo, que culminou na Revolução Francesa.[145]

Quanto menos nos metermos com as mulheres, tanto melhor. Elas não são nem mesmo um "mal necessário";[146] a vida é mais segura e tranquila sem elas. Quando os homens reconhecerem a cilada que há na beleza das mulheres, a absurda comédia da reprodução acabará. A evolução da inteligência irá enfraquecer ou frustrar a vontade de reproduzir-se e, com isso, conseguir finalmente a extinção da raça. Nada poderia formar um desfecho mais belo para a insana tragédia da vontade inquieta — por que deveria a cortina que acaba de baixar sobre a derrota e a morte tornar sempre a subir para uma vida nova, uma batalha nova e uma derrota nova? Por quanto tempo seremos atraídos para essa tempestade num copo d'água, essa dor interminável que leva apenas a um doloroso fim? Quando teremos a coragem de desafiar a Vontade cara a cara — e de dizer-lhe que a beleza da vida é uma mentira, e que o maior de todos os benefícios é a morte?

## VIII. CRÍTICAS

A resposta natural a uma filosofia dessas é um diagnóstico médico, da época e do homem.

Vamos, novamente, dar a devida atenção, porque temos aqui um fenômeno semelhante àquele que, nos tempos posteriores a Alexandre e a César, levou primeiro para a Grécia, e depois para Roma, uma torrente de fiéis e atitudes orientais. É uma característica do Oriente considerar a Vontade da natureza muito mais poderosa do que a vontade do homem, e chegar logo a uma doutrina de resignação e desesperança. Assim como a decadência da Grécia provocou a palidez do estoicismo e o rubor héctico do epicurismo nas bochechas de Hélade, o caos das guerras napoleônicas levou para a alma da Europa aquele cansaço melancólico que fez de Schopenhauer a sua voz filosófica. A Europa teve uma terrível dor de cabeça em 1815.[147]

O diagnóstico pessoal pode se inspirar na parte em que o próprio Schopenhauer admite que a felicidade do homem depende daquilo que ele é, e não de uma circunstância externa. O pessimismo é uma indicação do pessimista. Dadas uma constituição doentia e uma mente neurótica, uma vida de lazer vazio e tédio melancólico, surge a fisiologia adequada à filosofia de Schopenhauer. É preciso lazer para conseguir ser um pessimista; uma vida ativa traz, quase sempre, boa disposição do corpo e da mente. Schopenhauer admira a serenidade que vem de objetivos modestos e de uma vida equilibrada,[148] mas dificilmente poderia fazer disso por experiência própria. Realmente, *difficilis in otio quies*; ele tinha dinheiro suficiente para um ócio constante, e descobriu que o lazer contínuo era mais intolerável do que o trabalho constante. Talvez a propensão dos filósofos para a melancolia se deva à artificialidade das ocupações sedentárias; muito frequentemente, um ataque contra a vida era apenas um sintoma da arte perdida da evacuação.

O Nirvana é o ideal de um homem apático, um Childe Harold ou um Réné, que começara desejando demais, arriscando tudo numa única paixão, e depois, tendo perdido, passou o resto da vida num enfado desapaixonado e petulante. Se o intelecto surge como o servo da vontade, é muito provável que o determinado produto do intelecto que conhecemos como a filosofia de Schopenhauer fosse o disfarce e a justificativa de uma vontade doentia e indolente. E não há dúvida de que suas primeiras experiências com mulheres e com homens criaram uma desconfiança e uma sensibilidade anormais, como aconteceu com Stendhal, Flaubert e Nietzsche. Ele se tornou cínico e solitário. Escreve ele: "Um amigo necessitado não é realmente um amigo; é apenas um tomador de empréstimo";[149] e "Não conte a um amigo nada que você esconderia de um inimigo".[150] Ele aconselha uma vida tranquila, monótona e de eremita; tem medo da sociedade e não tem senso dos valores ou deleites da associação humana.[151] Mas a felicidade morre quando não é partilhada.

Existe, é claro, um grande elemento de egoísmo no pessimismo: o mundo não é suficientemente bom para nós, e torcemos nossos narizes filosóficos para ele. Mas isso é o mesmo que esquecer a lição de Espinosa, de que nossos termos de censura e aprovação moral são meramente juízos humanos, a maioria irrelevante quando aplicada ao cosmo como um todo. Pode ser que nosso desgosto arrogante pela existência seja uma máscara para um desgosto secreto em relação a nós mesmos: estragamos por completo nossas vidas e lançamos a culpa no "meio ambiente" ou no "mundo", que não tem língua para se defender. O homem maduro aceita as limitações naturais da vida; não espera que a Providência seja parcial a seu favor; não pede dados viciados para com eles jogar o jogo da vida. Ele sabe, junto com Carlyle, que não faz sentido caluniar o Sol porque o astro não acende nossos charutos. E talvez, se tivermos inteligência o bastante para ajudá-lo, ele até faça isso; e este vasto cosmo neutro pode se tornar um lugar bem agradável se o ajudarmos com um pouco da luz do nosso sol particular. De fato, o mundo não está nem do nosso lado, nem contra nós; não passa de uma matéria-prima em nossas mãos, e pode ser céu ou inferno, dependendo daquilo que somos.

Uma parte da causa do pessimismo, em Schopenhauer e seus contemporâneos, está em suas atitudes e expectativas românticas. A juventude espera demais do mundo; o pessimismo é o dia seguinte do otimismo, assim como 1815 teve que pagar por 1789. A romântica exaltação e libertação do sentimento, do instinto e da vontade, e o romântico desprezo pelo intelecto, pelas restrições e pela ordem provocaram suas punições naturais; porque "o mundo", como disse Horace Walpole, "é uma comédia para quem pensa, mas uma tragédia para quem sente". "Talvez nenhum movimento tenha sido tão prolífico na melancolia quanto o romantismo emocional. (...) Quando o romântico descobre que o seu ideal de felicidade acaba resultando numa infelicidade real, não culpa o seu ideal. Simplesmente conclui que o mundo é indigno de um ser tão requintadamente organizado como ele."[152] Como poderia um universo caprichoso satisfazer, algum dia, uma alma caprichosa?

O espetáculo da ascensão de Napoleão ao trono, a denúncia de Rousseau — e a crítica de Kant — do intelecto, e seus próprios temperamentos e experiências apaixonados conspiraram para sugerir a Schopenhauer a primazia e a fundamentalidade da vontade. Talvez, também, Waterloo e Santa Helena tenham ajudado a desenvolver um pessimismo nascido, sem dúvida, do amargo contato pessoal com as ferroadas e os castigos da vida. Ali estava a mais dinâmica vontade individual da história comandando continentes com poderes imperiais; e, contudo, sua condenação era tão certa e ignominiosa quanto a do inseto ao qual o dia do nascimento traz uma morte nada invejável. Nunca ocorreu a Schopenhauer que era melhor ter lutado e perdido do que nunca ter lutado; ele não sentia, como o mais masculino e vigoroso Hegel, a glória e a conveniência da luta; ele ansiava pela paz e vivia em meio à guerra. Por toda parte, ele via batalhas; não via, por trás da luta, a ajuda amiga dos vizinhos, a alegria zombeteira das crianças e dos rapazes, as danças das garotas empolgadas, os prontos sacrifícios de pais e amantes, a paciente liberalidade do solo e a renascença da primavera.

E se o desejo, satisfeito, levar a outro desejo? Talvez seja melhor jamais estarmos satisfeitos. A felicidade, diz uma velha lição, está mais na realização do que na posse ou na saciação. O homem saudável não pede tanto a felicidade quanto uma oportunidade de exercer suas aptidões; e se tiver que pagar o castigo da dor por essa liberdade e esse poder, paga com satisfação; não é um preço muito alto. Precisamos da resistência para nos erguer, tal como ela levanta o aeroplano ou o pássaro; precisamos de obstáculos contra os quais aprimorar nossa força e estimular o nosso crescimento. A vida sem tragédia seria indigna de um homem.*

Será verdade que "quem aumenta o conhecimento aumenta o sofrimento", e que são os seres mais altamente organizados que mais sofrem? Sim; mas também é verdade que o aumento do conhecimento aumenta tanto o prazer quanto o sofrimento, e que os mais sutis dos prazeres, bem como as mais agudas das dores, estão reservados para a alma desenvolvida. Voltaire preferia, corretamente, a "infeliz" sabedoria do brâmane à ditosa ignorância da camponesa; queremos experimentar a vida intensa e profundamente, mesmo à custa de sofrimento; queremos nos aventurar em seus mais recônditos segredos, mesmo à custa da desilusão.** Virgílio, que havia provado de todos os prazeres e conhecia o luxo dos favores imperiais, acabou "cansando-se de tudo, exceto das alegrias do conhecimento". Quando os sentidos param de satisfazer, é alguma coisa ter conseguido acesso, por mais árduo que tenha sido, ao companheirismo dos artistas, poetas e filósofos que só a mente madura pode compreender. A sabedoria é um prazer agridoce, aprofundado pelas próprias dissonâncias que se intrometem em sua harmonia.

Será que o prazer é negativo? Só uma alma gravemente ferida, fugindo do contato com o mundo, poderia ter soltado uma blasfêmia tão fundamental contra a vida. O que é o prazer senão a harmoniosa atividade de nossos instintos? E como pode o prazer ser negativo exceto quando o instinto em ação indica a retirada, e não a aproximação? Os prazeres da fuga e do repouso, da submissão e da segurança, da solidão e da

---

* Cf. O próprio Schopenhauer: "Não ter um trabalho regular, não ter uma esfera fixa de atividade... que desgraça! (...) Esforço, lutas com dificuldades! Isso é tão natural para o homem quanto o é para a toupeira escavar o solo. Ter todas as necessidades satisfeitas é algo intolerável — a sensação de estagnação que vem dos prazeres que duram demais. Superar dificuldades é experimentar o pleno gozo da existência." — "Conselhos e Máximas", p. 53. Gostaríamos de saber mais sobre o que o Schopenhauer mais maduro achava da brilhante filosofia de sua juventude.

** Anatole France (o último avatar de Voltaire) dedicou uma de suas obras-primas — *The Human Tragedy* — à tarefa de mostrar que, embora "a alegria de compreender seja uma alegria triste, aqueles que a provaram uma vez não a trocariam por todas as frívolas festividades e as esperanças sem sentido de um bando vulgar". Cf. *The Garden of Epicurus*, Nova York, 1908, p. 120.

tranquilidade são, sem dúvida, negativos, porque os instintos que nos impelem para eles são essencialmente negativos — forma de fuga e medo; mas vamos dizer a mesma coisa dos prazeres que vêm quando os instintos positivos estão no comando — instintos de aquisição e posse, de luta e domínio, de ação e jogo, de associação e amor? Serão negativas a alegria do riso, ou as travessuras da criança, ou a canção do pássaro que se acasala, ou o cocoricar do galo, ou o êxtase criativo da arte? A vida, em si, é uma força positiva, e toda função normal possui algum prazer.

Continua sendo verdade, sem dúvida, que a morte é terrível. Grande parte do seu terror desaparece se a pessoa tiver levado uma vida normal; é preciso ter vivido bem para morrer bem. E a ausência da morte iria nos deleitar? Quem inveja o destino de Ahasuerus, ao qual a vida imortal foi enviada como o pior dos castigos que poderiam ser aplicados a um homem? E por que a morte é terrível, senão porque a vida é doce? Não precisamos dizer com Napoleão que todos aqueles que temem a morte são, no fundo, ateus; mas podemos dizer, com toda a certeza, que o homem que viveu até os sessenta viveu mais do que o seu pessimismo. Nenhum homem, disse Goethe, é pessimista depois dos trinta. E dificilmente antes dos vinte; o pessimismo é um luxo da juventude autoconsciente e presunçosa; juventude que sai do quente seio da família comunitária para a fria atmosfera da concorrência e da ganância individualistas, e depois tem saudade do seio da mãe; juventude que se atira loucamente contra os moinhos e males do mundo, e descarta tristemente utopias e ideais a cada ano que passa. Mas antes dos vinte é a alegria do corpo, e depois dos trinta é a alegria da mente; antes dos vinte é o prazer da proteção e da segurança; e depois dos trinta, a alegria da paternidade e do lar.

Como poderia evitar o pessimismo um homem que viveu a vida toda numa pensão? E que abandonou o filho único ao anonimato ilegítimo?[153] No fundo da infelicidade de Schopenhauer estava a sua rejeição à vida normal — rejeição às mulheres, ao casamento e aos filhos. Ele vê na paternidade o maior dos males, quando um homem saudável encontra nela a maior das satisfações da vida. Ele acha que a clandestinidade do amor é devida à vergonha de propagar a raça — haverá alguma coisa que possa ser tão pedantemente absurda? Ele vê no amor apenas o sacrifício do indivíduo à raça, e ignora as delícias com que o instinto recompensa o sacrifício — delícias tão grandes que têm inspirado a maior parte da poesia do mundo.[154] Só conhece a mulher como astuta e pecadora, e imagina que não existam outros tipos. Acha que o homem que se dispõe a sustentar uma esposa é um tolo;[155] mas aparentemente esses homens não são muito mais infelizes do que o nosso apaixonado apóstolo da infelicidade solteira; e (como disse Balzac) é tão caro sustentar um vício quanto sustentar uma família. Despreza a beleza da mulher — como se houvesse quaisquer formas de beleza que pudéssemos dispensar e que não devêssemos tratar com carinho por serem a cor e a fragrância da vida. Que ódio pelas mulheres um revés havia gerado nessa alma infeliz!

Há outras dificuldades mais técnicas e menos vitais nesta notável e estimulante filosofia. Como pode haver suicídio em um mundo no qual a única força verdadeira é a vontade de viver? Como pode o intelecto, gerado e criado como um servo da vontade, conseguir independência e objetividade? Estará a genialidade no conhecimento divorciado da vontade, ou será que ele contém, como sua força motriz, um imenso poder da vontade, até mesmo uma grande liga de ambição pessoal e presunção?[156] Estará a loucura ligada ao gênio em geral, ou só ao tipo "romântico" de gênio (Byron, Shelley, Poe, Heine, Swinburne, Strindberg, Dostoiévski etc.)? E não será excepcionalmente sadio o clássico e mais profundo tipo de gênio (Sócrates, Platão, Espinosa, Bacon, Newton, Voltaire, Goethe, Darwin, Whitman etc.)? E se a função adequada do intelecto e da filosofia não for a negação da vontade, mas a coordenação de desejos numa vontade unida e harmoniosa? E se a própria "vontade", exceto como o produto unificado de tal coordenação, for uma abstração mítica, tão sombria quanto a "força"?

A despeito disso tudo, existe em torno dessa filosofia uma nítida honestidade, ao lado da qual a maioria das crenças otimistas parecem hipocrisias soporíficas. Está tudo bem em dizer, com Espinosa, que bom e mau são termos subjetivos, preconceitos humanos; e, no entanto, somos compelidos a julgar este mundo não segundo uma visão "imparcial", mas do ponto de vista de verdadeiros sofrimentos e necessidades humanas. Foi bom Schopenhauer obrigar a filosofia a enfrentar a crua realidade do mal, e apontar o nariz do pensamento para as tarefas humanas de mitigação. Tem sido mais difícil, desde a sua época, a filosofia viver na atmosfera irreal de uma metafísica que faz a lógica em pedaços; os pensadores começam a perceber que pensamento sem ação é uma doença.

Afinal, Schopenhauer abriu os olhos dos psicólogos para a sutil profundidade e para a onipresente força do instinto. O intelectualismo — a concepção do homem como, acima de tudo, um animal pensante, conscientemente adaptando meios a fins racionalmente escolhidos — adoeceu com Rousseau, caiu de cama com Kant e morreu com Schopenhauer. Depois de dois séculos de análise introspectiva, a filosofia encontrou, por trás do pensamento, o desejo; e por trás do intelecto, o instinto — do mesmo jeito que, após um século de materialismo, a física encontrou, por trás da matéria, a energia. Devemos a Schopenhauer o fato de nos ter revelado nossos corações secretos, de nos ter mostrado que nossos desejos são os axiomas de nossas filosofias, e de ter aberto o caminho para uma compreensão do pensamento não como mero cálculo abstrato de eventos impessoais, mas como um flexível instrumento de ação e desejo.

Por fim, e apesar de todos os exageros, Schopenhauer, mais uma vez, ensinou-nos a necessidade da genialidade e o valor da arte. Ele viu que o bem supremo é a beleza, e que o prazer supremo está na criação ou no carinho para com o belo. Uniu-se a Goethe e Carlyle para protestar contra a tentativa de Hegel, Marx e Buckle de eliminar o gênio como fator fundamental da história humana; numa época em que todos os grandes pareciam ter morrido, ele pregou uma vez mais a enobrecedora adoração dos heróis. E mesmo com todos os seus defeitos, conseguiu acrescentar outro nome aos deles.

CAPÍTULO III

# Herbert Spencer

## I. COMTE E DARWIN

A filosofia kantiana, que se anunciava como "prolegômenos a toda metafísica futura", foi, por malícia, um ataque mortífero aos tradicionais modos de especulação; e, contrariamente à sua intenção, um golpe prejudicial em toda a metafísica. Porque metafísica, por toda a história do pensamento, tinha um significado de tentativa de descobrir a natureza máxima da realidade; agora, os homens aprendiam, com base na mais respeitável autoridade, que a realidade nunca poderia ser experimentada; que ela era um "númeno", concebível mas não cognoscível; e que até a mais sutil inteligência humana jamais poderia ir além dos fenômenos, jamais poderia penetrar o véu de Maya. As extravagâncias metafísicas de Fichte, Hegel e Schelling, com suas várias leituras do antigo enigma, seus Ego, Ideia e Vontade, haviam anulado umas às outras, resultando zero; e na década de 1830, a compreensão geral era a de que o universo guardara bem o seu segredo. Após uma geração de intoxicação do Absoluto, a mente da Europa reagiu fazendo um juramento contra a metafísica de qualquer tipo.

Já que os franceses fizeram do ceticismo uma especialidade, era natural que produzissem o fundador (se é que existem tais pessoas na filosofia, cujas ideias são consagradas só depois de anos) do movimento "positivista". Auguste Comte — ou, como seus pais o nomearam,

Isidore Auguste Marie François Xavier Comte — nasceu em Montpellier, em 1798. O ídolo de sua juventude foi Benjamin Franklin, a quem ele chamava de Sócrates moderno. "Saiba que aos vinte e cinco anos de idade ele criou um plano de se tornar perfeitamente sábio, e que ele realizou esse plano. Eu ousei realizar a mesma coisa, embora ainda não tenha completado vinte anos." Comte teve um bom começo ao se tornar secretário do grande utópico Saint-Simon, que lhe transmitiu o entusiasmo reformista de Turgot e Condorcet, e a ideia de que os fenômenos sociais, como os físicos, poderiam ser reduzidos a leis e ciência, e que toda filosofia deveria ter o seu foco dirigido para o desenvolvimento moral e político da humanidade. Mas, como a maioria de nós que se dispõe a reformar o mundo, Comte achou bastante difícil controlar a própria casa; em 1827, depois de dois anos de infelicidade matrimonial, sofreu um colapso mental e tentou suicidar-se no Sena. Ao seu salvador, portanto, devemos algo dos cinco volumes de *The Positive Philosophy* que apareceram entre 1830 e 1842, e dos quatro volumes de *System of Positive Polity*, que apareceram entre 1851 e 1854.

Foi um empreendimento que, em alcance e paciência, só perdeu, na época moderna, para a *Syntetic Philosophy* de Spencer. Nessa obra, as ciências foram classificadas de acordo com a simplicidade e a generalidade decrescentes de seu tema: matemática, astronomia, física, química, biologia e sociologia; cada um desses baseava-se nos resultados de todas as ciências anteriores; por conseguinte, a sociologia era o auge das ciências, e as outras tinham sua razão de existir, desde que pudessem proporcionar luzes à ciência da sociedade. A ciência, no sentido de conhecimento exato, havia se espalhado de um tema para outro na ordem dada; e era natural que os complexos fenômenos da vida social fossem os últimos a ceder ao método científico. Em cada campo do pensamento, o historiador de ideias podia observar uma Lei dos Três Estágios: a princípio, o tema era concebido à moda *teológica*, e todos os problemas eram explicados pela vontade de alguma divindade — como quando as estrelas eram deuses, ou as carruagens dos deuses; mais tarde, o mesmo tema atingiu a etapa *metafísica*, e era explicado por abstrações metafísicas — como quando as estrelas se deslocavam em círculos, porque estes eram a figura mais perfeita; por fim, o tema foi reduzido à ciência *positiva* por observação precisa, hipótese e experimento, e seus fenômenos eram explicados por meio das regularidades de causa e efeito naturais. A "Vontade de Deus" cede a entidades etéreas, como às "Ideias" de Platão ou à "Ideia Absoluta" de Hegel, e estas, por sua vez, cedem às leis da ciência. A metafísica é um estágio de desenvolvimento interrompido: era chegada a hora, disse Comte, de abandonar essas infantilidades. A filosofia não era uma coisa diferente da ciência; era a coordenação de todas as ciências visando o melhoramento da vida humana.

Havia um certo intelectualismo dogmático com relação a esse positivismo que talvez refletisse o filósofo desiludido e isolado. Quando, em 1845, madame Clotilde de Vaux (cujo marido cumpria prisão perpétua) tomou conta do coração de Comte, sua afeição por ela aqueceu e coloriu seu pensamento e o levou a uma reação na qual ele colocava o sentimento acima da inteligência como força reformadora, concluindo que o mundo só poderia ser redimido por uma nova religião, cujas funções deveriam ser estimular e fortalecer o frágil altruísmo da natureza humana, exaltando a Humanidade como o objeto de uma veneração cerimoniosa. Comte passou seus últimos dias elaborando para essa Religião da Humanidade um complexo sistema de sacerdócio, sacramentos, orações e disciplina; e propôs um novo calendário em que os nomes de divindades pagãs e santos medievais deveriam ser substituídos pelos heróis do progresso humano. Como disse uma pessoa espirituosa, Comte oferecia ao mundo tudo do catolicismo, exceto o cristianismo.

O movimento positivista caiu nas graças do fluxo do pensamento inglês, que tirava seu espírito de uma vida de indústria e comércio, e olhava com uma certa reverência para as questões de fato. A tradição baconiana havia voltado o pensamento na direção das coisas, a mente na direção da matéria; o materialismo de Hobbes, o sensacionalismo de Locke, o ceticismo de Hume, o utilitarismo de Bentham eram as muitas variações sobre o tema de uma vida prática e ocupada. Berkeley era uma dissonância irlandesa nessa sinfonia doméstica. Hegel ria do hábito inglês de honrar o equipamento físico e químico com o nome de "instrumentos filosóficos"; mas esse termo ocorria naturalmente a homens que concordavam com Comte e Spencer em definir filosofia como uma generalização dos resultados de todas as ciências. Foi assim que o movimento positivista encontrou mais adeptos na Inglaterra do que na terra em que nascera; adeptos que talvez não fossem tão fervorosos quanto o generoso Littré, mas dotados daquela tenacidade inglesa que manteve John Stuart Mill (1806-73) e Frederick Harrison (1831-1923) fiéis a vida toda à filosofia de Comte, enquanto a cautela inglesa os mantinha afastados de sua religião cerimoniosa.

Nesse mesmo período, a Revolução Industrial, nascida de uma pequena ciência, por sua vez estimulava a ciência. Newton e Herschel levaram as estrelas para a Inglaterra, Boyle e Davy abriram os tesouros da química, Faraday vinha fazendo descobertas que deixariam o mundo eletrizado, Rumford e Joule demonstravam a transformabilidade e equivalência da força e a conservação de energia. As ciências atingiam um estágio de complexidade que iria fazer com que um mundo assombrado recebesse de bom grado uma síntese. Mas acima de todas essas influências intelectuais que agitavam a Inglaterra na juventude de Herbert Spencer estavam a evolução da biologia e a doutrina da evolução. A ciência tinha sido exemplarmente internacional no desenvolvimento dessa doutrina: Kant falara da possibilidade de os macacos se tornarem homens; Goethe escrevera sobre "a metamorfose das plantas"; Erasmo, Darwin e Lamarck propuseram a teoria de que a espécie evoluíra de formas mais simples pela herança dos efeitos do uso e do desuso; e em 1830, Saint-Hilaire chocou a Europa, e alegrou o velho Goethe, ao quase triunfar contra Cuvier naquele famoso debate sobre a evolução que parecia um outro *Ernani*, outra revolta contra ideias clássicas de regras e ordens imutáveis em um mundo imutável.

Na década de 1850, a evolução estava no ar. Spencer expressou a ideia, muito antes de Darwin, em um ensaio sobre "A Hipótese do Desenvolvimento" (1852), e em *The Principles of Psychology* (1855). Em 1858, Darwin e Wallace leram seus famosos trabalhos perante a Sociedade Lineana; e em 1859, o velho mundo, na opinião dos bons bispos, despedaçou-se com a publicação de *A Origem das Espécies*. Não se tratava aqui de mera noção vaga de evolução, de espécies superiores evoluindo a partir de espécies relativamente inferiores; mas uma detalhada e ricamente documentada teoria do modo e do processo real de evolução "por meio da seleção natural, ou da preservação de raças favorecidas na luta pela vida". Em questão de uma década, o mundo todo estava falando sobre evolução. O que alçou Spencer à crista dessa onda de pensamento foi a clareza de espírito que indicava a aplicação da ideia de evolução a todos os campos de estudo, e o raio de alcance da mente que levou quase todos os conhecimentos a prestarem homenagens à sua teoria. Assim como a matemática dominara a filosofia no século XVII, dando ao mundo Descartes, Hobbes, Espinosa, Leibniz e Pascal; e como a psicologia escrevera filosofia em Berkeley, Hume, Condillac e Kant; no século XIX, em Schelling e Schopenhauer, em Spencer, Nietzsche e Bergson, a biologia foi o pano de fundo do pensamento filosófico. Em cada caso, as ideias que marcavam época eram produzidas pontualmente por homens isolados, mais ou menos obscuros; mas as ideias são anexadas aos homens que as coordenaram e esclareceram, como o Novo Mundo tomou o nome de Américo Vespúcio porque ele desenhara um mapa. Herbert Spencer era o Vespúcio da era de Darwin, e também tinha um pouco de seu Colombo.

## II. A EVOLUÇÃO DE SPENCER

Ele nasceu em Derby, em 1820. Em ambas as linhagens, seus ancestrais eram não conformistas ou dissidentes. A mãe de seu pai tinha sido uma dedicada seguidora de John Wesley; o irmão de seu pai, Thomas, embora um clérigo anglicano, liderou um movimento wesleyano dentro da Igreja, nunca foi a um concerto ou ao teatro e tomou parte ativa em movimentos a favor de reformas políticas. Essa tendência à heresia tornou-se mais forte no pai e culminou no individualismo quase obstinado do próprio Herbert Spencer. O pai nunca usava o sobrenatural para explicar coisa alguma; ele foi descrito por um conhecido (embora Herbert considerasse isso um exagero) como "sem nenhuma fé ou religião, pelo que se podia ver".[1] Tinha inclinações para a ciência e escreveu uma *Inventional Geometry*. Na política, era um individualista como o filho, e "nunca tirava o chapéu para ninguém, não importava a posição social".[2] "Se não compreendia uma pergunta que minha mãe fizera, ficava calado sem indagar qual era a pergunta e deixando-a sem resposta.

Continuou agindo assim a vida toda, apesar da futilidade dessa atitude; não houve melhoria alguma."[3] Vem à nossa lembrança (à exceção do silêncio) a resistência de Herbert Spencer, já idoso, à extensão das funções do Estado.

O pai, bem como um tio e o avô paterno, eram professores de escolas particulares; entretanto, o filho, que acabaria sendo o mais famoso filósofo inglês de seu século, permaneceu até os quarenta anos um homem sem instrução. Herbert era preguiçoso, e seu pai, indulgente. Finalmente, aos treze anos, Herbert foi mandado para Hinton a fim de estudar com o tio, que tinha fama de ser bastante severo. Mas Herbert logo fugiu dos cuidados do tio e fez a pé todo o caminho de volta à casa paterna em Derby — setenta e sete quilômetros no primeiro dia, setenta e cinco no segundo e trinta e dois no terceiro, tudo isso à base de um pouco de pão e cerveja. Apesar disso, ele retornou a Hinton poucas semanas depois e ficou por lá três anos. Foi a única educação sistemática que ele veio a receber. Mais tarde, nem soube dizer o que, exatamente, aprendera lá; nada de história, nada de ciência natural, nada de literatura geral. Ele diz, com um orgulho característico: "Que nem na infância, nem na juventude, recebi uma única aula de inglês, e que continuei até a hora presente completamente sem conhecimento formal de sintaxe, são verdades que devem ser conhecidas, já que suas implicações estão em desacordo com suposições universalmente aceitas".[4] Aos quarenta, tentou ler a *Ilíada*, mas "depois de ler uns seis livros, senti o esforço que seria seguir adiante — senti que preferia pagar uma grande quantia em dinheiro do que ler até o fim".[5] Collier, um de seus secretários, nos diz que Spencer nunca terminava a leitura de um livro de ciência.[6] Mesmo em suas áreas preferidas, ele não recebeu uma instrução sistemática. Queimou os dedos e conseguiu algumas explosões em química; andava entomologicamente por entre os insetos que tomavam a escola e a casa; e aprendeu algo sobre camadas e fósseis quando trabalhou, mais tarde, como engenheiro civil; no restante, aprendia a sua ciência ao acaso, enquanto continuava tocando a vida. Até os trinta, nunca havia pensado em filosofia.[7] Então, leu Lewes, e tentou passar dele para Kant; mas ao descobrir, desde o início, que Kant considerava o espaço e o tempo como formas de percepção sensorial, e não coisas objetivas, concluiu que Kant era um ignorante e jogou o livro fora.[8] Seu secretário nos conta que Spencer escreveu seu primeiro livro, *Estática Social*, "sem ter lido nenhum outro tratado ético que não fosse um velho, e agora esquecido, livro de Jonathan Dymond". Escreveu sua *Psicologia* depois de ler apenas Hume, Mansel e Reid; sua *Biologia*, depois de ler apenas *Comparative Physiology*, de Carpenter (e não a *A Origem das Espécies*); sua *Sociologia* sem ter lido Comte ou Taylor, sua *Ética* sem ler Kant, Mill ou qualquer outro moralista, exceto Sedgwick.[9] Que contraste com a intensiva e incansável educação de John Stuart Mill!

Onde, então, encontrou toda aquela miríade de fatos com que escorou seus milhares de argumentos? Ele os "captou", na maior parte, pela observação direta, e não pela leitura. "Sua curiosidade estava sempre desperta, e a toda hora desviava a atenção de quem estivesse com ele para algum fenômeno notável (...) até então só percebido pelos seus olhos." No Athenaeum Club, ele sugava à exaustão Huxley e os outros amigos, até extrair deles o conhecimento especializado; e passava os olhos pelos periódicos da agremiação, assim como fizera antes com aqueles que passaram pelas mãos do pai para a Philosophical Society de Derby, "com um olho de lince para todos os fatos que lhe fossem úteis".[10] Assim que determinou o que queria fazer e encontrou a ideia central, evolução, em torno da qual giraria toda a sua obra, seu cérebro tornou-se um ímã para materiais relevantes, e a ordem sem precedentes de seu raciocínio classificava esses materiais quase automaticamente à medida que chegavam. Não por acaso o proletário e o homem de negócios ouviam-no com prazer; ali estava uma pessoa que se assemelhava muito a eles — um estranho ao aprendizado por meio de livros, não familiarizado com a "cultura" e, mesmo assim, dotado de conhecimento natural, trivial, do homem que aprende conforme trabalha e vive.

Porque ele trabalhava para ganhar seu sustento: e sua profissão intensificava a tendência prática de seu pensamento. Ele era inspetor, supervisor e projetista de estradas e pontes ferroviárias, e, no geral, atuava como engenheiro. Aparecia com uma invenção nova a cada instante; todas fracassaram, mas ele se recordou delas, em sua *Autobiografia*, com o carinho de um pai por um filho obstinado; salpicou suas páginas de reminiscências com patentes de saleiros de mesa, chaleiras, apagadores de velas, cadeiras para inválidos,* e coisas do tipo. Como a maioria de nós faz na juventude, ele também inventou novas dietas; durante algum tempo, foi vegetariano; mas abandonou a prática quando viu um colega vegetariano desenvolver uma anemia, e percebeu que ele próprio vinha perdendo força: "Descobri que tinha que reescrever o que havia escrito durante o tempo em que fui vegetariano, porque faltava muito vigor naqueles trabalhos".[11] Naquela época, ele estava disposto a experimentar de tudo; chegou até a pensar em emigrar para a Nova Zelândia, esquecendo-se de que um país jovem não precisa de filósofos. Fez algo que lhe era muito característico: listas paralelas de razões a favor e contra a mudança, dando a cada motivo um valor numérico. As somas resultaram em 110 pontos a favor da permanência na Inglaterra e 301 a favor de sua ida — ele ficou.

Seu caráter tinha os defeitos de suas virtudes. Ele pagou pelo seu realismo resoluto e seu senso prático, pois faltam-lhe o espírito e o "sabor apimentado" advindos da poesia e da arte. O único toque poético em seus vinte volumes foi devido a um tipógrafo que o fez falar da "versificação diária das previsões científicas". Spencer tinha uma bela persistência, cujo outro lado era uma teimosa obstinação; era capaz de varrer todo o universo à procura de provas de suas hipóteses, mas não conseguia ver com nenhuma introjeção o ponto de vista de outras pessoas; tinha o egoísmo que sustenta o inconformista, e não conseguia usar a sua grandeza sem uma certa vaidade. Tinha as limitações de todo pioneiro: uma dogmática tacanha acompanhada por uma corajosa franqueza e uma intensa originalidade; resistiu duramente a toda bajulação, rejeitou as honras governamentais oferecidas

---

* N. do T.: Na época essas cadeiras foram chamadas de *"invalid-chairs"*, ou "cadeiras para inválidos"; eram considerados "inválidos" os enfermos que perdiam a capacidade de locomoção, pois ficavam desprovidos do arbítrio para a realização de atividades cotidianas. Essa invenção, apesar de não ter sido bem-sucedida, serviu de inspiração para novos modelos de cadeiras de rodas implementados para o auxílio de deficientes físicos. Apesar do fracasso dessa invenção, Spencer teve papel fundamental na vida dessas pessoas, que, como muitas na história, são esquecidas por aqueles que aperfeiçoam ideias simplesmente aventadas em algum momento passado.

e se aprofundou em seu penoso trabalho durante quarenta anos, padecendo de uma debilidade crônica e em modesta reclusão; ainda assim, possuindo, de acordo com um frenologista que teve acesso a ele, "uma autoestima muito grande".[12] Filho e neto de professores, ele brandia a palmatória em seus livros, e atingiu um tom altamente didático. "Eu nunca me sinto intrigado", nos diz ele.[13] Sua introvertida vida de solteiro fez com que lhe faltassem qualidades calorosamente humanas, embora pudesse ser humanamente indignado. Teve um caso com a grande escritora inglesa George Eliot, mas ela tinha intelecto demais para o gosto dele.[14] Spencer não tinha senso de humor, assim como nenhuma sutileza ou nuanças em seu estilo. Quando perdia no bilhar, seu jogo predileto, reclamava do adversário por dedicar tanto tempo àquele jogo a ponto de ter virado um perito. Em sua *Autobiografia*, escreve resenhas de seus primeiros livros, para mostrar como deveriam ter sido feitos.[15]

Pelo que parece, a magnitude de sua tarefa o compelia a encarar a vida com uma seriedade maior do que ela merece. "Estive na Festa de Saint Cloud no domingo", escreve ele de Paris; "e me diverti bastante com a juvenilidade dos adultos. Os franceses, de certa forma, nunca deixam de ser meninos; vi gente de cabelos grisalhos andando em carrosséis como os que temos em nossas feiras".[16] Ficava tão ocupado em analisar e descrever a vida que não tinha tempo para vivê-la. Depois de visitar as cataratas do Niágara, anotou no seu diário: "Era o que eu esperava".[17] Ele descreve os incidentes mais comuns com o pedantismo mais prolífico — como quando nos fala da única vez em que imprecou.[18] Ele não teve crises, não se entregou a romances (se suas memórias o retratam de forma fidedigna); tinha algumas intimidades, mas escreve sobre elas quase matematicamente; traça as curvas de suas tépidas amizades sem nenhum toque empolgado de paixão. Um amigo lhe disse que ele não conseguia escrever direito quando ditava para uma jovem estenógrafa; Spencer afirmou que aquilo não o incomodava nem um pouco. Seu secretário diz: "Os finos lábios desapaixonados falavam de uma total falta de sensualidade, e os olhos claros revelavam uma falta de profundidade emocional".[19] Daí a monótona sensaboria em seu estilo: ele nunca voa alto, e não precisa de pontos de exclamação;

em um século romântico, ele se destaca como uma esculpida lição de dignidade e circunspecção.

Spencer possuía uma mente excepcionalmente lógica; dispunha seus *a priori* e seus *a posteriori* com a precisão de um enxadrista. Ele é o mais claro expositor de assuntos complexos que a história moderna pode apresentar; escreveu sobre problemas difíceis em termos tão lúcidos que, durante toda uma geração, o mundo ficou interessado em filosofia. "Já disseram", diz ele, "que tenho uma capacidade de exposição fora do comum — que exponho meus dados, raciocínios e conclusões com uma clareza e uma coerência incomuns".[20] Ele adorava generalizações amplas, e tornava suas obras interessantes mais pelas suas hipóteses do que pelas suas provas. Huxley disse que a ideia que Spencer tinha de uma tragédia era uma teoria anulada pelos fatos;[21] e havia tantas teorias na mente de Spencer que ele parecia estar à beira de uma tragédia a cada um ou dois dias. Huxley, chocado com o andar fraco e indeciso de Buckle, falou sobre ele com Spencer: "Ah, conheço esse tipo de homem; ele tem a parte de cima muito pesada". "Buckle", acrescenta Spencer, "absorveu uma quantidade de matéria muito maior do que aquela que podia organizar".[22] Com Spencer, dava-se o contrário: ele organizava muito mais do que havia absorvido. Era totalmente a favor da coordenação e da síntese, e desvalorizava Carlyle por não ser assim. A predileção pela ordem tornou-se nele uma paixão escravizante; uma generalização brilhante o dominava. Mas o mundo clamava por uma mente como a dele; que pudesse transformar a selva dos fatos com uma clareza de sol a pino em significado civilizado; e o serviço que Spencer prestou à sua geração dava-lhe o direito de ter as falhas que o tornavam humano. Se ele foi retratado aqui como sendo franco demais é porque amamos mais um grande homem quando conhecemos seus defeitos, e não gostamos daqueles que, de maneira muito suspeita, reluz uma perfeição irretocável.

"Até esta data", escreveu Spencer aos quarenta anos, "minha vida poderia muito mais ter sido caracterizada como uma miscelânea".[23] Raras vezes a carreira de um filósofo mostra uma dubiedade tão incoerente. "Mais ou menos nessa época" (com vinte e três anos), "minha atenção voltou-se para a construção de relógios".[24] Porém, pouco a pouco, ele foi encontrando o seu campo, e o cultivou com virtuosa competência. Já em

1842, escreveu, para os *non-conformists*\* (observem o meio de comunicação que ele escolheu), algumas cartas sobre "A Esfera Correta do Governo", que continha *in ovo* a sua filosofia do *laissez-faire*. Seis anos depois, abandonou a engenharia para editar o *The Economist*. Aos trinta, quando se referiu com desprezo aos *Essays on the Principles of Morality* [Ensaios sobre os Princípios da Moralidade], de Jonathan Dymond, e seu pai o desafiou a escrever um trabalho de igual importância sobre aquele assunto, aceitou o desafio e escreveu o seu *Estática Social*. O livro teve uma vendagem pequena, mas serviu para que ele tivesse acesso às revistas. Em 1852, seu ensaio sobre "A Teoria da População" (um dos muitos casos de influência de Malthus sobre o pensamento do século XIX) sugeria que a luta pela existência leva à sobrevivência dos mais capazes e criou aquelas frases históricas. No mesmo ano, seu ensaio sobre "A Hipótese do Desenvolvimento" confrontou a objeção trivial — de que a origem de novas espécies pela modificação progressiva de outras mais antigas nunca havia sido observada —, salientando que o mesmo argumento pesava com muito mais força contra a teoria da "criação especial" de novas espécies por Deus; e mostrava que o desenvolvimento de novas espécies não era mais maravilhoso ou incrível do que o desenvolvimento de um homem a partir do óvulo e do esperma, ou de uma planta a partir de uma semente. Em 1855, seu segundo livro, *The Principles of Psychology*, comprometeu-se a traçar a evolução da mente. Então, em 1857, veio um ensaio sobre "O Progresso, sua Lei e sua Causa", que pegou a ideia de Von Baer sobre o crescimento de todas as formas vivas de princípios homogêneos para desenvolvimentos heterogêneos, e levou-o ao patamar de um princípio geral de história e progresso. Resumindo, Spencer tinha amadurecido com o espírito de sua época, e agora estava pronto para se tornar o filósofo da evolução universal.

Quando, em 1858, ele revisava seus ensaios para fazer uma publicação coletiva, ficou impressionado com a unidade e as sequências das

---

\* N. do. T.: "Não conformistas", "inconformistas" ou "dissidentes" foram protestantes, na Inglaterra, que "não se conformavam" com a intervenção governamental e os usos da Igreja Anglicana estabelecida. Por isso, fundaram comunidades isoladas, caracterizadas pelos hábitos religiosos que remetiam às origens do cristianismo.

ideias que expressara; e veio-lhe à mente, como uma explosão de luz do sol através de portas abertas, a noção de que a teoria da evolução poderia ser aplicada não só à biologia, mas a todas as ciências; que ela podia explicar não apenas espécies e gêneros, mas planetas e estratos, história social e política, conceitos morais e estéticos. Ele ficou empolgado com a ideia de uma série de trabalhos em que apresentaria a evolução da matéria e da mente a partir da nebulosa para o homem, e do selvagem a Shakespeare. Mas quase perdeu as esperanças quando pensou nos seus quase quarenta anos de idade. Como poderia um só homem, tão velho, e inválido, percorrer toda a esfera do conhecimento humano antes de morrer? Três anos antes, ele já tinha sofrido um colapso massivo; durante dezoito meses, ficara incapacitado, com sua mente e sua coragem abaladas, vagando a esmo e sem esperanças de um lugar para o outro. A consciência de seus poderes latentes tornava sua fraqueza uma amargura para ele. Spencer sabia que nunca voltaria a ficar completamente saudável, e que não podia suportar o trabalho mental por mais de uma hora de cada vez. Nunca um homem esteve tão incapacitado para o trabalho que escolheu, e nunca um homem escolhera, tão tarde na vida, um trabalho tão grandioso.

Ele era pobre. Não se tinha preocupado muito em conseguir o seu sustento. "Não pretendo seguir em frente", disse ele; "não acho que valha a pena".[25] Ele pedira demissão da editoria do *The Economist* quando recebera dois mil e quinhentos dólares como herança de um tio; mas a sua indolência consumira aquele presente. Ocorreu-lhe a ideia de que, agora, poderia procurar assinaturas antecipadas para os volumes programados, e assim viver ganhando o suficiente para se alimentar e cobrir as despesas, conforme prosseguia com sua obra. Preparou um esboço e o submeteu a Huxley, Lewes e outros amigos; eles lhe garantiram uma respeitável lista de assinantes iniciais cujos nomes poderiam adornar o seu prospecto: Kingsley, Lyell, Hooker, Tyndall, Buckle, Froude, Bain, Herschel e outros. Publicado em 1860, esse prospecto conseguiu quatrocentas e quarenta assinaturas da Europa e duzentas da América; o total prometia modestos mil e quinhentos dólares por ano. Spencer ficou satisfeito e se pôs a trabalhar com determinação.

Porém, após a publicação de sua obra *Primeiros Princípios*, em 1862, muitos assinantes retiraram seus nomes por causa da famosa "Parte Um", que, na tentativa de reconciliar a ciência e a religião, ofendia, igualmente, bispos e eruditos. A estrada de um pacificador é árdua. *Primeiros Princípios* e *A Origem das Espécies* tornaram-se o centro de uma grande Batalha dos Livros, em que Huxley serviu como generalíssimo em prol das forças do darwinismo e do agnosticismo. Durante algum tempo, os evolucionistas foram seriamente condenados ao ostracismo por pessoas respeitáveis; eram denunciados como monstros imorais, e era considerado de bom tom insultá-los em público. Os assinantes de Spencer diminuíam a cada volume, e muitos deixaram de pagar o que deviam por volumes recebidos. Spencer continuou enquanto pôde, pagando do próprio bolso as despesas que cada edição acarretava. Enfim, seus recursos e sua coragem se exauriram; então ele emitiu, para os assinantes que ainda restavam, um comunicado em que informava não mais ser possível dar seguimento ao trabalho.

Foi quando houve um daqueles acontecimentos históricos que incentivam qualquer pessoa. O maior rival de Spencer, que vinha dominando o campo da filosofia inglesa desde muito antes da publicação de *Primeiros Princípios*, e agora se via ultrapassado pelo filósofo da evolução, escreveu-lhe nos seguintes termos, no dia 4 de fevereiro de 1866:

Caro senhor:

Ao chegar aqui na semana passada, encontrei o fascículo de dezembro de sua *Biologia*, e não preciso dizer o quanto lamentei o anúncio na folha a ela anexada. (...) Proponho que escreva o próximo tratado, e garantirei o editor contra qualquer prejuízo. (...) Peço-lhe que não considere esta proposta como um favor pessoal, embora, mesmo que fosse, ainda esperasse a permissão de fazê-la. Mas não se trata disso — trata-se de uma proposta de cooperação a favor de uma importante finalidade pública, pela qual o senhor dedicou o seu trabalho e a sua saúde. Subscrevo-me, caro senhor,

Com meus sinceros cumprimentos,

J. S. Mill.[26]

Spencer, com toda a cortesia do mundo, recusou; mas Mill entrou em contato com amigos e convenceu vários deles a subscreverem duzentos e cinquenta exemplares cada um. Spencer tornou a fazer objeções, e não conseguiram demovê-lo. Então, subitamente, chegou uma carta do professor Youmans, dizendo que os seus admiradores americanos haviam comprado, em seu nome, sete mil dólares em títulos públicos, cujos juros e dividendos lhe seriam pagos. Dessa vez, Spencer cedeu. O espírito do presente renovou sua inspiração; ele concluiu sua tarefa; e durante quarenta anos, trabalhou com total dedicação, até que toda a Filosofia Sintética acabou impressa, sem perigo de se perder. Esse triunfo da mente e da vontade sobre a doença, e outros mil obstáculos, é um dos trechos ensolarados no livro deste homem.

## III. PRIMEIROS PRINCÍPIOS

### 1. O INCOGNOSCÍVEL

"Com demasiada frequência", diz Spencer logo de início, "nós nos esquecemos de que não só existe 'uma alma de bondade nas coisas más', mas, em geral, também uma alma de verdade nas coisas erradas". A partir daí, ele se propõe a examinar ideias religiosas, com o intuito de encontrar o cerne da verdade que, sob a forma mutável de muitas crenças, tem dado à religião o seu persistente poder sobre a alma humana.

O que ele identifica, logo de pronto, é que todas as teorias de origem do universo nos levam a situações inconcebíveis. O ateu tenta pensar em um mundo autoexistente, não causado e sem começo; mas nós não podemos conceber qualquer coisa sem começo e não causada. O teísta limita-se a fazer a dificuldade recuar um passo; e ao teólogo que diz "Deus criou o mundo", coloca-se a irrespondível pergunta de uma criança: "Quem fez Deus?". Todas as ideias religiosas são logicamente inconcebíveis.

Todas as ideias científicas básicas estão igualmente além da concepção racional. O que é a matéria? Nós a reduzimos a átomos, e então nos vemos forçados a dividir o átomo como havíamos dividido a molécula; somos levados ao dilema de que a matéria é infinitamente divisível — o que é inconcebível; ou que há limites para a subdivisibilidade — o que também é inconcebível. O mesmo acontece com a divisibilidade do espaço e do tempo; os dois são, em última instância, ideias irracionais. O movimento está envolto numa tripla obscuridade, porquanto ele implica a matéria alterar, no tempo, a sua posição no espaço. Quando analisamos resolutamente a matéria, acabamos não encontrando nada a não ser a força — uma força exercida sobre os órgãos dos sentidos, ou uma força que resiste aos nossos órgãos de ação; e quem irá nos dizer o que é a força? Passemos da física para a psicologia, e encontraremos a mente e a consciência: e aqui existem enigmas maiores do que os anteriores. "As ideias científicas básicas", portanto, "são todas representações de realidades que não podem ser compreendidas. (...) Em todas as direções, as investigações do cientista o fazem ficar cara a cara com um enigma insolúvel; e ele cada vez mais percebe que é um enigma insolúvel. Imediatamente, ele passa a compreender a grandeza e a pequeneza do intelecto humano — seu poder de lidar com tudo aquilo que se enquadra no raio de alcance da experiência, sua impotência em lidar com tudo que transcende a experiência. Ele, mais do que qualquer outro, *sabe* verdadeiramente que, em sua natureza basilar, nada pode ser conhecido".[27] A única filosofia honesta, citando o termo de Huxley, é o agnosticismo.

A causa comum dessas obscuridades é a relatividade de todo conhecimento. "Como pensar é relacionar, nenhum pensamento pode expressar mais do que relações. (...) Como o intelecto é estruturado pelo e para o relacionamento com os fenômenos, envolve-nos no absurdo quando tentamos usá-lo para qualquer outra coisa além dos fenômenos."[28] No entanto, o relativo e o fenomenal implicam, por conta de seus nomes e suas naturezas, algo além deles, algo fundamental e absoluto. "Observando nossos pensamentos, vemos como é impossível livrar-nos da consciência de uma Realidade por trás das Aparências, e como deriva dessa impossibilidade a nossa indestrutível crença naquela Realidade."[29] Mas o que é essa Realidade não podemos saber.

Deste ponto de vista, a reconciliação entre a ciência e as religiões já não é muito difícil. "Geralmente, a verdade encontra-se na coordenação de opiniões antagônicas."[30] Deixe que a ciência admita que suas "leis" só se aplicam aos fenômenos e ao relativo; deixe que a religião admita que a sua teologia é um mito racionalizador para uma crença que desafia a concepção. Deixe que a religião pare de retratar o Absoluto como um homem ampliado; muito pior, como um monstro cruel, sanguinário e traiçoeiro, que sofre de "um amor pela adulação que seria desprezado em qualquer ser humano".[31] Deixe que a ciência pare de negar a divindade, ou considerar o materialismo como coisa natural. Mente e memória são, igualmente, fenômenos relativos, o efeito duplo de uma causa básica cuja natureza deve permanecer desconhecida. O reconhecimento desse Poder Inescrutável é o verdadeiro cerne em toda religião e o começo de toda filosofia.

## 2. EVOLUÇÃO

Tendo indicado o incognoscível, a filosofia abdica dele e se volta para aquilo que pode ser conhecido. A metafísica é uma miragem: como disse Michelet, ela é "a arte de confundir a si mesmo metodicamente". O campo e a função adequados da filosofia consistem em resumir e unificar os resultados da ciência. "O tipo mais inferior de conhecimento é o conhecimento não unificado; filosofia é conhecimento completamente unificado."[32] Essa unificação completa exige um princípio amplo e universal que inclua toda a experiência e que descreva os detalhes essenciais de todo o conhecimento. Será que existe um princípio assim?

Talvez possamos abordar esse princípio tentando unificar as mais altas generalizações da física. São elas a indestrutibilidade da matéria, a conservação de energia, a continuidade do movimento, a persistência de relações entre as forças (ou seja, a inviolabilidade da lei natural), a transformabilidade e a equivalência de forças (mesmo de forças mentais e físicas) e o ritmo do movimento. Esta última generalização, normalmente desconhecida, precisa apenas ser salientada. Toda natureza é rítmica, das pulsações do calor às vibrações das cordas do violino; das ondulações da luz, do calor e do som às marés; das periodicidades do sexo às periodicidades dos planetas, cometas e estrelas; da alternância da noite e do dia à sucessão das estações do ano e, talvez, dos ritmos das alterações climáticas; das oscilações das moléculas à ascensão e queda de nações e ao nascimento e morte de estrelas.

Todas essas "leis do cognoscível" são redutíveis (por uma análise que não deve ser aqui descrita em detalhes) à lei final da persistência da força. Mas existe algo de estático e inerte com relação a esse princípio; e que nada faz além de insinuar o segredo da vida. Qual é o princípio dinâmico da realidade? Qual é a fórmula do crescimento e da decadência de todas as coisas? Deve ser uma fórmula de evolução e dissolução, pois "toda história de qualquer coisa deve incluir o seu aparecimento vindo do imperceptível e o seu desaparecimento no imperceptível".[33]

Então, Spencer nos oferece sua famosa fórmula da evolução, que deixou o intelecto da Europa sem fôlego, e exigiu dez volumes e quarenta anos para ser explicada. "Evolução é uma integração da matéria e uma concomitante dissipação do movimento, durante as quais a matéria passa de uma homogeneidade indefinida, incoerente, para uma heterogeneidade definida, coerente; e durante as quais o movimento retido sofre uma transformação paralela."[34] O que significa isso?

O surgimento de planetas saídos de nebulosas; a formação de oceanos e montanhas na Terra; o metabolismo de elementos pelas plantas e o de tecidos animais pelos homens; o desenvolvimento do coração no embrião e a fusão de ossos depois do nascimento; a unificação de sensações e memórias em conhecimento e pensamento, e o conhecimento em ciência e filosofia; o desenvolvimento de famílias em clãs, povos, cidades, Estados, alianças e na "federação do mundo": eis a integração da matéria — a agregação de itens isolados em massas, grupos e em conjunto. Essa integração envolve, é claro, uma diminuição do movimento nas partes, assim como o crescente poder do Estado diminui a liberdade do indivíduo; mas, ao mesmo tempo, ela dá às partes uma interdependência, um tecido protetor de relacionamentos, que constitui a "coerência" e estimula a sobrevivência corporativa. O processo também traz uma maior definitividade de formas e funções: a nebulosa não tem forma; e mesmo assim dela provém a regularidade elíptica dos planetas, as linhas precisas das cadeias de montanhas, a forma e o caráter específicos de organismos e órgãos, a divisão de trabalho e a especialização de função em estruturas fisiológicas e políticas etc. E as partes desse todo que se integra tornam-se não apenas definidas, mas diversas, heterogêneas em sua natureza e seu funcionamento. A nebulosa primordial é homogênea — ou seja, consiste de partes que são semelhantes; mas logo ela é diferenciada em gases, líquidos e sólidos; a Terra, então, torna-se verde por causa da grama, branca com os cumes das montanhas, ou azul com o mar abundante; a vida em evolução gera, de um protoplasma relativamente homogêneo, os vários órgãos da nutrição, reprodução, locomoção e percepção; um simples idioma enche continentes inteiros com seus múltiplos dialetos; uma única ciência gera centenas de formas de arte literária, e o folclore de uma nação desabrocha em outros milhares; a individualidade cresce, o caráter se destaca singularmente, e todas as raças e povos desenvolvem suas genialidades características. Integração e heterogeneidade, agregação de partes em todos cada vez maiores e diferenciação de partes em formas cada vez mais variadas: são estes os centros da órbita da evolução. Aquilo que passar de difusão para integração e unidade, e de uma simplicidade homogênea para uma complexidade diferenciada (cf. América, 1600-1900), está no fluxo da evolução; aquilo que estiver retornando da integração para a difusão, e da complexidade para a simplicidade (cf. Europa 200-600 d.C.), é apanhado na maré da dissolução.

Não contente com essa fórmula sintética, Spencer se esforça para mostrar que ela decorre, por inevitável necessidade, do funcionamento natural de forças mecânicas. Há primeiro uma certa "Instabilidade do Homogêneo": isto é, partes semelhantes não podem continuar semelhantes por muito tempo, porque estão sujeitas de maneira irregular a forças externas; as partes mais expostas, por exemplo, são atacadas mais cedo, como as cidades costeiras numa guerra; e a variedade de ocupações modela homens semelhantes para as várias corporificações de uma centena de profissões e atividades. Existe, uma vez mais, uma "Multiplicação de Efeitos": uma causa pode produzir uma imensa variedade de resultados e ajudar a diferenciar o mundo; uma palavra inoportuna, como a de Maria Antonieta, um telegrama alterado em Ems, ou um vento em Salamina, pode representar um papel interminável na história. E há a lei de "Segregação": as partes de um todo relativamente homogêneo, sendo levadas a se separarem em diferentes áreas, são moldadas, por conta de ambientes diversos, em produtos dessemelhantes — assim como os ingleses se tornaram americanos, canadenses ou australianos, de acordo com o gênio do lugar. Dessas muitas maneiras, as forças da natureza constroem a variedade deste mundo em evolução.

Por último, inevitavelmente, vem o "Equilíbrio". Todo movimento, sendo submetido à resistência, mais cedo ou mais tarde, deve chegar ao fim; cada oscilação rítmica (a menos que reforçada externamente) sofre uma certa perda de ritmo e amplitude. Os planetas giram, ou vão girar, numa órbita menor do que aquela em que giravam antes; o sol irá brilhar com um calor e uma luminosidade menores à medida que passarem os séculos; a fricção das marés irá retardar a rotação da Terra. Este globo, que palpita e murmura com um milhão de movimentos, e se desenvolve profusamente em um milhão de formas de vida que se procriam de maneira revoltosa, algum dia irá mover-se pausadamente em sua órbita e suas partes; o sangue correrá mais frio e mais lentamente em nossas veias ressequidas; já não teremos pressa; como raças em extinção, pensaremos no céu em termos de descanso, e não de vida; sonharemos com o Nirvana. Pouco a pouco, e depois rapidamente, o equilíbrio irá se tornar dissolução, o infeliz epílogo da evolução. Sociedades irão se desintegrar, massas irão migrar, cidades irão desaparecer, transformando-se no sombrio interior de uma vida no campo; nenhum governo será forte o bastante para manter juntas as pontas soltas; a ordem social não será sequer lembrada. E no indivíduo, também, a integração dará lugar à ruptura; e essa coordenação que é a vida passará àquela desordem difusa que é a morte. A Terra será um caótico teatro de decadência, um sombrio drama de energia em uma degradação irreversível; e irá dissolver-se na poeira e na nebulosa de onde veio. O ciclo de evolução e dissolução estará completo. O ciclo irá recomeçar, e assim será inúmeras vezes; mas esse sempre será o desfecho. *Memento mori* está escrito no rosto da vida; e todo nascimento é um prelúdio à deterioração e à morte.

*Primeiros Princípios* é um drama magnífico em que é narrada, com uma calma quase clássica, a história da ascensão e da queda, da evolução e da dissolução, de planetas, da vida e do homem; mas é um drama trágico, para o qual o mais adequado epílogo é dito por Hamlet: "O resto é silêncio". Haverá alguma surpresa pelo fato de homens e mulheres, alimentados pela fé e pela esperança, se rebelarem contra esse sumário de existência? Sabemos que temos que morrer; mas como se trata de algo que se resolverá por si mesmo, preferimos pensar na vida. Havia em Spencer um senso quase schopenhaueriano da futilidade do esforço humano. No final de sua triunfante carreira, ele expressou o sentimento de que a vida não valia a pena ser vivida. Ele sofria da doença do filósofo, de enxergar tão longe que todas as pequenas formas e cores agradáveis da existência lhe passavam por baixo do nariz sem serem percebidas.

Ele sabia que o público não iria apreciar uma filosofia cujas últimas palavras não eram Deus e céu, mas equilíbrio e dissolução; e ao concluir essa Primeira Parte, defendeu com eloquência e fervor fora do comum o seu direito de dizer as verdades sombrias que via.

> Aquele que hesitar em dizer aquilo que pensa ser a verdade máxima, com medo de estar muito à frente da sua época, poderá tranquilizar-se olhando para seus atos sob um ponto de vista impessoal. Deixe que se lembre de que a opinião é o meio pelo qual o caráter adapta arranjos externos a si próprio, e que a sua opinião, justamente, faz parte desse meio — é uma unidade de força que constitui, ao lado de outras unidades semelhantes, a força geral que realiza as mudanças sociais; e irá perceber que pode, perfeitamente, expressar a sua convicção mais recôndita, deixando-a produzir o efeito que for possível. Não é por nada que esse indivíduo tem, em si mesmo, simpatia por certos princípios e repugnância por outros. Ele, com todas as suas capacidades, aspirações e crenças, não é um acidente, mas um produto do tempo. Embora seja descendente do passado, é genitor do futuro; e seus pensamentos são como filhos seus, que ele não pode, por descuido, deixar morrer. Como qualquer outro homem, ele bem poderá considerar-se um dos inúmeros agentes pelos quais a Causa Desconhecida opera; e quando a Causa Desconhecida produz nele uma certa crença, ele fica imediatamente autorizado a professar essa crença e agir de acordo com ela. (...) Por conseguinte, o homem sábio não irá considerar adventícia a fé que tem dentro de si. A verdade máxima que ele

enxerga será dita sem nenhum medo; sabendo que, qualquer que seja o resultado disso, estará representando o seu papel correto no mundo — sabendo que se puder efetuar a mudança que tem em mente, tudo bem; se não, estará bem também; embora não *tão* bem.

## IV. BIOLOGIA: A EVOLUÇÃO DA VIDA

O segundo e o terceiro volumes da Filosofia Sintética apareceram em 1872 sob o título de *The Principles of Biology*. Eles revelavam as naturais limitações de um filósofo ao invadir um campo de especialistas; mas redimiram-se dos erros ou pequenos detalhes iluminando generalizações que deram uma nova unidade e inteligibilidade a vastas áreas da realidade biológica.

Spencer começa com uma famosa definição: "A vida é a contínua adaptação de relações internas a relações externas".[35] A completude da vida depende da completude dessa correspondência; e a vida é perfeita quando a correspondência é perfeita. A correspondência não é uma adaptação meramente passiva; o que distingue a vida é a adaptação de relações internas prevendo uma mudança nas relações externas, como quando um animal se encolhe para evitar um golpe, ou um homem faz uma fogueira para esquentar a comida. O defeito da definição não está apenas na sua tendência de desprezar a atividade remodeladora do organismo em contato com o ambiente, mas em não explicar o que é aquele sutil poder por meio do qual um organismo tem condições para fazer essas adaptações proféticas que caracterizam a vitalidade. Em um capítulo acrescentado a edições posteriores, Spencer foi obrigado a discutir "O Elemento Dinâmico na Vida" e admitir que a sua definição não havia realmente revelado a natureza da vida. "Somos obrigados a confessar que a Vida, em sua essência, não pode ser concebida em termos psicoquímicos."[36] Ele não se deu conta de como uma admissão dessas seria prejudicial para a unidade e completude de seu sistema.

Assim como Spencer vê na vida do indivíduo uma adaptação de relações internas a relações externas, ele vê na vida das espécies uma notável adaptação da fertilidade reprodutora às condições de seu habitat. A reprodução surge, originalmente, como uma readaptação da superfície nutritiva à massa alimentada; o crescimento de uma ameba, por exemplo, implica um aumento de massa muito mais rápido do que o aumento na superfície pela qual a massa deve obter a sua alimentação. Divisão, brotação, formação de esporos e reprodução sexual têm em comum o fato de que a relação entre massa e superfície é reduzida, e o equilíbrio nutritivo, restaurado. Daí ser perigoso o crescimento do organismo individual além de um certo ponto; e normalmente o crescimento dá lugar, depois de algum tempo, à reprodução.

Em média, o crescimento varia na proporção inversa da taxa de dispêndio de energia; e a taxa de reprodução varia na proporção inversa do grau de crescimento. "Todo criador sabe que se permitir que uma égua gere um potro ela estará, com isso, sendo impedida de atingir o seu devido tamanho. (...) Como fato inverso, animais castrados, como os capões e em especial os gatos, frequentemente ficam maiores do que seus semelhantes não mutilados."[37] A taxa de reprodução tende a cair conforme o desenvolvimento e a capacidade do indivíduo progridem. "Quando, por conta do baixo nível de organização, a capacidade de lutar contra perigos externos é pequena, deve haver uma grande fertilidade para compensar a consequente mortalidade; caso contrário, a raça deverá desaparecer. Quando, por outro lado, altos dotes proporcionam grande capacidade de autopreservação, é indispensável um correspondente baixo grau de fertilidade", para que a taxa de multiplicação não ultrapasse a oferta de alimentos.[38] Em geral, portanto, há uma posição entre individuação e gênese, ou desenvolvimento individual e fertilidade. A regra vale mais regularmente para grupos e espécies do que para indivíduos: quanto mais altamente desenvolvida a espécie ou o grupo, menor será a sua taxa de natalidade. Mas também vale para os indivíduos, em média. Por exemplo, o desenvolvimento intelectual parece hostil à fertilidade. "Onde existe uma fertilidade excepcional há indolência mental, e onde houve, durante a educação, um gasto excessivo em atividade mental, é frequente seguir-se uma infertilidade completa ou parcial. Daí prevemos que o tipo específico de evolução mais profundo pelo qual o Homem deverá passar daqui por diante provoque, mais do que qualquer outro, um declínio em sua capacidade de reprodução."[39] Os filósofos são famosos por se esquivarem da paternidade. Na mulher, por outro lado, a chegada da maternidade traz normalmente uma diminuição da atividade intelectual;[40] e talvez a sua adolescência mais curta seja em virtude do sacrifício que ela faz, mais cedo, à reprodução.

Apesar dessa adaptação aproximada da taxa de natalidade às necessidades de sobrevivência do grupo, essa adaptação nunca é completa, e Malthus estava certo no seu princípio geral de que a população tende a superar os meios de subsistência. "Desde o começo, essa pressão da população tem sido a causa imediata do progresso. Ela provocou a difusão original da raça. Compeliu os homens a abandonar hábitos predatórios e se dedicar à agricultura. Levou à limpeza da superfície da Terra. Obrigou os homens a criar o estado social, (...) e desenvolveu os sentimentos sociais. Tem estimulado sucessivas melhorias na produção, elevando as habilidades e a inteligência."[41] Ela é a principal causa daquela batalha pela existência pela qual os mais capacitados conseguem sobreviver, e pela qual o nível da raça é aumentado.

Se a sobrevivência do mais capaz deve-se principalmente a variações favoráveis espontâneas ou à herança parcial de caracteres ou capacidades repentinamente adquiridas por gerações sucessivas, isso é uma questão a respeito da qual Spencer não assumiu uma posição dogmática; ele aceitava com prazer a teoria de Darwin, mas achava que havia fatos que ela não conseguia explicar, e que obrigavam a uma aceitação modificada dos pontos de vista lamarckianos. Spencer defendeu Lamarck com muito vigor na sua controvérsia com Weismann, e salientou certos defeitos da teoria darwiniana. Naquela época, Spencer ficou praticamente sozinho ao lado de Lamarck; é bem interessante ressaltar que hoje os neolamarckianos incluem descendentes de Darwin, enquanto o maior biólogo inglês contemporâneo diz que, segundo os atuais estudantes de genética, a teoria *particular* (claro que não a teoria geral) de Darwin sobre a evolução deve ser abandonada.[42]

## V. PSICOLOGIA: A EVOLUÇÃO DA MENTE

Os dois volumes de *The Principles of Psychology* (1873) são os elos mais fracos da corrente de Spencer. Tinha havido um volume anterior sobre o assunto (1855), uma defesa de vigor juvenil do materialismo e do determinismo; mas a idade e o pensamento revisaram aquele trabalho e deram-lhe uma forma mais branda e o forraram com centenas de páginas de meticulosa, mas não esclarecedora, análise. Nele, mais ainda do que em outros trabalhos, Spencer é rico em teorias e pobre em provas. Ele tem uma teoria da origem dos nervos no tecido conjuntivo intercelular; e uma teoria da gênese do instinto pela mistura de reflexos e transmissão do caráter adquirido; e uma teoria da origem das categorias mentais pela experiência da raça; e uma teoria do "realismo transfigurado";* e uma centena de outras teorias que têm, todas, a força ofuscante da metafísica, e não a virtude esclarecedora de uma psicologia comum. Nesses volumes, deixamos a Inglaterra realística para trás e "voltamos a Kant".

O que nos impressiona logo de cara é que pela primeira vez na história da psicologia temos aqui um ponto de vista resolutamente evolucionista, uma tentativa de dar explicações genéticas, um esforço para traçar a origem de desconcertantes complexidades de pensamento nas mais simples das operações nervosas e, por fim, nos movimentos da matéria. É verdade que esse esforço fracassa; mas quem já foi feliz numa tentativa dessas? Spencer começa com um magnífico programa para a descoberta dos processos pelos quais a consciência evoluiu; no fim, vê-se compelido a colocar a consciência em toda parte,[43] para então desenvolvê-la. Ele insiste em que houve uma evolução contínua da nebulosa até a mente, e finalmente confessa que a matéria só é conhecida por meio da mente. Talvez os mais importantes parágrafos daqueles volumes sejam aqueles em que é abandonada a filosofia materialista:

---

* Spencer quer dizer com isso que, embora possam muito bem ser transfigurados pela percepção, e ser completamente diferentes do que parecem, os objetos da experiência têm uma existência que não depende inteiramente de serem percebidos — II, 494.

Poderá a oscilação de uma molécula ser representada na consciência lado a lado com um choque nervoso, e as duas serem reconhecidas como uma só? Nenhum esforço nos habilita a assimilá-las. Que uma unidade de sentimento nada tem em comum com uma unidade de movimento torna-se mais manifesto do que nunca quando fazemos uma justaposição das duas. E o veredicto imediato da consciência assim dada poderá ser analiticamente justificado; (...) porque poderia ser mostrado que a concepção de uma molécula oscilante é construída com muitas unidades de sensação. [Isso quer dizer que o conhecimento que temos da matéria é formado de unidades de mente — sensações, memórias e ideias.] (...) Se fôssemos obrigados a escolher entre as alternativas de transformar fenômenos mentais em fenômenos físicos, ou de transformar fenômenos físicos em fenômenos mentais, esta última alternativa pareceria a mais aceitável das duas.[44]

Não obstante, é óbvio que existe uma evolução da mente; um desenvolvimento de modos de resposta, de simples para composto, para complexo; de reflexo para tropismo, para instinto; através da memória e da imaginação para o intelecto e a razão. Ao leitor que conseguir sobreviver àquelas mil e quatrocentas páginas de análise fisiológica e psicológica, brotará uma sensação estonteante da continuidade da vida e da continuidade da mente; ele verá, como numa projeção cinematográfica em câmera lenta, a formação de nervos, o desenvolvimento de reflexos e instintos adaptativos e a produção de consciência e pensamento por meio do choque de impulsos conflitantes. "A inteligência não tem graus distintos, nem é constituída por faculdades que sejam realmente independentes, mas suas manifestações mais elevadas são os efeitos de uma complicação que surgiu, a passos insensíveis, dos elementos mais simples."[45] Não há hiato entre instinto e razão; cada um deles é uma adaptação das relações internas às relações externas, e a única diferença é de grau, na medida em que as relações a que o instinto reagiu forem comparativamente estereotipadas e simples, enquanto aquelas encontradas pela razão forem comparativamente novas e complexas. Uma ação racional é simplesmente uma resposta instintiva que sobreviveu a uma luta com outras respostas instintivas provocadas por uma situação; "deliberação" é meramente a luta mutuamente destrutiva de impulsos rivais.[46] No fundo, razão e instinto, mente e vida, são todos uma coisa só.

*Vontade* é um termo abstrato que damos à soma de nossos impulsos ativos, e volição é o fluxo natural de uma ideia desimpedida para a ação.[47] Uma ideia é o primeiro estágio de uma ação, uma ação é o último estágio de uma ideia. Da mesma forma, uma emoção é o primeiro estágio de uma ação instintiva, e a expressão da emoção é um útil prelúdio à resposta completa; mostrar os dentes quando se está com raiva é um importante indício daquele ato de fazer o inimigo em pedaços que já foi o término natural daquele começo.[48] "Formas de pensamento" como a percepção de espaço e tempo, ou as noções de quantidade e causa, que Kant supunha serem inatas, são meramente maneiras instintivas de pensar; e assim como os instintos são hábitos adquiridos pela raça, mas nativos ao indivíduo, essas categorias são hábitos mentais lentamente adquiridos no curso da evolução, e agora fazem parte de nossa herança intelectual.[49] Todos esses antiquíssimos enigmas da psicologia podem ser explicados pela "herança de modificações que se acumulam continuamente".[50] Claro que é justamente essa suposição "todo-penetrante" que torna questionável, ou talvez inútil, uma parte tão grande desses volumes escritos com tanto esforço.

## VI. SOCIOLOGIA: A EVOLUÇÃO DA SOCIEDADE

Com a sociologia o veredicto é muito diferente. Esses grossos volumes, cuja publicação foi feita ao longo de vinte anos, são a obra-prima de Spencer: cobrem o seu campo favorito e o mostram no melhor de sua forma quanto às generalizações sugestivas e filosofia política. De seu primeiro livro, *Estática Social*, ao último fascículo de *Os Princípios da Sociologia*, num período de quase meio século, seu interesse se volta com predominância para os problemas de economia e de governo; ele começa e termina, como Platão, com discursos sobre moral e justiça política. Nenhum outro homem, nem mesmo Comte (fundador da ciência e criador da palavra), fez tanto pela sociologia.

Em um popular volume introdutório, *The Study of Sociology*, de 1873, Spencer faz uma defesa eloquente do reconhecimento e do desenvolvimento da nova ciência. Se o determinismo está certo na psicologia, deve haver regularidades de causa e efeito nos fenômenos sociais; e um meticuloso estudante do homem e da sociedade não se contentará com uma história meramente cronológica, como a de Lívio, nem com uma história biográfica, como a de Carlyle; ele vai procurar na história humana aquelas linhas gerais de desenvolvimento, aquelas sequências causais, aquelas esclarecedoras correlações, que transformam a vastidão de fatos em um mapa da ciência. O que a biografia é para a antropologia, a história é para a sociologia.[51] Claro que existem mil obstáculos que o estudo da sociedade ainda precisará vencer antes de poder merecer o nome de ciência.[52] O jovem estudo é fustigado por uma multidão de preconceitos — pessoais, educacionais, teológicos, econômicos, políticos, nacionais e religiosos; e pela pronta onisciência dos desinformados. "Há a história de um francês que, depois de passar três semanas aqui, propôs-se a escrever um livro sobre a Inglaterra; três meses depois, descobriu que ainda não estava bem preparado; três anos depois, chegou à conclusão de que nada sabia sobre ela."[53] Esse homem estava maduro para *começar* o estudo da sociologia. Os homens se preparam com estudos que duram uma vida inteira antes de se tornarem autoridades em física, química ou biologia; mas no campo das questões sociais e políticas, todo entregador de armazém é um perito, sabe a solução e exige ser ouvido.

A preparação de Spencer, nesse caso, foi um modelo de consciência intelectual. Contratou três secretários para coletar dados para ele e classificá-los em colunas paralelas, apontando as instituições domésticas, eclesiásticas, profissionais, políticas e industriais de todos os povos importantes. Por sua própria conta, publicou essas coleções em oito grandes volumes, para que outros estudiosos pudessem confirmar ou modificar suas conclusões; e como a publicação não havia acabado quando ele morreu, deixou uma parte de suas pequenas economias para completar o empreendimento. Depois de sete anos de tais preparativos, surgiu o primeiro volume de *Sociologia*, em 1876; o último só ficou pronto em 1896. Quando todas as outras coisas feitas por Spencer tiverem se tornado uma tarefa para o antiquário, esses três volumes ainda conterão uma riqueza de recompensas para todo estudante da sociedade.

Apesar de tudo, a concepção inicial da obra é típica do hábito de Spencer de se lançar logo às generalizações. A sociedade, acredita ele, é um organismo, com órgãos de nutrição, circulação, coordenação e reprodução,[54] muito semelhante aos seres humanos. É verdade que no indivíduo a consciência é localizada, enquanto na sociedade cada uma das partes retém sua consciência e sua vontade; mas a centralização do governo e da autoridade tende a reduzir o campo dessa distinção. "Um organismo social é como um organismo individual nas seguintes características: ele cresce; enquanto cresce, torna-se mais complexo; enquanto se torna mais complexo, suas partes adquirem uma dependência mútua cada vez maior; sua vida é imensa em duração comparada com a vida das unidades que o compõem; (...) em ambos os casos há uma crescente integração acompanhada por uma crescente heterogeneidade."[55] Assim, o desenvolvimento da sociedade executa liberalmente a fórmula da evolução: o crescente tamanho da unidade política, de família a Estado e coligação, o crescente tamanho da unidade econômica, de pequena indústria doméstica a monopólios e cartéis, o crescente tamanho da unidade populacional, de aldeias a cidades e metrópoles — não há dúvida de que mostram um processo de integração; enquanto a divisão do trabalho, a multiplicação das profissões e dos ramos de atividade e a crescente interdependência econômica entre a cidade e o país, e entre nações, ilustram amplamente o desenvolvimento da coerência e da diferenciação.

O mesmo princípio da integração dos heterogêneos aplica-se a todos os campos de fenômenos sociais, da religião e do governo à ciência e à arte. Religião é, a princípio, a adoração de uma enorme quantidade de deuses e espíritos, mais ou menos igual em todos os países; e o desenvolvimento da religião vem por meio da ideia de uma divindade central e onipotente subordinar as demais e coordená-las em sua hierarquia de papéis especiais. É provável que os primeiros deuses tenham sido sugeridos por sonhos e fantasmas.[56] A palavra *espírito* era, e é, aplicada igualmente a fantasmas e deuses. A mente primitiva acreditava que na morte, no sonho ou no transe, o fantasma ou espírito saía do corpo; até mesmo num espirro as forças de expiração poderiam expelir o espírito, de modo que um protetor "Deus o abençoe!" — ou seu equivalente — passou a ficar ligado a essa perigosa aventura. Ecos e reflexos eram sons e visões do nosso fantasma, ou imagem fiel; o bassuto se recusa e caminhar à margem de um rio, com medo de que um crocodilo possa agarrar a sua sombra e comê-la. Deus era, a princípio, apenas "um fantasma cuja existência era eterna".[57] Pessoas que tinham sido poderosas durante sua vida terrena mantinham, segundo se acreditava, o poder em suas aparições fantasmagóricas. Entre os habitantes de Tana, a palavra usada para indicar deus significa, literalmente, um homem morto.[58] "Jeová" significa "o forte", "o guerreiro": ele tinha sido um potentado local, talvez, que era adornado depois de sua morte como o "deus das multidões". Era preciso obter as boas graças daqueles espíritos perigosos: ritos funerários transformaram-se em adoração, e todos os modos de bajular o chefe terreno eram aplicados à cerimônia da oração e à satisfação dos deuses. As receitas eclesiásticas tiveram origem nas oferendas aos deuses, tal como as receitas do Estado começaram como presentes para o chefe. As homenagens aos reis tornaram-se prostração e oração no altar do deus. A derivação do deus do rei morto aparece nitidamente no caso dos romanos, que deificavam governantes antes de sua morte. Parece que toda religião teve sua origem nessa veneração dos ancestrais. O poder desse costume pode ser ilustrado pela história do chefe que recusou o batismo porque não ficara satisfeito com a resposta à sua pergunta sobre se iria encontrar no céu seus ancestrais não batizados.[59] (Um pouco dessa crença entrou na composição da bravura dos japoneses na guerra de 1905; a morte era tornada mais suportável pela ideia de que seus ancestrais os olhavam com desprezo lá do céu.)

A religião talvez seja a característica central da vida dos homens primitivos; a existência é tão precária e humilde entre eles que a alma vive mais na esperança de coisas que virão do que na realidade das coisas vistas. Até certo ponto, a religião sobrenatural é uma circunstância concomitante de sociedades militaristas; à medida que a guerra cede lugar à indústria, o pensamento se desloca da morte para a vida, e a vida sai da trilha da autoridade reverente para a rodovia da iniciativa e da liberdade. De fato, a mudança de mais longo alcance de toda a história da sociedade ocidental é a gradual substituição de um regime militar por um regime industrial. Estudiosos do Estado costumam classificar as sociedades de acordo com os governos — monárquicos, aristocráticos ou democráticos; mas são distinções superficiais; a grande linha divisória é aquela que separa as sociedades militantes* das industriais, as nações que vivem da guerra das que vivem do trabalho.

O Estado militar é sempre de governo centralizado, e quase sempre monárquico; a cooperação manifestada é regimental e compulsória; estimula a religião autoritária, venerando um deus guerreiro; cria rígidas distinções de classe e códigos de classe; sustenta o natural absolutismo doméstico do macho. Pelo fato de a taxa de mortalidade nas sociedades guerreiras ser elevada, tendem para a poligamia e uma posição inferior da mulher. A maioria dos Estados tem sido militante, porque a guerra fortalece o poder central e exige a subordinação de todos os interesses aos do estado. Daí ser "a história um pouco mais do que o registro de nações em Newgate",** uma lista de assaltos, traições, assassinatos e suicídio nacional. O canibalismo é a vergonha das sociedades primitivas; mas algumas sociedades modernas são sociófagas, escravizando e consumindo povos inteiros. Até que a guerra seja proscrita e dominada, a civilização será um precário interlúdio entre catástrofes; "a possibilidade de um elevado Estado social (...) depende fundamentalmente da cessação da guerra".⁶⁰

A esperança dessa consumação não está tanto na conversão espiritual do coração dos homens (porque os homens são aquilo que o ambiente faz deles) quanto no desenvolvimento de sociedades industriais. A indústria requer democracia e paz: quando a vida deixa de ser dominada pela guerra, surgem mil centros de desenvolvimento econômico, e o poder é espalhado, de forma beneficente, por uma grande proporção dos membros do grupo. Já que a produção só pode prosperar quando a iniciativa é livre, uma sociedade industrial acaba com as tradições de

---

* N. do T.: O termo "militante", aqui e em trechos futuros, é usado com o sentido original da palavra, remetendo-se aos "soldados e guerreiros", "pessoas ou sociedades que têm como base para relações e tomadas de decisões a beligerância".
** N. do T.: Uma famosa prisão inglesa do período romano que foi destruída em 1902.

autoridade, hierarquia e casta que florescem nos Estados militares e sob as quais estes florescem. A ocupação do soldado deixa de ser tida em alta conta; e o patriotismo se torna amor pelo país, e não ódio pelos demais.⁶¹ Paz no próprio país se torna a primeira necessidade da prosperidade, e conforme o capital se torna internacional e mil investimentos cruzam todas as fronteiras, a paz internacional também se torna uma necessidade. Conforme a guerra externa diminui, a brutalidade interna se reduz; a monogamia substitui a poligamia, porque o tempo de vida dos homens se torna quase igual ao das mulheres; o *status* das mulheres sobe, e a "emancipação feminina" se torna coisa rotineira.⁶² As religiões supersticiosas dão lugar a credos liberais cujo foco dos esforços é a melhoria e o enobrecimento da vida e do caráter humano. Os mecanismos da indústria ensinam aos homens os mecanismos do universo e a noção de sequências invariáveis em causa e efeito; a investigação exata de causas naturais substitui o recurso fácil à explicação sobrenatural.⁶³ A história começa a estudar o povo trabalhando, e não os reis em guerra; deixa de ser um registro de personalidades e se torna a história de grandes invenções e novas ideias. O poder do governo fica diminuído, e aumenta o poder dos grupos produtivos dentro do estado; há uma passagem "de *status* para contrato", de igualdades na subordinação para liberdade de iniciativa, de cooperação compulsória para cooperação em liberdade. O contraste entre os tipos de sociedades militantes e industriais é indicado pela "inversão da crença de que os indivíduos existem para benefício do Estado para a crença de que o Estado existe para benefício dos indivíduos".⁶⁴

Enquanto protestava vigorosamente contra o crescimento de um militarismo imperialista na Inglaterra, Spencer escolheu o seu país como um tipo de abordagem da sociedade industrial, e destacou a França e a Alemanha como casos de Estado militante.

> De tempos em tempos, os jornais nos lembram da concorrência entre a Alemanha e a França em seus desenvolvimentos militares. O corpo político, em ambos os casos, gasta a maior parte de suas energias para fazer crescerem dentes e garras — cada aumento de um lado provocando um aumento do outro. (...) Recentemente, o ministro francês das

Relações Exteriores, referindo-se à Tunísia, a Tonquim, ao Congo e a Madagascar, discorreu longamente sobre a necessidade que se apresentara de competir no campo das invasões políticas com outras nações; e sustentou que, ao tomar posse compulsória de territórios pertencentes a povos inferiores, "a França recuperou uma certa porção da glória que tantos nobres empreendimentos em séculos anteriores lhe haviam assegurado". (...) Com isso, vemos por que, na França, assim como na Alemanha, um esquema de reorganização social sob o qual cada cidadão, embora mantido pela comunidade, deve trabalhar para a comunidade, obteve uma adesão tão ampla a ponto de criar um formidável corpo político — por que, entre os franceses, Saint Simon, Fourier, Proudhon, Cabet, Louis Blanc, Pierre Leroux, ora por palavras, ora por ações, têm procurado criar uma forma de trabalho e vida comunista. (...) A confirmação pelo contraste vem ao nosso encontro ao observarmos que na Inglaterra, onde a propriedade de terceiros tem sido menor do que na França e na Alemanha, tanto em sua forma militar como na civil, tem havido menos progresso em sentimento e ideia para a forma de propriedade de terceiros do que o socialismo dá a entender.[65]

Como este trecho indica, Spencer acredita que o socialismo é derivado do Estado do tipo militante e feudal, e não tem filiação natural com a indústria. Tal como o militarismo, o socialismo implica o desenvolvimento da centralização, a extensão do poder governamental, a deterioração da iniciativa e a subordinação do indivíduo. "Bem pode o príncipe Bismarck mostrar tendências para o socialismo de Estado."[66] "É lei de toda organização tornar-se rígida quando atinge sua plenitude."[67] O socialismo seria, na indústria, o que um rígido equipamento instintivo é nos animais; produziria uma comunidade de formigas e abelhas humanas e acabaria numa escravidão muito mais monótona e sem esperança do que a situação presente.

Sob a arbitragem compulsória que o socialismo iria necessitar, (...), os reguladores, em busca de seus interesses pessoais, (...) não teriam pela frente a resistência conjunta de todos os trabalhadores; e seu poder, sem controle, como ocorre hoje, por recusas de trabalhar, exceto sob determinadas condições, iria aumentar, ramificar-se e consolidar-se até se tornar irresistível. (...) Quando passamos do controle dos trabalhadores pela burocracia para a burocracia pura e simples, e perguntamos como ela poderá ser regulada, não há nenhuma resposta satisfatória. (...) Nessas condições, deverá surgir uma nova aristocracia, para sustento da qual as massas terão que trabalhar bastante; e que, quando consolidada, deterá um poder muito mais extenso do que qualquer aristocracia do passado.[68]

As relações econômicas são tão diferentes das relações políticas, e tão mais complexas, que nenhum governo poderia controlá-las todas sem tal burocracia escravizante. A interferência do Estado sempre despreza algum fator da complicada situação industrial e tem fracassado sempre que tentada; observem as leis fixadoras de salários da Inglaterra medieval e as leis de fixação de preço da França Revolucionária. As relações econômicas devem ser deixadas ao autoajuste automático (por mais imperfeito que possa parecer) da oferta e da demanda. Por aquilo que a sociedade mais quiser, ela pagará mais caro; e se certos homens, ou certas funções, recebem grandes recompensas é porque correram, ou envolveram na equação, riscos ou agonias excepcionais. Os homens tal como constituídos agora não irão tolerar uma igualdade compulsória. Enquanto um ambiente alterado automaticamente não altera automaticamente o caráter humano, as alterações impostas por legislações artificialmente decretadas serão tão fúteis quanto a astrologia.[69]

Spencer quase adoecia ao pensar em um mundo governado pela classe assalariada. Ele não admirava os líderes sindicais, pelo que conhecia deles por meio dos veículos de comunicação refratários de Londres, como o *Times*.[70] Salientava que as greves são inúteis, a não ser que a maioria fracasse; porque se todos os trabalhadores entrassem em greve em épocas diversas e ganhassem seria de se presumir que os preços subiriam de acordo com os salários aumentados, e a situação ficaria como antes.[71] "Veremos daqui a pouco as injustiças antes cometidas pelas classes patronais serem igualadas pelas injustiças cometidas pelas classes trabalhadoras."[72]

Mesmo depois disso tudo, suas conclusões não eram de um conservadorismo cego. Ele percebia o caos e a brutalidade do sistema social que o cercava, e corria os olhos à sua volta numa evidente ansiedade de encontrar uma nova ordem que o substituísse. No final, demonstrou simpatia pelo movimento de cooperativas; via nele o auge daquela passagem de *status* para contrato, na qual sir Henry Maine encontrara a essência da história econômica. "O controle da mão de obra torna-se menos coercivo à medida que a sociedade assume um tipo mais evoluído. Aqui, atingimos uma forma na qual a coerção diminuiu ao menor nível consistente com a ação conjunta. Cada membro é o seu próprio senhor no que diz respeito ao trabalho que executa; e está sujeito apenas às regras, estabelecidas pela maioria dos membros, que sejam necessárias à manutenção da ordem. A transição da cooperação compulsória da militância para a cooperação voluntária do industrialismo está concluída."[73] Ele duvida que os seres humanos ainda sejam honestos e competentes o bastante para tornar eficiente um sistema de indústria tão democrático assim; mas é totalmente a favor de que devemos tentar. Ele prevê uma época em que a indústria não seja mais dirigida por senhores absolutistas, e os homens já não sacrifiquem suas vidas na produção de porcarias. "Da mesma forma que o contraste entre os tipos militante e industrial é indicado pela inversão da crença de que os indivíduos existem para o bem do Estado para a crença de que o Estado existe para o bem dos indivíduos, também o contraste entre o tipo industrial e o tipo que deverá ser criado a partir dele é indicado pela inversão da crença de que se deve viver para trabalhar para a crença de que se deve trabalhar para viver."[74]

## VII. ÉTICA: A EVOLUÇÃO DA MORAL

Esse problema de reconstrução industrial parece tão importante para Spencer que ele torna a lhe dedicar a maior seção de *The Principles of Ethics*, de 1893 — "esta última parte de minha tarefa (...) da qual considero todas as partes anteriores subsidiárias".[75] Como um homem dotado de toda a severidade moral de meados da era vitoriana, Spencer tinha uma sensibilidade especial para o problema de encontrar uma nova e natural ética para substituir o código moral que tinha sido associado à fé tradicional. "As supostas sanções sobrenaturais da conduta certa não deixam, se rejeitadas, um vazio. Há sanções naturais não menos preventivas, mas que cobrem um campo muito maior de atuação."[76]

A nova moralidade deve ser construída sobre a biologia. "A aceitação da doutrina da evolução orgânica determina certas concepções éticas."[77] Huxley, em suas Palestras Romanas em Oxford, em 1893, alegou que a biologia não podia ser adotada como guia ético; que "a natureza, vermelha nos dentes e nas garras" (como dizia Tennyson), exaltava a brutalidade e a esperteza mais do que a justiça e o amor; mas Spencer achava que um código moral que não pudesse passar nos testes de seleção natural e da luta pela existência estava condenado, desde o começo, a protestos de devoção da boca para fora e à futilidade. A conduta, como tudo mais, deve ser chamada de boa ou má, dependendo de estar bem ou mal adaptada às finalidades da vida; "a mais nobre conduta é aquela que conduz à maior extensão, amplitude e plenitude da vida".[78] Ou, em termos da fórmula da evolução, a conduta é moral dependendo de como ela torna o indivíduo ou o grupo mais integrado e coerente no meio de uma heterogeneidade de fins. A moralidade, como a arte, é a obtenção da unidade na diversidade; o tipo mais elevado de homem é aquele que efetivamente reúne em si mesmo a mais ampla variedade, complexidade e plenitude da vida.

Esta é uma definição muito vaga, como há de ser; porque nada varia tanto, de lugar para lugar e de um período para outro, quanto as específicas necessidades de adaptação e, portanto, o conteúdo específico da ideia de bom. É verdade que certas formas de comportamento foram carimbadas como boas — como adaptadas, em grande escala, à mais plena vida — pelo senso de prazer que a seleção natural vinculou a essas ações preservativas e expansivas. A complexidade da vida moderna multiplicou as exceções, mas normalmente o prazer indica atividades biologicamente úteis, enquanto a dor indica atividades biologicamente perigosas.[79] A despeito disso, dentro dos amplos limites desse princípio, encontramos as mais diversas, e aparentemente as mais hostis, concepções do que é bom. Praticamente não há um item do nosso código moral ocidental que em algum lugar não seja considerado imoral; não apenas a poligamia, mas o suicídio, o assassinato de um compatriota, até mesmo dos pais, recebem uma grande aprovação moral em um povo ou noutro.

> As esposas dos chefes fijianos consideram um dever sagrado serem estranguladas quando da morte dos maridos. Uma mulher que tinha sido salva por Williams "fugiu durante a noite e, atravessando o rio a nado e apresentando-se ao seu povo, insistiu na conclusão do sacrifício do qual ela, num momento de fraqueza, consentira com relutância em abster-se"; e Wilkes fala de outra que sobrecarregava seu salvador "de maus-tratos", e dali para a frente passou a manifestar o mais mortal dos ódios por ele.[80] Livingstone fala das mulheres makololo, às margens do rio Zambeze, que ficaram muito chocadas ao saberem que, na Inglaterra, o homem tinha apenas uma esposa: ter uma só não era "respeitável". Assim também, na África Equatorial, de acordo com Reade, "se um homem casa e sua mulher acha que ele tem como sustentar outra esposa, aborrece-o para que case de novo; e o chama de 'pão-duro' se ele se recusa".[81]

Tais fatos, é claro, conflitam com a crença de que existe um senso moral inato que diz a cada homem o que é certo e o que é errado. Mas a associação de prazer e dor, em média, com a boa ou má conduta, indica um certo grau de verdade na ideia; e pode muito bem acontecer de certas concepções morais, adquiridas pela raça, tornarem-se hereditárias com o indivíduo.[82] Aqui Spencer usa sua fórmula favorita para reconciliar o intuicionismo e o utilitarista, e uma vez mais recai na herança de caracteres adquiridos.

Contudo, sem dúvida o senso moral inato, se existe, está em dificuldades no momento; pois jamais as noções éticas estiveram mais confusas. É notório que os princípios que aplicamos em nossa vida real são, em sua maior parte, o oposto dos que pregamos em nossas igrejas e nossos livros. A ética professada na Europa e nos Estados Unidos é um cristianismo pacifista; a ética real é o código militarista dos teutônicos saqueadores dos quais derivam as classes governantes de quase toda a Europa. A prática do duelo, na França católica e na Alemanha protestante, é uma tenaz relíquia do código teutônico original.[83] Nossos moralistas são mantidos ocupados com os pedidos de desculpas por essas contradições, tal como os moralistas de uma Grécia e de uma Índia que se tornaram monógamos ficaram em apuros para explicar a conduta de deuses que tinham sido criados numa era quase promíscua.[84]

A formação dos cidadãos de uma nação segundo a orientação da moralidade cristã ou do código teutônico depende de sua preocupação dominante ser a indústria ou a guerra. Uma sociedade militante exalta certas virtudes e tolera o que outros povos poderiam chamar de crimes; agressão, assalto e traição não são tão inequivocamente condenados entre povos acostumados a tais práticas pela guerra, como entre povos que aprenderam o valor da honestidade e da não agressão por meio da indústria e da paz. A generosidade e a humanidade florescem melhor onde a guerra é pouco frequente, e longos períodos de tranquilidade produtiva instilam na cabeça das pessoas as vantagens existentes na ajuda mútua.[85] O membro patriota de uma sociedade militante irá considerar a bravura e a força como as maiores virtudes de um homem; a obediência, como a maior virtude do cidadão; e a silenciosa submissão à maternidade múltipla como a maior virtude de uma mulher.[86] O kaiser considerava Deus o chefe do exército alemão e, depois de dar sua aprovação aos duelos, comparecia ao ofício divino.[87] Os índios norte-americanos "consideravam o uso do arco e flecha, da clava e da lança como a mais nobre atividade do homem. (...) Consideravam degradante o trabalho agrícola e mecânico. (...) Só em épocas recentes — como agora, que o bem-estar nacional está se tornando cada vez mais dependente das superiores forças de produção", e estas "de faculdades mentais mais desenvolvidas — outras ocupações além das militantes estão adquirindo respeitabilidade".[88]

Ora, a guerra é meramente um canibalismo por atacado; e não há motivo para que não seja colocada na mesma classe do canibalismo e inequivocamente condenada. "O sentimento e a ideia de justiça só podem crescer na medida em que descreverem os antagonismos externos das sociedades e aumentarem as harmoniosas cooperações internas de seus membros."[89] De que maneira pode ser promovida essa harmonia? Como vimos, ela chega mais prontamente com a liberdade do que por meio de uma regulação governamental. A fórmula da justiça deveria ser a seguinte: "Todo homem tem o direito de fazer o que quiser, desde que não infrinja a mesma liberdade de qualquer outro".[90] É uma fórmula hostil à guerra, que exalta a autoridade, a arregimentação e a obediência; é uma fórmula favorável à indústria pacífica, por proporcionar um máximo de estímulo com absoluta igualdade de oportunidade; está de acordo com a moral cristã, pois considera sagradas todas as pessoas e as livra da agressão;[91] e tem a sanção daquele juiz máximo — a seleção natural —, porque ela abre os recursos da Terra em termos iguais para todos, e permite que cada indivíduo prospere de acordo com a sua capacidade e o seu trabalho.

Isso pode parecer, à primeira vista, um princípio desumano; e muitos tendem a se opor a ele, como capaz de uma extensão nacional, o princípio familiar de dar a cada um não de acordo com sua capacidade e sua produção, mas de acordo com a sua necessidade. Mas uma sociedade governada por tais princípios seria rapidamente eliminada.

> Durante a imaturidade, os benefícios recebidos devem ser inversamente proporcionais às capacidades possuídas. Dentro do grupo familiar, deve ser dado o máximo a quem menos merece, se o merecimento for medido pelo valor. Por outro lado, depois de atingida a maturidade, o benefício deve variar na razão direta do valor: com o valor sendo medido pela aptidão às condições de existência. Os desajustados devem sofrer os males do desajuste, e os ajustados devem beneficiar-se pela sua competência. São estas as duas leis que uma espécie tem de obedecer se quiser ser preservada. (...) Se, entre os jovens, o benefício fosse proporcional à eficiência, a espécie desapareceria em um piscar de olhos; e se, entre os adultos, o benefício fosse proporcional à ineficiência, a espécie desapareceria em função da decadência em poucas gerações. (...) A única justificativa para a analogia entre pai e filho, e governo e povo, é a infantilidade daqueles que a nutrem.[92]

A Liberdade disputa com a Evolução a prioridade do afeto de Spencer;[93] e a Liberdade ganha. Ele acha que, conforme a guerra diminui, o controle do indivíduo pelo Estado perde a maior parte de sua justificativa;[94] e em condições de paz permanente, o Estado ficaria reduzido a limites jeffersonianos, só atuando para evitar brechas na igualdade de liberdade. Essa justiça deveria ser praticada sem custos, para que os infratores soubessem que a pobreza de suas vítimas não iria protegê-los do castigo; e todas as despesas do Estado deveriam ser cobertas pela tributação direta, para que a invisibilidade da tributação não desviasse a atenção do público das extravagâncias do governo.[95] Mas "além de conservar a justiça, o Estado não pode fazer mais nada sem transgredir a justiça";[96] porque, nesse caso, estaria protegendo indivíduos inferiores contra o rateio natural de recompensa e capacidade, castigo e incapacidade, do qual dependem a sobrevivência e a melhoria do grupo.

O princípio da justiça exigiria a posse comum de terras, se pudéssemos separá-las de suas melhorias.[97] Em seu primeiro livro, Spencer defendera a nacionalização do solo, para tornar igual a oportunidade econômica; mas retirou sua alegação mais tarde (para a repulsa de Henry George, que o chamava de "o filósofo perplexo"), com base no argumento de que a terra só é cultivada com carinho pela família à qual pertence, pois pode confiar em transmitir a seus descendentes os frutos do trabalho ali empregado. Quanto à propriedade privada, ela se origina imediatamente da lei da justiça, pois todo homem deveria ter a mesma liberdade de ficar com o produto de suas economias. A justiça das heranças não é tão óbvia; mas "o direito de legar está incluído no direito de propriedade, já que, caso não haja, a propriedade não será completa".[98] O comércio deveria ser tão livre entre as nações quanto entre indivíduos; a lei de justiça não deveria ser meramente um código tribal, mas uma inviolável máxima das relações internacionais.

São esses, em linhas gerais, os verdadeiros "direitos do homem" — o direito à vida, à liberdade e à busca pela felicidade nas mesmas condições de todos os demais. Ao lado desses direitos econômicos, os direitos políticos são irrealidades sem importância. As alterações na forma de governo nada significam onde a vida econômica não é livre; e uma monarquia do tipo *laissez-faire* é muito melhor do que uma democracia socialista.

> Sendo o voto um simples método para criar um instrumento para preservação dos direitos, a questão é saber se a universalidade do voto conduz ou não à criação do melhor instrumento para preservação dos direitos. Já vimos que ela não garante isso. (...) A experiência torna óbvio aquilo que deveria ser óbvio sem experiência, que com uma distribuição universal de votos a classe mais numerosa, inevitavelmente, lucrará à custa da classe menos numerosa. (...) É indubitável que a constituição do Estado adequada ao tipo de sociedade industrial em que a igualdade seja plena deve ser aquela em que não haja uma representação de indivíduos, mas uma representação de interesses. (...) Pode ser que o tipo industrial, talvez pelo desenvolvimento de organizações cooperativas, que teoricamente, embora não na prática, obliterem a distinção entre patrão e empregado, produza arranjos sociais segundo os quais os interesses antagônicos de classes não existam ou sejam tão atenuados que não compliquem seriamente a situação. (...) Mas com esta humanidade que existe no momento, e deverá existir por muito tempo, a posse do que é chamado de direitos iguais não irá garantir a manutenção dos direitos iguais propriamente ditos.[99]

Como os direitos políticos são uma ilusão, e só os direitos econômicos é que servem de alguma coisa, as mulheres são induzidas a erro quando dedicam tanto tempo na busca de sua emancipação. Spencer teme que o instinto maternal para ajudar os desamparados possa levar as mulheres a serem a favor de um Estado paternalista.[100] Sobre esse detalhe, há uma certa confusão em sua cabeça; ele alega que os direitos políticos de nada valem, e depois que é muito importante que as mulheres não os tenham; ele condena a guerra, e depois alega que as mulheres não deveriam votar porque não arriscam a vida no campo de batalha[101] — um argumento vergonhoso de um homem que nasceu do sofrimento de uma mulher. Ele tem medo das mulheres, porque elas podem ser altruístas demais; no entanto, o conceito culminante de seu livro é de que a indústria e a paz irão desenvolver o altruísmo ao ponto de encontrar um equilíbrio com o egoísmo, e, assim, desenvolver a ordem espontânea de um anarquismo filosófico.

O conflito entre egoísmo e altruísmo (esta palavra, e um pouco dessa linha de pensamento, Spencer toma, mais ou menos inconscientemente, de Comte) resulta do conflito do indivíduo e sua família, seu grupo e sua raça. Supõe-se que o egoísmo irá se manter dominante; mas talvez isso seja desejável. Se todo o mundo pensasse mais nos interesses dos outros do que no seu próprio, teríamos um caos de cortesias e desistências; e provavelmente "a busca pela felicidade individual dentro dos limites prescritos pelas condições sociais é o primeiro requisito para a conquista da maior felicidade geral".[102] O que podemos esperar, contudo, é uma grande ampliação da esfera da simpatia, um grande desenvolvimento dos impulsos para o altruísmo. Mesmo agora, os sacrifícios impostos pela paternidade são feitos com alegria; "o desejo de ter filhos entre os que não os têm e a ocasional adoção de crianças mostram o quanto essas atividades altruísticas são necessárias para o atendimento de certas satisfações egoísticas".[103] A intensidade do patriotismo é outro exemplo da apaixonada preferência de interesses maiores às preocupações imediatas do indivíduo. Cada geração de vida social aprofunda os impulsos para a ajuda mútua.[104] "A incessante disciplina social moldará de tal maneira a natureza humana que os prazeres compassivos acabarão sendo procurados de forma espontânea, até o ponto máximo que seja vantajoso para todos."[105] O senso de dever, que é o eco de gerações de compulsão ao comportamento social, desaparecerá; as ações altruísticas, após tornarem-se instintivas por meio da seleção natural em prol da utilidade social, serão, como toda operação instintiva, realizadas sem compulsão, mas com alegria. A evolução natural da sociedade humana nos aproxima cada vez mais do Estado perfeito.

## VIII. CRÍTICAS

O leitor inteligente, no curso desta breve análise,* terá percebido certas dificuldades na argumentação e não precisará de nada mais que alguns lembretes esparsos quanto aos pontos em que estão as imperfeições. Críticas negativas são sempre desagradáveis, mais ainda quando diante de uma grande façanha; mas faz parte de nossa tarefa verificar o que o tempo fez com a síntese de Spencer.

### 1. PRIMEIROS PRINCÍPIOS

O primeiro obstáculo, é claro, é o Incognoscível. Podemos reconhecer cordialmente as prováveis limitações do conhecimento humano; não podemos exatamente abranger esse grande oceano da existência do qual somos meras ondas transitórias. Mas não devemos dogmatizar o assunto, porquanto, pela lógica estrita, a afirmativa de que qualquer coisa é incognoscível já implica um certo conhecimento dessa coisa. De fato, à medida que avança pelos seus dez volumes, Spencer mostra "um prodigioso conhecimento do incognoscível".[106] Como disse Hegel: limitar a razão sem pensar é como tentar nadar sem entrar na água. E toda aquela discussão sobre "inconceptibilidade" — como isso nos parece distante agora, como isso nos remete aos tempos de faculdade, quando estar vivo era debater! E, falando nisso, uma máquina autônoma não é muito mais concebível do que uma Primeira Causa, particularmente se, por estas palavras, entendemos a soma total de todas as causas e forças do mundo. Spencer, vivendo em um mundo de máquinas, achava que a existência do mecanismo era ponto pacífico; tal

---

\* A análise, é claro, está incompleta. "O espaço proíbe" (o autor tem sorrido com frequência desse disfarce para a preguiça, mas devemos apresentá-lo aqui) uma discussão de *Educação*, dos *Ensaios* e de longos trechos de *Sociologia*. A lição de *Educação* foi aprendida bem demais; e exigimos, hoje, uma certa correção da vitoriosa afirmativa de Spencer sobre as pretensões da ciência em relação às letras e às artes. Dos ensaios, os melhores são os que tratam do estilo, do riso e da música. *Herbert Spencer*, de Hugh Elliot, é uma exposição admirável.

como Darwin, vivendo numa era de desumana concorrência individual, só via a luta pela existência.

O que diremos daquela extraordinária definição de evolução? Ela explica alguma coisa? "Dizer 'primeiro havia o simples; depois o complexo desenvolveu-se a partir do simples', e daí por diante, não é explicar a natureza."[107] Spencer, diz Bergson, remenda, não explica;[108] não capta, como observa no fim, o elemento vital do mundo. Os críticos, evidentemente, têm se irritado com a definição: o seu inglês latinizado é especialmente impressionante para um homem que condenou o estudo do latim, e definia como bom estilo aquele que exigisse um mínimo de esforço para ser compreendido. Porém, alguma coisa deve ser reconhecida em Spencer; não há dúvida de que ele preferiu sacrificar a clareza imediata à necessidade de concentrar numa declaração o fluxo de toda existência. Mas a verdade é que ele gosta um pouco demais de sua definição; ele a rola na língua como um petisco de primeira, fragmenta-a e depois torna a juntá-la num ciclo interminável. O ponto fraco da definição está na suposta "instabilidade do homogêneo". Será que um todo composto de partes iguais é mais instável, mais suscetível a mudanças, do que um todo composto de partes desiguais? O heterogêneo, por ser mais complexo, seria presumivelmente mais instável do que o homogeneamente simples. Em etnologia e na política é considerado ponto pacífico que a heterogeneidade provoca instabilidade e que a fusão de raças imigrantes em um tipo nacional fortalece uma sociedade. Tarde[109] acha que a civilização é o resultado de um aumento da semelhança entre os membros de um grupo através de gerações de imitação mútua; aqui, o movimento da evolução é concebido como um progresso em direção à homogeneidade. A arquitetura gótica é, sem dúvida, mais complexa do que a dos gregos; mas não necessariamente um estágio mais elevado de evolução artística. Spencer apressou-se demais em presumir que aquilo que era mais antigo no tempo era mais simples na estrutura; ele subestimou a complexidade do protoplasma e a inteligência do homem primitivo.[110] Por fim, a definição não menciona justamente o fator que, na maioria das cabeças de hoje em dia, está associado de maneira inalienável à ideia de evolução — a seleção natural. Uma descrição da história (por mais imperfeito que isso possa ser) como uma luta pela existência e pela sobrevivência dos mais aptos — dos organismos mais aptos, das sociedades mais aptas, das moralidades mais aptas, das línguas, ideias e filosofias mais aptas — não seria mais esclarecedora do que a fórmula de incoerência e coerência, de homogeneidade e heterogeneidade, de dissipação e integração?

"Sou um mau observador da humanidade no concreto", afirma Spencer, "e grande parte do motivo para isso é que vaguei em direção ao abstrato".[111] Isto é uma honestidade perigosa. O método de Spencer, é claro, era muito dedutivo e *a priori*, muito diferente do ideal de Bacon ou do procedimento real do pensamento científico. Seu secretário nos conta que ele tinha "uma faculdade inexaurível de desenvolver argumentos *a priori* e *a posteriori*, indutivos e dedutivos, para embasar qualquer proposição imaginável";[112] e os argumentos *a priori*, provavelmente, surgiram antes dos outros. Spencer começou, como um cientista, com a observação; passou, como um cientista, a fazer hipóteses; mas, em seguida, ao contrário de um cientista, não recorreu à experimentação nem à observação imparcial, mas ao acúmulo seletivo de dados favoráveis. Ele não tinha faro nenhum para "exemplos negativos". Contraste isso com o procedimento de Darwin, que, quando encontrava dados desfavoráveis à sua teoria, rapidamente os anotava, sabendo que eles costumavam fugir-lhe da memória um pouco mais depressa do que os fatos favoráveis!

## 2. BIOLOGIA E PSICOLOGIA

Numa nota de rodapé para seu ensaio sobre "O Progresso", Spencer confessa com toda a honestidade do mundo que suas ideias de evolução foram baseadas na teoria de Lamarck sobre a transmissibilidade de caracteres adquiridos, sem serem, de fato, uma antecipação de Darwin, cuja ideia essencial era a teoria da seleção natural; portanto, ele é mais o filósofo do lamarckismo do que do darwinismo. Spencer tinha quarenta anos quando *A Origem das Espécies* foi lançado; e aos quarenta, a desenvoltura do indivíduo já endureceu quase ao ponto da imutabilidade.

Deixando de lado dificuldades menores, como o fracasso em reconciliar o seu esclarecedor princípio — de que a reprodução diminui conforme avança o desenvolvimento — com fatos como a taxa de reprodução da Europa civilizada sendo mais alta em comparação com os povos selvagens, os principais defeitos de sua teoria biológica são o seu embasamento em Lamarck e o fato de não encontrar uma concepção dinâmica da vida. Quando ele confessa que a vida "não pode ser concebida em termos físico-químicos",[113] a "admissão é fatal para a sua fórmula de evolução, para sua definição de vida e para a coerência da Filosofia Sintética".[114] Teria sido melhor procurar o segredo da vida no poder que tem a mente de adaptar as relações externas às internas do que no ajuste quase passivo do organismo ao ambiente em que se encontra. Segundo as premissas de Spencer, a adaptação completa seria a morte.

Os volumes sobre psicologia formulam mais do que informam. Aquilo que sabíamos é reformado e exposto numa terminologia quase tão complexa quanto bárbara, que traz sombras onde deveria iluminar. O leitor fica tão cansado com fórmulas, definições e reduções discutíveis de fatos psicológicos a estruturas neurais que poderá não observar que a origem da mente e da consciência é deixada sem explicação nenhuma. É verdade que Spencer tenta preencher essa grande lacuna no seu sistema de pensamento alegando que a mente é o acompanhamento subjetivo de processos nervosos evoluídos mecanicamente, de algum modo, das nebulosas primitivas; mas por que deve haver esse acompanhamento subjetivo além do mecanismo neural, ele não diz. E este, claro, é exatamente o propósito de toda a psicologia.

## 3. SOCIOLOGIA E ÉTICA

Por mais magnífica que seja a *Sociologia*, suas duas mil páginas abrem muitas brechas para ataques de todos os lados. Ao folheá-las, encontramos a costumeira pressuposição de Spencer de que evolução e progresso são sinônimos, visto que pode muito bem acontecer que a evolução dê aos insetos e às bactérias a vitória final em sua incansável guerra com o homem. Não fica muito claro se o Estado industrial é mais pacífico ou mais moral do que o feudalismo "militante" que o precedeu. As guerras mais destrutivas de Atenas aconteceram muito depois de os seus senhores feudais terem cedido o poder a uma burguesia comercial;

e os países da Europa moderna parecem fazer guerra com uma displicente indiferença quanto ao fato de serem industriais ou não; o imperialismo industrial pode ser tão militarista quanto as dinastias famintas por territórios. O mais militarista dos Estados modernos era uma das duas nações líderes mundiais na industrialização. Além disso, o rápido desenvolvimento industrial da Alemanha parece ter sido auxiliado, em vez de tolhido, pelo controle estatal de certas fases do transporte e do comércio. O socialismo é, obviamente, um desenvolvimento não do militarismo, mas do industrialismo. Spencer escreveu numa época em que o isolamento comparativo da Inglaterra a tornava uma pacifista (na Europa), e quando a sua supremacia no comércio e na indústria fazia com que ela acreditasse piamente no livre comércio; ele teria ficado chocado se tivesse vivido para ver a rapidez com que a teoria do livre comércio desapareceria junto com a supremacia comercial e industrial, e como o pacifismo viria a desaparecer assim que a Alemanha invadisse a Bélgica e ameaçasse o isolamento inglês. E é claro que Spencer exagerou as virtudes do regime industrial; ficou quase cego para a cruel exploração que se evidenciou na Inglaterra antes da interferência estatal que a mitigou; tudo que ele via "em meados do nosso século, especialmente na Inglaterra" era "um grau de liberdade individual maior do que jamais havia existido".[115] Não surpreende que Nietzsche tenha reagido com repugnância ao industrialismo, e exagerado, por sua vez, com relação às virtudes da vida militar.[116]

A analogia do organismo social teria levado Spencer para o socialismo de Estado se sua lógica tivesse sido mais poderosa do que seus sentimentos; porque o socialismo de Estado representa, num grau muito mais elevado do que numa sociedade *laissez-faire*, a integração dos heterogêneos. De acordo com o critério de sua própria fórmula, Spencer teria sido compelido a aclamar a Alemanha como o mais altamente evoluído dos Estados modernos. Ele tentou enfrentar esse detalhe alegando que a heterogeneidade envolve a liberdade das partes, e que essa liberdade implica um mínimo de governo; mas trata-se de uma nota inteiramente diferente da que ouvimos em "heterogeneidade *coerente*". No corpo humano, a integração e a evolução deixam muito pouca liberdade para as partes. Spencer responde que, numa sociedade, a consciência só existe nas partes, enquanto no corpo a consciência só existe no todo. Mas a consciência social — consciência dos interesses e processos do grupo — está tão centralizada na sociedade quanto a consciência pessoal no indivíduo; muito poucos de nós têm qualquer "senso de Estado". Spencer ajudou a nos salvarmos de um socialismo de Estado regimental, mas só com o sacrifício de sua consistência e sua lógica.

E só com exageros individualistas. Devemos nos lembrar de que Spencer foi apanhado entre duas eras; que o seu pensamento político tinha sido formado na época do *laissez-faire*, e sob a influência de Adam Smith; ao passo que a fase final de sua vida foi vivida num período em que a Inglaterra lutava para corrigir, por meio do controle social, os abusos de seu regime industrial. Ele nunca se cansava de reiterar seus argumentos contra a interferência do Estado; era contrário à educação financiada pelo Estado, ou à proteção governamental dos cidadãos contra finanças fraudulentas;[117] certa vez, alegou que até a administração da guerra deveria ser assunto privado, não estatal;[118] queria, como disse Wells, "alçar a ineficiência pública à dignidade de uma política nacional". Ele levava pessoalmente seus manuscritos ao editor, por confiar muito pouco numa instituição governamental para deixá-los nas mãos do correio.[119] Era um homem de intensa individualidade, chegando a ser irritante com sua insistência para ser deixado em paz; e toda legislação nova era como uma invasão de sua liberdade pessoal. Não compreendia o argumento de Benjamin Kidd de que, como a seleção natural opera cada vez mais nas competições entre grupos, classes e nações, e cada vez menos nos indivíduos, uma crescente aplicação do princípio da família (segundo o qual os fracos são ajudados pelos fortes) é indispensável à manutenção da unidade e do poder do grupo. O motivo por que um Estado deveria proteger seus cidadãos da força física antissocial e recusar proteção contra a força econômica antissocial Spencer simplesmente ignora. Despreza, por considerá-la infantil, a analogia de governo e cidadão com pai e filho; mas a verdadeira analogia é com irmão ajudando irmão. A sua política era mais darwiniana do que a sua biologia.

Mas chega de críticas. Voltemos para o homem, e vejamos numa perspectiva mais justa a grandeza de sua obra.

## IX. CONCLUSÃO

*Primeiros Princípios* tornou Spencer, quase imediatamente, o filósofo mais famoso de sua época. Sem demora, foi traduzido para a maioria dos idiomas da Europa; até na Rússia, onde teve que enfrentar e vencer um processo por parte do governo. Foi aceito como o expoente filosófico do espírito da época; e sua influência não apenas inseriu-se em toda parte no pensamento da Europa, mas teve forte penetração no movimento realista na literatura e na arte. Em 1869, ele se espantou ao descobrir que *Primeiros Princípios* tinha sido adotado como livro didático em Oxford.[120] Ainda mais incrível, seus livros começaram, após 1870, a proporcionar um ganho que lhe rendeu certa segurança financeira. Em certos casos, admiradores enviavam-lhe presentes caros, que ele sempre devolvia. Quando o czar Alexandre II visitou Londres e manifestou a lorde Derby seu desejo de conhecer os pensadores de destaque da Inglaterra, Derby chamou Spencer, Huxley, Tyndall etc. Os outros compareceram, mas Spencer recusou o convite. Ele só se relacionava com uns poucos amigos íntimos. "Nenhum homem está à altura de seu livro", escreveu ele. "Todos os melhores produtos de sua atividade mental entram em seu livro, onde chegam separados da massa de produtos inferiores com que eles se misturam na sua conversa diária."[121] Quando as pessoas insistiam em visitá-lo, ele enfiava tampões nos ouvidos e ficava tranquilamente prestando atenção à conversa.

Por mais estranho que pareça, sua fama desapareceu quase tão de repente quanto chegou. Spencer sobreviveu ao auge de sua reputação, e entristeceu-se, nos últimos anos de vida, ao observar que suas diatribes tiveram pouco poder para deter a onda de legislações "paternalistas". Ele se tornara impopular em quase todas as classes. Especialistas científicos cujos campos privilegiados ele invadira condenavam-no com elogios vagos, ignorando suas contribuições e enfatizando seus erros; e bispos de todos os credos uniram-se em condená-lo a uma eternidade de punições. Os membros do Partido Trabalhista, que gostavam de suas denúncias contra a guerra, viraram-lhe as costas, tomados de raiva, quando ele falou o que pensava sobre o socialismo e sobre a política sindicalista; enquanto os conservadores que gostavam de suas opiniões a respeito do socialismo afastaram-se por causa de seu agnosticismo. "Sou mais *tory*\* do que qualquer *tory*, e mais radical do que qualquer radical", dizia ele, em sua melancolia.[122] Ele era incorrigivelmente sincero, e ofendia todos os grupos ao falar francamente sobre todos os assuntos: depois de compadecer-se dos trabalhadores por considerá-los vítimas de seus patrões, ele acrescentava que aqueles seriam tão dominadores quanto estes se as posições fossem trocadas; e depois de compadecer-se das mulheres por serem vítimas dos homens, não deixava de acrescentar que os homens eram as vítimas das mulheres até o ponto em que elas pudessem controlar. Envelheceu sozinho.

Conforme envelheceu, Spencer tornou-se mais delicado na oposição e mais moderado nas opiniões. Sempre caçoara do rei ornamental da Inglaterra, mas agora expressava a visão de que privar o povo de seu rei era tão errado quanto privar uma criança de sua boneca.[123] Do mesmo modo com relação à religião, percebeu que era um absurdo e uma crueldade perturbar a fé tradicional já que ela parecia uma influência benéfica e animadora.[124] Começou a notar que as crenças religiosas e os movimentos políticos são erguidos com base em necessidades e impulsos que estão fora do alcance do ataque intelectual; e resignou-se a ver o mundo seguir em frente sem dar muita atenção aos pesados livros que ele atirara em sua direção. Ao recapitular sua árdua carreira, considerou-se um tolo por ter procurado a fama literária em vez dos prazeres mais simples da vida.[125] Quando morreu, em 1903, passara a pensar que seu trabalho tinha sido em vão.[126]

Sabemos agora, é claro, que não foi bem assim. A decadência de sua reputação fez parte da reação anglo-hegeliana contra o positivismo; o ressurgimento do liberalismo tornará a elevá-lo ao seu lugar de maior filósofo inglês de seu século. Ele deu à filosofia um novo contato com as coisas, e trouxe para ela um realismo que fez com que a filosofia alemã parecesse, ao seu lado, fragilmente pálida e timidamente abstrata. Spencer fez um resumo de sua época como nenhum outro homem já resumira qualquer era desde Dante; e realizou com mestria a coordenação de uma área tão vasta do conhecimento que as críticas quase se

---

\* N. do T.: membro do Conservative Party (Partido Conservador) do Reino Unido.

envergonham caladas diante de tamanha façanha. Estamos, agora, em alturas que suas lutas e seu labor conquistaram para nós; parecemos estar acima dele, pois ele nos ergueu sobre os próprios ombros. Algum dia, quando a ferroada de sua oposição estiver esquecida, iremos fazer--lhe mais justiça.

# CAPÍTULO IV
# Friedrich Nietzsche

## I. A LINHAGEM DE NIETZSCHE

Nietzsche era filho de Darwin e irmão de Bismarck.

Não importa que ridicularizasse os evolucionistas ingleses e os nacionalistas alemães: ele estava acostumado a condenar aqueles que mais o influenciaram; era sua maneira inconsciente de disfarçar suas dívidas para com eles.

A filosofia ética de Spencer não foi o mais natural corolário da teoria da evolução. Se a vida é uma batalha pela existência em que os mais aptos sobrevivem, então a força é a virtude máxima, e a fraqueza, o único defeito. *Bom* é aquilo que sobrevive, que vence; *mau* é aquilo que cede e fracassa. Só essa covardia vitoriana dos darwinianos ingleses e a respeitabilidade burguesa dos positivistas franceses e dos socialistas alemães podiam camuflar a inevitabilidade dessa conclusão. Aqueles homens foram corajosos o bastante para rejeitar a teologia cristã, mas não ousaram ser lógicos, rejeitar as ideias morais, a veneração da docilidade, da gentileza, do altruísmo, que tinham desabrochado daquela teologia. Deixaram de ser anglicanos, ou católicos, ou luteranos; mas não ousaram deixar de ser cristãos — assim argumentou Friedrich Nietzsche.

O estímulo secreto dos livre-pensadores franceses, de Voltaire a Auguste Comte, não era permanecer por trás do ideal cristão, (...) mas sobrepujá-lo, se possível. Comte, com o seu "Viver para os outros", foi mais cristão do que o cristianismo. Na Alemanha, com Schopenhauer, e na Inglaterra, com John Stuart Mill, foi concedida a maior fama à teoria das afeições solidárias, da piedade e da utilidade para com os outros como o princípio da ação. (...) Todos os sistemas de socialismo colocaram-se involuntariamente (...) sobre o terreno comum dessas doutrinas.[1]

Darwin completou inconscientemente o trabalho dos enciclopedistas: eles haviam retirado a base teológica da moral moderna, mas deixaram essa moralidade intocada e inviolada, pairando milagrosamente no ar; somente um pequeno sopro de biologia se fazia necessário para erradicar aquela hipocrisia remanescente. Homens que pensavam com clareza logo perceberam aquilo que já sabiam as mentes mais profundas de cada era: que nessa batalha, a que damos o nome de vida, precisamos não de bondade, mas de força; não de humildade, mas de orgulho; não de altruísmo, mas de inteligência resoluta; que igualdade e democracia são contrárias à natureza da seleção e da sobrevivência; que os gênios, e não as massas, são o objetivo da evolução; que o poder, não a "justiça", é o árbitro de todas as diferenças e de todos os destinos — assim achou Friedrich Nietzsche.

Ora, se tudo isso fosse verdade, nada poderia ser mais magnífico ou significativo do que Bismarck. Eis um homem que conhecia as realidades da vida, que dizia claramente que "não existe altruísmo entre nações" e que os problemas modernos devem ser decididos pelo sangue e pelo ferro, não por votos e pela retórica. Que furacão purificador foi ele para uma Europa apodrecida por desilusões, democracia e "ideais"! Em pouquíssimos meses, ele convencera a Áustria decadente a aceitar sua liderança; em pouquíssimos meses, humilhara uma França embriagada pela lenda de Napoleão; e naqueles pouquíssimos meses, não é que ele também obrigara todos aqueles pequeninos "Estados" alemães, todos aqueles insignificantes potentados, principados e poderes a se fundir num poderoso império, o próprio símbolo da nova moralidade da força? O crescente vigor militar e industrial daquela nova Alemanha precisava de uma voz; a arbitragem da guerra precisava de uma filosofia para justificá-la. O cristianismo não a justificaria, mas o darwinismo poderia tentar. Com um pouco de audácia, a coisa poderia ser feita.

Nietzsche teve a audácia, e se tornou essa voz.

## II. JUVENTUDE

Não obstante, seu pai era pastor protestante; havia uma longa linhagem de clérigos por trás de cada um dos pais; e ele próprio seguiu atuando como pregador até o fim de seus dias. Atacava o cristianismo, porque havia muito de seu espírito moral nele mesmo; sua filosofia era uma tentativa de equilibrar e corrigir, por meio de violenta contradição, uma irresistível tendência à delicadeza, bondade e paz; não teria sido um insulto final o fato de a boa gente de Gênova começar a chamá-lo de *Il Santo* — "o santo"? Sua mãe era uma senhora piedosa e puritana, do mesmo tipo que havia estimulado Immanuel Kant; mas, talvez com uma desastrosa exceção, Nietzsche ficou piedoso e puritano, casto como uma estátua, até o fim: daí o seu ataque ao puritanismo e à piedade. Como ansiava ser um pecador aquele santo incorrigível!

Ele nasceu em Röcken, Prússia, em 15 de outubro de 1844 — por coincidência, o aniversário do rei prussiano que ocupava o trono, Frederico Guilherme IV.* Seu pai, que havia sido tutor de vários membros da família real, regozijou-se por conta dessa patriótica coincidência e batizou o filho com o nome do rei. "Houve, de todo modo, uma vantagem na escolha desse dia para o meu nascimento; o dia de meu aniversário, durante toda a minha infância, foi um dia de festividades públicas."[2]

A morte precoce do pai deixou-o vítima das santas mulheres de sua casa, que o mimaram até quase incutirem nele a delicadeza e a sensibilidade femininas. Ele não gostava dos rapazes maldosos da vizinhança, que roubavam ninhos de passarinhos, atacavam pomares,

---

\* N. do T.: aportuguesamento de "Friedrich Willhelm", mesmo nome do nosso filósofo.

brincavam de soldado e contavam mentiras. Seus colegas de escola o chamavam de "o pequeno pastor", e um deles descreveu-o como "um Jesus no Templo". Um de seus prazeres era isolar-se e ler a Bíblia, ou lê-la para os outros com tanto sentimento que chegava a trazer-lhes lágrimas aos olhos. Mas estavam ocultos nele um estoicismo e um orgulho nervosos: quando seus colegas da escola duvidaram da história de Múcio Cévola, ele acendeu um punhado de fósforos na palma da mão e deixou-os queimar ali até o fim.[3] Foi um incidente típico: pela vida inteira, ele iria procurar meios físicos e intelectuais para endurecer-se numa idealizada masculinidade. "Aquilo que eu não sou é, para mim, Deus e virtude."[4]

Aos dezoito anos, ele perdeu a fé no Deus de seus pais e passou o resto da vida procurando uma nova divindade; achou ter encontrado uma no super-homem. Mais tarde, disse que havia feito a mudança com tranquilidade; mas ele tinha o hábito de facilmente enganar a si próprio, e como autobiógrafo não era confiável. Tornou-se cínico, como alguém que tivesse apostado tudo num único lance de dados, e perdesse; a religião fora a própria essência de sua vida, e agora a vida parecia vazia e sem significado. Passou, de repente, para um período de orgia sensual com seus colegas de faculdade em Bonn e Leipzig, e chegou até a vencer o perfeccionismo que tornara tão difícil para ele as artes masculinas de fumar e beber. Mas em pouco tempo o vinho, as mulheres e o fumo despertaram sua repugnância; ele reagiu com grande escárnio com relação a toda a *biergemütlichkeit*\* de seu país e de sua época; quem bebesse cerveja e fumasse cachimbo era incapaz de uma percepção nítida ou de um pensamento sutil.

Foi mais ou menos nessa época, em 1865, que ele descobriu *O Mundo Como Vontade e Representação*, de Schopenhauer: [encontrei nele] "um espelho no qual vislumbrei o mundo, a vida e a minha própria natureza retratados com uma grandeza aterradora".[5] Nietzsche levou o livro para seus aposentos e leu, avidamente, palavra por palavra. "Parecia que Schopenhauer se dirigia a mim pessoalmente. Senti o seu

---

\* N. do T.: termo que, em linhas gerais, expressa o estado, ou sentimento, de acolhimento, amizade e bons fluidos (*Gemütlichkeit*) gerado pelo consumo da cerveja (*Bier*).

entusiasmo, e parecia vê-lo diante de mim. Cada linha clamava em voz alta por renúncia, negação, resignação."[6] O tom sombrio da filosofia de Schopenhauer ficou impresso para sempre em seu pensamento: e não apenas quando era um devoto seguidor de "Schopenhauer como Educador" (título de um de seus ensaios), mas até quando passou a condenar o pessimismo como uma forma de decadência ele continuou sendo, em seu coração, um homem infeliz, cujo sistema nervoso parecia ter sido cuidadosamente projetado para o sofrimento, e cuja exaltação da tragédia como a alegria da vida não passava de outra autoenganação. Só Espinosa ou Goethe poderiam tê-lo salvo de Schopenhauer; mas embora ele pregasse *aequanimitas* e *amor fati*, nunca os praticou; a serenidade do sábio e a calma da mente equilibrada nunca lhe pertenceram.

Com seus vinte e três anos, foi convocado para o serviço militar. Com prazer, teria sido dispensado da obrigação por ser míope e filho único de mãe viúva, mas mesmo assim o exército o chamou; até os filósofos eram bem recebidos como bucha de canhão nos grandes dias de Sadowa e Sedan. Porém, uma queda de cavalo distendeu tanto os seus músculos peitorais que o sargento encarregado do recrutamento foi obrigado a abrir mão de sua presa. Nietzsche nunca se recuperou inteiramente daquela lesão. Sua experiência militar foi tão curta que ele saiu do exército com quase tantas ilusões sobre os soldados quanto tivera ao entrar; a dura vida espartana de comandar e obedecer, de resistência e disciplina empolgava a sua imaginação, agora que ele estava livre da necessidade de realizar aquele ideal; passou a venerar o soldado, porque sua saúde não lhe permitia tornar-se um.

Da vida militar, ele passou para a sua antípoda — a vida acadêmica de um filólogo; em vez de se tornar um guerreiro, tornou-se um Ph.D. Aos vinte e cinco anos, foi nomeado para a cátedra de filologia clássica na Universidade da Basileia, de cuja distância segura podia admirar as sangrentas ironias de Bismarck. Teve estranhos arrependimentos ao assumir aquele trabalho sedentário e nada heroico: por um lado, gostaria de ter escolhido uma profissão prática e ativa, como a medicina; e ao mesmo tempo achava-se atraído para a música. Nietzsche se tornara um pianista razoável, e chegou a escrever algumas sonatas; "sem música", disse ele, "a vida seria um erro".[7]

Não muito longe da Basileia ficava Tribschen, onde aquele gigante da música, Richard Wagner, vivia com a mulher de outro homem. Nietzsche foi convidado a passar o Natal lá, em 1869. Ele tinha um entusiasmo fervoroso pela música do futuro, e Wagner não desprezava novos adeptos que pudessem dar à sua causa um pouco do prestígio que acompanha a erudição e as universidades. Sob o feitiço do grande compositor, Nietzsche começou a escrever seu primeiro livro, que deveria começar com o drama grego e terminar com *O Anel dos Nibelungos*, divulgando Wagner ao mundo como sendo o Ésquilo moderno. Ele subiu aos Alpes para escrever em paz, longe da multidão enlouquecida; e lá, em 1870, chegou-lhe a notícia de que a Alemanha e a França estavam em guerra.

Nietzsche hesitou; o espírito da Grécia e de todas as musas da poesia, do drama, da filosofia e da música haviam colocado suas mãos consagradoras sobre ele. Mas ele não podia resistir ao chamado de sua pátria; nisso também havia poesia. "Eis aqui", escreveu ele, "o Estado, de origem vergonhosa; para a maior parte dos homens, um poço de sofrimentos que nunca seca, uma chama que os consome em suas frequentes crises. No entanto, quando ele chama, nossa alma se esquece de si mesma; ao seu sanguinário apelo, a multidão é instada à coragem e alçada ao heroísmo".[8] Em Frankfurt, a caminho da frente de batalha, ele viu uma tropa de cavalaria passando com um magnífico tropel, exibindo-se pela cidade; naquele exato momento, diz ele, veio a percepção, a visão da qual nasceria toda a sua filosofia. "Senti, pela primeira vez, que a mais forte e mais nobre Vontade de Viver não encontra expressão em uma miserável luta pela existência, mas numa Vontade de Guerra, uma Vontade de Poder, uma Vontade de Dominar!"[9] A visão deficiente o desqualificou para a vida ativa de soldado, então teve que se contentar em agir como enfermeiro; e embora tenha cansado de ver horrores, ele nunca chegou a conhecer a verdadeira brutalidade daqueles campos de batalha que sua alma tímida iria idealizar, mais tarde, com toda a intensidade imaginativa da inexperiência. Até para enfermeiro ele era muito delicado e sensível; ver sangue lhe causava náuseas; caiu doente e foi mandado para casa em ruínas. Dali por diante, passou a ter os nervos de um Shelley e o estômago de um Carlyle; a alma de uma moça sob a armadura de um guerreiro.

## III. NIETZSCHE E WAGNER

No início de 1872, Nietzsche publicou seu primeiro livro *The Birth of Tragedy out of the Spirit of Music* [O Nascimento da Tragédia a Partir do Espírito da Música; no Brasil, o título é *O Nascimento da Tragédia*, como aparecerá daqui em diante].[10]

Nunca um filólogo falara com tanto lirismo. Ele contou sobre os dois deuses que a arte grega venerara; primeiro, Dioniso (ou Baco), o deus do vinho e da folia, da vida superior, do prazer na ação, da emoção arrebatada e da inspiração, do instinto e da aventura, e do sofrimento destemido, o deus da canção, da música, da dança e do drama; e depois, mais tarde, Apolo, o deus da paz, do lazer e do repouso, da emoção estética e da contemplação intelectual, da ordem lógica e da calma filosófica, o deus da pintura, da escultura e da poesia épica. A mais nobre arte grega era uma união dos dois ideais — a inquieta força masculina de Dioniso e a tranquila beleza feminina de Apolo. No drama, Dioniso inspirou o coro, e Apolo, o diálogo; o coro desenvolveu-se diretamente da procissão dos devotos de Dioniso fantasiados de sátiros; o diálogo foi uma reflexão posterior, um apêndice reflexivo a uma experiência emocional.

A característica mais profunda do drama grego foi a conquista dionisíaca do pessimismo por meio da arte. Os gregos não eram o povo alegre e otimista que encontramos nas modernas rapsódias sobre eles; conheciam intimamente os ferrões da vida e a sua trágica fugacidade. Quando Midas perguntou a Sileno qual o melhor destino para um homem, ele respondeu: "Lamentável raça de outrora, filhos de acidentes e sofrimento, por que me obrigam a dizer aquilo que é melhor não ouvir? O melhor de todos é impossível de obter — não nascer, ser nada. A segunda melhor coisa é morrer cedo". Sem dúvida, aqueles homens pouco tinham a aprender com Schopenhauer ou com os hindus. Mas os gregos venceram as sombras de sua desilusão com o brilhantismo de sua arte: de seu próprio sofrimento criaram o espetáculo do drama e descobriram que "só como fenômeno estético", como objeto de contemplação ou reconstrução artística, "é que a existência e o mundo parecem justificados".[11] "O sublime é a subjugação artística do horrível."[12]

O pessimismo é um sinal de decadência, o otimismo é um sinal de superficialidade; "otimismo trágico" é o estado de espírito do homem forte que procura a intensidade e a extensão da experiência, mesmo à custa da desgraça, e fica contente ao descobrir que a luta é a lei da vida. "A própria tragédia é a prova de que os gregos não eram pessimistas." A época em que esse estado de espírito gerou o drama esquiliano e a filosofia pré-socrática foi a "época extraordinária da Grécia".[13]

Sócrates — "o tipo do homem teórico"[14] — foi um sinal da fibra frouxa do caráter grego; "a velha capacidade de resistência maratonista de corpo e alma foi cada vez mais sendo sacrificada em troca de duvidoso iluminismo, envolvendo a progressiva degeneração das forças físicas e mentais".[15] A filosofia crítica substituiu a poesia filosófica dos pré-socráticos; a ciência substituiu a arte; o intelecto substituiu o instinto; a dialética substituiu os jogos. Sob a influência de Sócrates, Platão, o atleta, tornou-se um esteta, Platão, o dramaturgo, tornou-se um lógico, um inimigo da paixão, alguém que deportava poetas, um "cristão pré-cristão", um epistemólogo. No templo de Apolo em Delfos foram gravadas as palavras de uma sabedoria desapaixonada — *gnothe seauton* e *mene agan*[16] —, que se tornaram, em Sócrates e Platão, a ilusão de que a inteligência é a única virtude, e em Aristóteles, a irritante doutrina da justa medida. Na sua juventude, um povo produz mitologia e poesia; na decadência, filosofia e lógica. Em sua juventude, a Grécia produziu Homero e Ésquilo; na decadência, deu-nos Eurípedes — o lógico que virou dramaturgo, o racionalista destruindo o mito e o símbolo, o sentimentalista destruindo o otimismo trágico da era masculina, o amigo de Sócrates que substitui o coro dionisíaco por uma galáxia apolínea de dialéticos e oradores.

Não nos surpreende que o oráculo délfico de Apolo houvesse chamado Sócrates de o mais sábio dos gregos, e Eurípedes, o mais sábio depois dele; por isso "o infalível instinto de Aristófanes (...) juntou Sócrates e Eurípedes (...) no mesmo sentimento de ódio e viu neles os sintomas de uma cultura degenerada".[17] É verdade que eles se retrataram; que a última peça de Eurípedes — *As Bacantes* — é sua rendição a Dioniso e o prelúdio de seu suicídio; e que Sócrates, na prisão, passou a praticar a música de Dioniso para acalmar sua consciência. "'Será'

— teve ele que perguntar a si mesmo — 'que aquilo que não é inteligível para mim é, por isso, irracional? Haverá um território da sabedoria do qual o lógico seja banido? Será a arte um correlativo necessário e um suplemento da ciência?'"[18] Mas era tarde demais; o trabalho do lógico e do racionalista não poderia ser desfeito; o drama grego e o caráter grego decaíram. "Acontecera uma coisa surpreendente: quando o poeta" e o filósofo "se retrataram, sua tendência já havia vencido".[19] Com eles, acabaram a era dos heróis e a arte de Dioniso.

Mas quem sabe se a era de Dioniso não vai voltar? Será que Kant não destruiu, de uma vez por todas, a razão teórica e o homem teórico? E Schopenhauer não tornou a nos ensinar a profundidade do instinto e a tragédia do pensamento? E não será Richard Wagner um outro Ésquilo, restaurando mitos e símbolos, e tornando a unir música e drama em êxtase dionisíaco? "Da raiz dionisíaca do espírito alemão nasceu um espírito que nada tem em comum com as condições primitivas da cultura socrática (...) — ou seja, a música alemã (...), em sua vasta órbita solar, de Bach a Beethoven, de Beethoven a Wagner."[20] O espírito alemão refletiu passivamente durante muito tempo a arte apolínea da Itália e da França; que o povo alemão perceba que seus instintos são mais saudáveis do que aquelas culturas decadentes; que faça uma reforma tanto na música como na religião, injetando outra vez o rebelde vigor de Lutero na arte e na vida. Quem sabe se dos estertores da guerra da nação alemã não nascerá outra era de heróis, e do espírito da música não renascerá a tragédia?

Em 1872, Nietzsche voltou à Basileia, ainda fisicamente fraco, mas com um espírito ardendo de ambição, e também de repugnância pelo desgaste que teria na enfadonha tarefa de lecionar. "Tenho à minha frente trabalho suficiente para cinquenta anos, e devo marcar passo sob o jugo."[21] Nietzsche já estava um pouco desiludido com a guerra: "o Império alemão está extirpando o espírito alemão", escreveu ele.[22] A vitória de 1871 havia incutido um certo convencimento grosseiro na alma da Alemanha; e nada poderia ser mais hostil à evolução espiritual. Uma característica endiabrada em Nietzsche o deixava inquieto diante de todos os ídolos; e ele decidiu investir contra aquela complacência embotada atacando o seu mais respeitado expoente — David Strauss. "Entro para a sociedade com um duelo: Stendhal deu esse conselho."[23]

Na segunda de suas adequadamente intituladas *Considerações Extemporâneas* — "Schopenhauer como Educador" —, ele dirigiu seu fogo para as universidades chauvinistas. "A experiência nos ensina que nada atrapalha tanto o desenvolvimento de grandes filósofos do que o costume de sustentar os maus nas universidades públicas. (...) Nenhum Estado ousaria proteger homens como Platão e Schopenhauer. (...) O Estado sempre tem medo deles."[24] Ele renovou o ataque em "O Futuro de Nossas Instituições Educacionais"; e em "Uso e Abuso da História", ridicularizou a submersão do intelecto alemão nas minúcias da erudição antiquária. Já nesses dois ensaios foram expressas duas de suas ideias características: a de que a moralidade, bem como a teologia, deveria ser reconstruída em termos da teoria da evolução; e que a função da vida é provocar "não a melhoria da maioria, que, se vista individualmente, é composta pelos tipos mais inúteis", mas "a criação do gênio", o desenvolvimento e a elevação de personalidades superiores.[25]

O mais entusiasta desses ensaios, "Richard Wagner em Bayreuth", saudava Wagner como um Siegfried "que nunca aprendeu o significado do medo",[26] e como fundador da única arte verdadeira, por ser o primeiro a fundir as artes numa grande síntese estética; e conclamava a Alemanha a perceber o majestoso significado do próximo festival de Wagner — "Bayreuth significa, para nós, o sacramento matutino no dia da batalha".[27] Esta era a voz da adoração juvenil, a voz de um espírito quase femininamente refinado, que via em Wagner algo daquela decisão e coragem masculina que mais tarde entraria na concepção do super-homem. Mas o adorador também era filósofo, e reconhecia em Wagner um certo egoísmo ditatorial ofensivo a uma alma aristocrática. Ele não pôde suportar o ataque de Wagner aos franceses em 1871 (Paris não fora delicada para com *Tannhäuser*!); e ficava impressionado com a inveja que Wagner tinha de Brahms.[28] O tema central, mesmo daquele ensaio laudatório, não era um bom presságio para Wagner: "O mundo vem sendo orientalizado o bastante; e agora os homens anseiam por serem helenizados".[29]

E então, em 1876, veio Bayreuth, com ópera wagneriana noite após noite — sem cortes —, *Wagnériennes*, imperadores, príncipes e principezinhos, e os ricos ociosos tomando o lugar dos devotos pobres. De repente, Nietzsche deu-se conta de quanto de Geyer havia em Wagner,[30] o quanto *O Anel dos Nibelungos* devia aos abundantes efeitos teatrais, e até que ponto o *melos*\* de que algumas pessoas sentiam falta na música tinha passado ao drama. "Eu tinha tido visões de um drama *transbordando* de sinfonia, uma forma que crescia a partir do *Lied*. Mas o apelo alienígena da ópera levou Wagner irresistivelmente para outra direção."[31] Nietzsche não podia ir naquela direção; ele detestava o dramático e o operístico. "Seria loucura ficar aqui", escreveu ele. "Aguardo com terror cada uma dessas longas noites musicais (...) Não aguento mais".[32]

E por isso fugiu, sem nenhuma palavra a Wagner, e no meio do triunfo supremo deste, enquanto o mundo inteiro adorava; fugiu, "farto e com repulsa por tudo que é feminismo e rapsódia indisciplinada naquele romantismo, naquela mentira idealista, naquele amolecimento da consciência humana, que haviam conquistado aqui uma das almas mais intrépidas".[33] Então, na distante Sorrento, quem ele iria encontrar senão Wagner em pessoa, descansando de sua vitória e só pensando na nova ópera que vinha compondo — *Parsifal*? Seria uma exaltação ao cristianismo, à piedade, ao amor espiritual e a um mundo redimido por um "puro louco", "o louco em Cristo". Nietzsche afastou-se sem dizer nada, e dali em diante nunca mais falou com Wagner. "É-me impossível reconhecer *grandeza* que não esteja unida à franqueza e sinceridade para consigo mesmo. No momento em que faço uma descoberta dessas, as realizações de um homem não valem absolutamente nada para mim."[34] Ele preferia Siegfried, o rebelde, a Parsifal, o santo, e não perdoava Wagner por passar a ver no cristianismo um valor moral e uma beleza compensando, de muito, seus defeitos teológicos. Em *O Caso Wagner*, desfere golpes a torto e a direito, com uma fúria neurótica:

---

\* Em latim, "sintonia, melodia".

Wagner adula cada instinto budista niilístico e o disfarça em música; adula todo tipo de cristianismo e todas as formas religiosas e expressões de decadência. (...) Richard Wagner (...), um romântico decrépito e desesperado, desabou subitamente diante da Santa Cruz. Será que não houve um alemão com olhos para ver e com piedade em sua consciência para deplorar esse terrível espetáculo? Terei sido eu, então, o único a que ele fez sofrer? (...) E no entanto, eu era um dos mais corruptos wagnerianos. (...) Bem, sou filho desta era, tal como Wagner — isto é, sou um decadente; mas tenho consciência disso; eu me defendi contra isso.[35]

Nietzsche era mais "apolíneo" do que supunha: amante do sutil, do delicado e do refinado, sem um vigor dionisíaco, e sem a ternura do vinho, da canção e do amor. "Seu irmão, com esse ar de delicada distinção, é um indivíduo muitíssimo desagradável", disse Wagner a Frau Förster-Nietzsche; "(...) às vezes, fica muito encabulado com as minhas piadas — e então eu as conto com um entusiasmo ainda maior".[36] Havia muito de Platão em Nietzsche; ele temia que a arte fosse desensinar os homens a serem duros;[37] de espírito delicado, supunha que o mundo todo era igual a ele — estava perigosamente perto de praticar o cristianismo. Não houvera guerras em número suficiente para contentar aquele delicado professor. E, todavia, em suas horas de tranquilidade, ele sabia que Wagner estava tão certo quanto Nietzsche, que a delicadeza de Parsifal era tão necessária quanto a força de Siegfried, e que de alguma forma cósmica aquelas cruéis oposições fundam-se em saudáveis unidades criativas. Ele gostava de pensar naquela "amizade estelar"[38] que ainda o unia, silenciosamente, ao homem que havia sido a mais valiosa e frutífera experiência de sua vida. E quando, num momento lúcido de sua insanidade final, viu um retrato de Wagner, que já havia falecido desde muito tempo, disse baixinho: "Amei-o muito".

## IV. A CANÇÃO DE ZARATUSTRA

E agora da arte, que parecia tê-lo decepcionado, ele se refugiou na ciência — cujo gélido ar apolíneo lavou-lhe a alma depois do calor e da agitação dionisíacos de Tribschen e Bayreuth — e na filosofia, que "oferece um asilo onde nenhuma tirania pode penetrar".[39] Como Espinosa, ele tentou acalmar suas paixões examinando-as; precisamos, disse ele, "de uma química das emoções". Assim, no seu livro seguinte, *Humano, Demasiado Humano* (1878-80), tornou-se psicólogo e analisou, com uma impiedade de cirurgião, os mais ternos dos sentimentos e as mais queridas crenças — mesmo em meio às reações, dedicou com muita coragem tudo ao escandaloso Voltaire. Enviou os volumes a Wagner e recebeu em troca o libreto de *Parsifal*. Os dois nunca mais voltaram a se comunicar.

Então, em plena flor da vida, em 1879, ele teve um colapso, tanto físico quanto mental, e viu-se à beira da morte. Preparou-se para o fim com ar desafiador: "Prometa", disse ele à irmã, "que quando eu morrer, só meus amigos ficarão junto ao meu caixão, e não haverá uma multidão curiosa. Atente para que nenhum padre, ou qualquer outra pessoa, fale falsidades à beira do meu túmulo, quando já não poderei me defender; e deixe-me baixar à minha sepultura como um pagão honesto".[40] Mas recuperou-se, e seu heroico funeral teve que ser adiado. Dessa doença veio o seu amor pela saúde e pelo sol, pela vida, pelo riso e pela dança, e pela "música do sul" de *Carmen*; e dela também veio uma vontade mais forte, nascida da luta contra a morte, um "dizer sim" que sentia a doçura da vida mesmo nas amarguras e nos sofrimentos que ela proporciona; e dela, talvez, uma deplorável tentativa de alçar-se à alegre aceitação espinosiana das limitações naturais e do destino humano. "Minha fórmula para a grandeza é *Amor fati*: (...) não apenas resistir a todas as necessidades, mas amar isso." Pena que é mais fácil dizer do que fazer.

Os títulos de seus livros seguintes — *Aurora* (1881) e *A Gaia Ciência* (1882) — refletem uma grata convalescença; há neles um tom mais humano e uma língua mais delicada do que nos livros posteriores. Naquele momento da vida, ele viria a ter um ano de calmaria, no qual viveria modestamente da pensão que a sua universidade lhe concedera. O orgulhoso filósofo pôde até cometer uma bela fraqueza e ficar subitamente apaixonado. Mas Lou Salomé não lhe retribuiu o amor; os olhos dele eram demasiado atentos e profundos para deixá-la tranquila. Paul Rée era menos perigoso, e fez o papel do dr. Pagello para o Musset de Nietzsche. Nietzsche fugiu desesperado, compondo aforismos contra as mulheres enquanto se afastava. Em verdade, ele era ingênuo, entusiasmado, romântico, carinhoso até a simplicidade; a guerra dele contra a ternura era uma tentativa de exorcizar uma virtude que havia provocado uma amarga decepção e uma ferida que nunca cicatrizou.

Agora ele não conseguia encontrar solidão o bastante: "é difícil viver com os homens, porque o silêncio é difícil".[41] Passou da Itália para as alturas dos Alpes, em Sils-Maria, na Alta Engadina — não amando homem nem mulher, e rezando para que o homem fosse sobrepujado. E lá, nos solitários picos, veio a inspiração do maior de seus livros.

> Ficava ali sentado, esperando — esperando por nada,
> Desfrutando, além do bem e do mal, ora
> A luz, ora a sombra; havia apenas
> O dia, o lago, o meio-dia, o tempo sem fim.
> Então, meu amigo, de repente um tornou-se dois,
> E Zaratustra passou por mim.[42]

Agora, sua "alma elevou-se e extravasou-se por todas as margens".[43] Ele havia encontrado um novo professor — Zoroastro; um novo deus — o super-homem; e uma nova religião — o eterno retorno: agora, tinha que cantar — filosofia estruturada na poesia sob o fervor da sua inspiração. "Eu poderia cantar uma canção, e *vou* cantá-la, embora esteja sozinho numa casa vazia e tenha que cantá-la para meus próprios ouvidos."[44] (Quanta solidão nessa frase!) "Tu, grande estrela! Qual seria a tua felicidade, não fosse ela destinada àqueles para quem brilhas? (...) Vê! Estou cansado de minha sabedoria, como a abelha que coletou mel demais; preciso de mãos se estendendo para ela."[45] E desse modo ele escreveu *Assim Falou Zaratustra* (1883) e terminou-o naquele "abençoado momento em que Richard Wagner morria em Veneza".[46] Foi a sua magnífica resposta a *Parsifal*; mas o criador de *Parsifal* estava morto.

Foi a sua obra-prima, e ele sabia disso. "Esta obra não tem igual", escreveu mais tarde sobre ela. "Não mencionemos os poetas ao mesmo tempo; talvez nunca uma outra coisa tenha sido produzida com tamanha superabundância de força. (...) Se todo o espírito e toda a bondade de toda grande alma fossem reunidos, o conjunto não poderia criar um só dos discursos de Zaratustra."[47] Leve exagero! Mas, com toda a certeza, trata-se de um dos grandes livros do século XIX. No entanto, Nietzsche teve muitas dificuldades para imprimi-lo; a primeira parte ficou atrasada, porque as prensas do editor estavam ocupadas com uma encomenda de quinhentos mil hinários, e depois por uma torrente de panfletos antissemitas;[48] e o editor recusou-se a imprimir a última parte, pois achava que não valia um tostão furado; assim o autor teve que pagar a edição do próprio bolso. Foram vendidos quarenta exemplares do livro; sete foram dados de presente; só uma pessoa agradeceu; ninguém o elogiou. Nunca houve um homem tão só.

Zaratustra, com trinta anos de idade, desce de sua montanha contemplativo para pregar às multidões, como o seu protótipo persa, Zoroastro; mas a multidão lhe dá as costas para ver o trabalho de um homem que andava numa corda bamba. O homem cai e morre. Zaratustra o põe nos ombros e o leva embora; "como fizeste do perigo a tua profissão, irei enterrar-te com minhas próprias mãos". "Vivei, perigosamente", prega ele. "Construí vossas cidades ao lado do Vesúvio. Enviai vossos navios para mares inexplorados. Vivei em estado de guerra."

E lembrai-vos de não acreditar. Zaratustra, descendo da montanha, encontra um velho eremita que lhe fala sobre Deus. Mas quando Zaratustra ficou sozinho, assim falou com seu coração: "Será mesmo possível? Esse velho santo, na sua floresta, ainda não sabe que Deus está morto!".[49] Mas é claro que Deus estava morto; todos os deuses estavam mortos.

> Pois os velhos deuses tiveram fim há muito tempo. E foi verdadeiramente um bom e alegre fim para os deuses!
>
> Eles não morreram andando lentamente no crepúsculo — embora se conte esta mentira![50] Pelo contrário, certa vez, o que houve foi que eles morreram — de rir!
>
> Isso aconteceu quando, por um deus, foram proferidas as palavras mais heréticas: "Só existe um Deus! Não tereis outros deuses acima de mim".
>
> Destarte, um velho deus severo e barbudo, ciumento, perdeu a cabeça.
>
> E então, todos os deuses riram, sacudiram-se em suas cadeiras e exclamaram: "Não estará a divindade no fato de existirem deuses, mas não Deus?".
>
> Quem tiver ouvidos, que ouça.
>
> Assim falou Zaratustra.[51]

Que ateísmo hilariante! "Não estará a divindade no fato de não existirem deuses?" "O que poderia ser criado se houvesse deuses? (...) Se houvesse deuses, como poderia eu suportar não ser um deus? *Por conseguinte*, não há deuses."[52] "Quem é mais herege do que eu, para que eu possa me deleitar com os seus ensinamentos?"[53] "Eu vos conjuro, meus irmãos, continuai fiéis à Terra e não acrediteis naqueles que vos falam de esperanças supraterrestres! Envenenadores são eles, quer saibam, quer não."[54] Enfim, muito do rebelde antigo retorna a esse doce veneno, como uma anestesia necessária à vida. Os "homens superiores" se reúnem na caverna de Zaratustra para se preparar para pregar sua doutrina; ele se afasta deles por um tempo, e ao retornar, encontra-os fazendo oferendas de incenso a um burro que "criou o mundo à sua imagem — ou seja, tão estúpido quanto possível".[55] Isso não é edificante; mas, em seguida, diz nosso texto:

> Aquele que tiver que ser um criador para o bem e para o mal — verdadeiramente, terá primeiro que ser um destruidor, e reduzir os valores em pedaços.
>
> Assim, o mal supremo será parte da bondade suprema. Mas isto é uma bondade criativa.

Falemos sobre isso, ó homens mais sábios, por pior que seja. Silenciar-se é pior; todas as verdades não expressas tornam-se venenosas.

E seja lá o que for que aconteça à nossa verdade, que aconteça! Muitas casas, ainda, hão de ser construídas.

Assim falou Zaratustra.[56]

Será que isso é irreverente? Mas Zaratustra reclama que "ninguém mais sabe reverenciar",[57] e se declara "o mais pio de todos aqueles que não acreditam em Deus".[58] Ele anseia por uma crença e tem pena de "todos os que sofrem, assim como eu, do grande ódio, e por quem o antigo deus morreu, não havendo ainda nenhum deus novo no berço e de fraldas".[59] Então ele pronuncia o nome do novo deus:

Mortos estão todos os deuses; agora, queremos que o super-homem viva. (...)

Eu vos ensino o que é o super-homem. O homem é algo que será sobrepujado. O que fizestes vós para sobrepujá-lo? (...)

O que há de grandioso no homem é que ele é uma ponte, e não um objetivo: o que pode ser amado no homem é o fato de ele ser uma *transição* e uma *destruição*.

Amo aqueles que não sabem viver a não ser perecendo, pois eles são aqueles que vão além.

Amo os grandes desdenhadores, porque são os grandes adoradores, são flechas que anseiam pela outra margem.

Amo aqueles que não buscam além das estrelas por uma razão para perecerem e serem sacrificados, mas que se sacrificam pela Terra a fim de que a Terra possa, algum dia, pertencer ao super-homem. (...)

É chegada a hora de o homem definir seu objetivo. É chegada a hora de o homem plantar o germe de sua esperança suprema. (...)

Dizei-me, meus irmãos, se falta objetivo à humanidade, não estará faltando a própria humanidade? (...)

Amar o mais remoto dos homens é mais nobre do que amar o seu próximo.[60]

Nietzsche parece prever que todo leitor irá considerar-se o super-homem; então tenta evitar que isso aconteça ao confessar que o super-homem ainda não nasceu; só podemos ser seus precursores e seu solo. "Não desejai nada além de vossa capacidade. (...) Não sede virtuosos além de vossa capacidade; e não demandai nada de vós próprios que seja contrário à probabilidade."⁶¹ Não é para nós a felicidade que só o super-homem conhecerá; nosso melhor objetivo é o trabalho. "Durante longo tempo, lutei sem cessar pela minha felicidade; agora, luto pelo meu trabalho."⁶²

Nietzsche não se contenta em ter criado Deus à sua própria imagem; tem que se tornar imortal. Depois do super-homem vem o eterno retorno.\* Todas as coisas retornarão, com precisão de detalhes e infinitas vezes; até Nietzsche retornará, e essa Alemanha de sangue, ferro, hábito de luto e cinzas, e todo o labutar da mente humana, desde a ignorância até *Zaratustra*. É uma doutrina terrível, a última e mais corajosa forma de passividade e aceitação da vida; e, no entanto, como poderia deixar de ser assim? As combinações de realidade possíveis são limitadas, e o tempo é infinito; algum dia, inevitavelmente, vida e matéria alinhar-se-ão exatamente na forma que outrora tiveram, e dessa repetição fatal toda a história deverá tornar a seguir o seu tortuoso caminho. É para esse passo que o determinismo nos traz. Não é à toa o medo de Zaratustra de dar esta sua última lição; ele temia, tremia e continha-se, até que uma voz lhe disse: "Por que te preocupares contigo mesmo, Zaratustra? Dize o que tens a dizer e faze-te em pedaços!".⁶³

---

\* N. do T.: Nietzsche, como Schopenhauer antes dele, bebeu de fontes da filosofia oriental. O eterno retorno tem base no movimento cíclico dos Yugas, ou Eras, do hinduísmo. De acordo com a tradição, existem quatro eras que se sucedem no ciclo manvantárico, quais sejam: Satya Yuga (Era da Verdade), Treta Yuga, Dvapara Yuga e Kali Yuga (Era das Trevas, na qual nos encontramos). Segundo essa teoria, ao final da última era, o mundo é destruído e renovado, recomeçando todo o ciclo, ou seja, retornando à Satya Yuga, ou Era Dourada, Era da Verdade. Nietzsche faz diversas citações ao hinduísmo e aos Vedas (escrituras sagradas dessa religião) em seus livros *A Gaia Ciência, Humano, Demasiado Humano, Além do Bem e do Mal* e *Ecce Homo*.

## V. MORALIDADE DO HERÓI

*Zaratustra* se tornou para Nietzsche um Evangelho sobre o qual seus livros posteriores foram meros comentários. Se a Europa não apreciava a sua poesia, iria compreender a sua prosa. Depois da canção do profeta, a lógica do filósofo; mas por que o filósofo deveria desacreditar a lógica? — ela é uma ferramenta de clareza, senão o selo de aprovação.

Ele estava agora mais sozinho do que nunca, pois *Zaratustra* parecera estranho até para os amigos de Nietzsche. Estudiosos como Overbeck e Burckhardt, que foram seus colegas na Basileia, e haviam apreciado *O Nascimento da Tragédia,* lamentavam a perda de um brilhante filólogo, e não podiam celebrar o nascimento de um poeta. Sua irmã (que quase lhe justifica a teoria de que para um filósofo uma irmã é um admirável substituto para uma esposa) saiu de casa repentinamente para casar-se com um daqueles antissemitas que Nietzsche desprezava, e foi para o Paraguai com o intuito de fundar uma colônia comunista. Ela pediu ao seu pálido e frágil irmão que a acompanhasse, para que ele cuidasse da saúde; mas Nietzsche dava mais valor à vida da mente do que à saúde do corpo; quis ficar onde ocorria a batalha; a Europa era necessária a ele "como um museu de cultura".[64] Ele viveu irregularmente no tempo e no espaço; tentou a Suíça, Veneza, Gênova, Nice e Turim. Gostava de escrever em meio aos pombos que se juntam em revoadas em torno dos leões de São Marcos — "esta Piazza San Marco é o meu melhor escritório". Mas ele tinha que seguir o conselho de Hamlet sobre fugir do sol, que irritava seus olhos enfermos; fechava-se em sótãos sombrios, sem calefação, e trabalhava por trás de persianas fechadas. Devido à sua visão deficiente, dali por diante não escreveu mais livros, apenas aforismos.

Nietzsche reuniu alguns desses fragmentos sob os títulos *Além do Bem e do Mal* (1886) e *Genealogia da Moral* (1887); ele esperava, nesses volumes, destruir a velha moralidade e preparar o caminho para a moralidade do super-homem. Por um instante, ele voltou a ser o filólogo e procurou impor sua nova ética com etimologias que não estão bem acima de qualquer repreensão. Ele observa que a língua alemã contém duas palavras para *mau: schlecht* e *böse. Schlecht* era usada pelas classes altas para indicar as baixas, e significava ordinário, comum; mais tarde, passou a significar vulgar, inútil, mau. *Böse* era usada pelas classes baixas para indicar as altas, e significa estranho, irregular, incalculável, perigoso, prejudicial, cruel; Napoleão era *böse*. Muitos povos simples temiam o indivíduo excepcional por considerá-lo uma força desintegradora; existe um provérbio chinês que diz que "o grande homem é um infortúnio público". Paralelamente, *gut* tinha dois significados, em contraste com *schlecht* e *böse*: tal como usado pela aristocracia, significava forte, bravo, poderoso, guerreiro, divino (*gut* relaciona-se a *Gott*, ou seja, *Deus*); usado pelo povo, significava familiar, pacífico, inofensivo, bondoso.

Ali, então, estavam duas ponderações contraditórias do comportamento humano, dois pontos de vista e critérios éticos: uma *Herren-moral* e uma *Heerden-moral* — moralidade dos senhores e moralidade do rebanho. A primeira era o padrão aceito na antiguidade clássica, em especial entre romanos; mesmo para o romano comum, virtude era *virtus* — masculinidade, coragem, empreendimento, bravura. Mas da Ásia, em especial dos judeus nos tempos de sua submissão política, veio o outro padrão; sujeição gera humildade, desamparo gera altruísmo — que é um apelo à ajuda. Nessa moralidade do rebanho, o amor pelo perigo e pelo poder cedia lugar ao amor pela segurança e pela paz; a força era substituída pela argúcia, a vingança aberta pela velada, a severidade pela piedade, iniciativa pela imitação, orgulho da honra pelo açoite da consciência. A honra é pagã, romana, feudal, aristocrática; a consciência é judaica, cristã, burguesa, democrática.[65] Foi a eloquência dos profetas, de Amós a Jesus, que fez da visão de uma classe submissa uma ética quase universal; o "mundo" e a "carne" tornaram-se sinônimos do mal, e pobreza, uma prova de virtude.[66]

Essa ponderação foi levada ao ápice por Jesus: para ele, todo homem tinha o mesmo valor e também direitos iguais; dessa doutrina vieram a democracia, o utilitarismo e o socialismo; o progresso era, agora, definido em termos dessas filosofias plebeias, em termos de equalização e vulgarização progressivas, em termos de vidas decadente e declinante.[67] O último estágio dessa decadência é a exaltação da piedade e do autossacrifício, do conforto sentimental dos criminosos, "da incapacidade de uma sociedade excretar". A compaixão é legítima se for ativa; mas a piedade é um luxo mental paralisante, um desperdício de sentimento em prol dos malfeitores irremediáveis, dos deficientes mentais, dos perversos, dos doentes por vontade própria e dos criminosos irreversíveis. Existe uma certa indelicadeza e intromissão na piedade; "visitar os doentes" é um orgasmo de superioridade na contemplação do desamparo de nosso próximo.[68]

Por trás de toda essa "moralidade" está uma vontade secreta de poder. O próprio amor é apenas um desejo de posse; o galanteio é um combate, e o acasalamento é o domínio: dom José mata Carmen para evitar que ela se torne *propriedade* de outrem. "As pessoas imaginam que são abnegadas no amor porque procuram a vantagem de outro ser, muitas vezes em oposição à delas próprias. Mas para isso, elas querem *possuir* o outro ser. (...) *L'amour est de tous les sentiments le plus égoiste, et, par conséquent, lorsqu'il est blessé, le moins généreux.*"* Até no amor à verdade existe o desejo de possuí-la, talvez de ser o seu primeiro possuidor, de encontrá-la virginal. A humildade é a coloração protetora da vontade de potência (ou de poder).

Contra essa paixão pela potência, razão e moralidade são impotentes; não passam de armas em suas mãos, as ingênuas vítimas de seu jogo. "Os sistemas filosóficos são miragens brilhantes"; o que vemos não é a verdade há muito procurada, mas o reflexo de nossos desejos. "Os filósofos fazem afirmações como se suas verdadeiras opiniões tivessem sido descobertas por meio da autoevolução de uma fria, pura, divinamente indiferente dialética; (...) ao passo que, na verdade, uma proposição, uma ideia ou uma 'sugestão' prejudicial, em geral, representa o seu maior

---

* C. W., 9, citando Benjamin Constant: "O amor, de todos os sentimentos, é o mais egoísta, e, consequentemente, quando ferido, o menos generoso". Mas Nietzsche pode falar com mais ternura do amor. "De onde nasce a súbita paixão de um homem por uma mulher? (...) No mínimo, só da sensualidade: mas quando um homem encontra fraqueza, necessidade de ajuda e bom humor, todos unidos na mesma criatura, sofre uma espécie de transbordamento da alma e fica emocionado e ofendido ao mesmo tempo. Neste momento, surge a fonte do grande amor." (H. D. H., II, 287) E ele cita, do francês, "a observação mais casta que já ouvi: *Dans le veritable amour c'est l'âme qui enveloppe le corps*" — "no amor verdadeiro, é a alma que envolve o corpo".

desejo abstraído e refinado, e é defendida por eles com argumentos procurados depois do fato."

São esses desejos subterrâneos, essas pulsações da vontade de potência, que determinam os nossos pensamentos. "A maior parte de nossa atividade intelectual acontece inconscientemente, sem ser percebida por nós; (...) o pensamento consciente (...) é o mais fraco." Por ser o funcionamento direto da vontade de potência, sem ser perturbado pela consciência, "o instinto é o mais inteligente de todos os tipos de inteligência já descobertos". É inegável que o papel da consciência tem sido superestimado de maneira insensata; "a consciência pode ser considerada secundária, quase indiferente e supérflua, provavelmente destinada a desaparecer e a ser sobrepujada pelo automatismo perfeito".[69]

Nos homens fortes, é quase insignificante a tentativa de esconder o desejo sob a capa da razão; o argumento simples que eles usam é "eu quero". No vigor não corrompido da alma superior, o desejo é a sua própria justificativa; e a consciência, a piedade ou o remorso não têm sua entrada franqueada. Mas há tanto tempo que o ponto de vista judaico-cristão-democrático tem prevalecido nos tempos modernos que mesmo os fortes agora sentem vergonha de sua força e de sua saúde, e começam a procurar "razões". As virtudes e ponderações aristocráticas estão desaparecendo. "A Europa está ameaçada por um novo budismo"; até Schopenhauer e Wagner tornaram-se piedosos budistas. "Toda a moralidade da Europa está baseada nos valores que são úteis ao rebanho." Aos fortes já não é permitido exercitar sua força; devem-se tornar, tanto quanto possível, iguais aos fracos; "bondade é não fazermos nada para com aquilo que não somos fortes o bastante". Kant, aquele "grande chinês de Königsberg", não provou que os homens nunca deverão ser usados como meio? Por conseguinte, os instintos dos fortes — caçar, lutar, conquistar e governar — são introvertidos, transformando-se em autodilaceração por falta de meios de se libertar; eles geram o asceticismo e a "má consciência"; "todos os instintos que não encontram uma forma de se libertar voltam-se para dentro — é o que entendo pela crescente 'internalização' do homem: temos, aqui, a primeira forma do que passou a ser chamado de *alma*".[70]

A fórmula para a decadência está no fato de que as virtudes próprias do rebanho contagiam os líderes e os reduzem a barro comum. "Os sistemas morais devem ser compelidos, inicialmente, a curvarem-se diante das *gradações hierárquicas*; seus pressupostos devem ser inculcados em sua consciência — até que, enfim, compreendam detalhadamente que é *imoral* dizer que 'aquilo que é certo para um é adequado para outro'." Funções diferentes exigem características diferentes; e as "más" virtudes dos fortes são tão necessárias numa sociedade quanto as "boas" virtudes dos fracos. Rigor, violência, perigo, guerra são tão valiosos quanto a bondade e a paz; os grandes indivíduos só aparecem em épocas de perigo, violência e inclemente necessidade. A melhor coisa do homem é a força de vontade, o poder e a perenidade da paixão; sem paixão, a pessoa vira um mero ordenhado, incapaz de façanhas. Ganância, inveja, até mesmo ódio, são itens indispensáveis para o processo de luta, seleção e sobrevivência. O mal está para o bem assim como a mutabilidade está para a hereditariedade, como a inovação e o experimento estão para o costume; não há desenvolvimento sem uma violação quase criminosa de precedentes e da "ordem". Se o mal não fosse bom, teria desaparecido. Temos que ter o cuidado de não sermos bons demais; "o homem deve se tornar melhor e mais perverso".[71]

Nietzsche se consola ao encontrar tanto mal e tanta crueldade no mundo; sente um prazer sádico ao refletir sobre o alcance que, imagina ele, "a crueldade constituía o grande prazer e deleite do homem antigo"; e acredita que o nosso prazer com a tragédia, ou com qualquer coisa sublime, é uma crueldade refinada e vicária. "O homem é o mais cruel dos animais", diz Zaratustra. "Quando assistindo a tragédias, touradas e crucificações, até agora ele tem se sentido mais feliz do que em qualquer outra época sobre a Terra. E quando ele inventou o inferno (...) percebam, o inferno era o seu céu na Terra"; agora, ele podia suportar o sofrimento ao contemplar o castigo eterno de seus opressores no mundo vindouro.[72]

A ética fundamental é biológica; temos que julgar as coisas de acordo com o valor delas para a vida; precisamos de uma fisiológica "transvaloração de todos os valores". O verdadeiro teste de um homem, ou de um grupo, ou de uma espécie, é energia, capacidade, potência. Poderemos nos reconciliar parcialmente com o século XIX — aliás, tão destruidor de todas as virtudes mais elevadas — pela sua ênfase ao físico. A alma é uma função de um organismo. Uma gota de sangue a mais ou a menos no cérebro pode fazer um homem sofrer mais do que Prometeu ao ser picado pelo abutre. Alimentos variados têm diversos efeitos mentais: o arroz leva ao budismo, e a metafísica alemã é o resultado da cerveja. Sendo assim, uma filosofia é verdadeira ou falsa na mesma medida em que é a expressão e exaltação de uma vida ascendente ou descendente. O decadente diz: "a vida não vale nada"; é melhor que ele diga: "eu não tenho valor". Por que a vida deveria valer a pena ser vivida quando se permitiu que todos os valores heroicos nela fossem arruinados, e quando a democracia — ou seja, a descrença em todos os grandes homens — arruinou, a cada década, mais um povo?

> O homem europeu gregário, hoje em dia, assume um ar como se ele fosse o único tipo de homem admissível: glorifica suas qualidades, tais como espírito público, bondade, deferência, indústria, temperança, modéstia, indulgência, solidariedade — em virtude das quais ele é gentil, tolerável e útil ao rebanho — como as virtudes caracteristicamente humanas. Porém, em casos em que se acredita não poder prescindir do líder e do carneiro-guia, tentativas atrás de tentativas são feitas, ainda hoje, para substituir os comandantes pela convocação de homens gregários inteligentes; todas as constituições representativas, por exemplo, têm essa origem. Apesar de tudo, que bênção, que alívio de um peso que se tornava insuportável, foi o surgimento de um governante absolutista para esses europeus gregários — a respeito disso, o efeito do aparecimento de Napoleão foi a última grande prova; a história e a influência de Napoleão é quase a história da maior felicidade conquistada por todo o século com seus mais valiosos indivíduos e períodos.[73]

## VI. O SUPER-HOMEM

Assim como a moralidade não está na bondade, mas na força, a meta do esforço humano não deveria ser a elevação de todos, mas o desenvolvimento dos melhores e mais fortes indivíduos. "A meta não é a humanidade, mas o super-homem." A última coisa com a qual um homem sensato iria se comprometer seria aprimorar a humanidade: a humanidade não se aprimora, nem mesmo existe — ela é uma abstração; tudo que existe é um imenso formigueiro de indivíduos. O aspecto do todo é muito mais parecido com o de uma enorme oficina experimental onde em cada era algumas coisas têm sucesso, enquanto a maioria fracassa; e o objetivo de todos os experimentos não é a felicidade da massa, mas o aprimoramento do tipo. Seria melhor que as sociedades fossem extintas do que nenhum tipo superior aparecer. A sociedade é um instrumento para a melhoria da potência e da personalidade do indivíduo; o grupo não é um fim em si mesmo. "Sendo assim, qual é o propósito de tantas máquinas, se todos os indivíduos só servem para mantê-las? Máquinas" — ou organizações sociais — "que são fins em si mesmas — será isto a *umana commedia*?".[74]

A princípio, Nietzsche falava como se tivesse a esperança da produção de uma nova espécie;[75] depois, passou a considerar o seu super-homem como um indivíduo superior, nascido precariamente do lodaçal da mediocridade em massa, e devendo sua existência mais à reprodução deliberada e à criação cuidadosa do que aos acasos da seleção natural. Porque o processo biológico tem preconceito contra o indivíduo excepcional; a natureza é muitíssimo cruel para com seus melhores produtos; ela gosta mais dos medianos e dos medíocres, e os protege; existe na natureza uma perpétua reversão ao tipo, ao nível da massa — um recorrente domínio dos melhores pela maioria.[76] O super-homem só pode sobreviver pela seleção humana, pela previsão eugênica e de uma educação enobrecedora.

Como é absurdo, afinal de contas, deixar que indivíduos superiores casem por amor — heróis com suas servas, e gênios com costureiras! Schopenhauer estava enganado; o amor não é eugênico; quando um homem está apaixonado, não se deve permitir que ele tome certas decisões que afetam toda a sua vida; não é proporcionado ao homem amar e ser sábio ao mesmo tempo. Deveríamos declarar a nulidade dos votos dos amantes, e tornar o amor um impedimento legal para o casamento. Os melhores só deveriam casar-se com os melhores; o amor deveria ficar para a ralé. O propósito do casamento não é apenas a reprodução; deveria ser, também, a evolução.

Tu és jovem e desejas filhos e casamento. Mas eu te pergunto, serás um homem que ousa desejar um filho? Serás o vitorioso, o autodominador, o comandante de teus sentidos, o senhor de tuas virtudes? Ou será que em teu desejo fala o animal ou a necessidade? Ou a solidão? Ou a discordância contigo mesmo? Eu gostaria que a tua vitória e a tua liberdade estivessem ansiosas por um filho. Tu irás construir monumentos vivos na tua vitória e na tua libertação. Irás construir além de ti mesmo. Antes, porém, deves ter retidão de corpo e alma. Não só irás propagar a ti mesmo, mas propagar a ti mesmo para o alto! Matrimônio: assim eu chamo a vontade de duas pessoas criarem aquele que é mais do que os que o criaram. Chamo o matrimônio de reverência de um para com o outro, assim como para com aqueles que tenham tal vontade.[77]

Sem um bom nascimento, a nobreza é impossível. "Só o intelecto não enobrece; pelo contrário, sempre é necessário algo para enobrecer o intelecto. Então, o que é necessário? Sangue (...) (não me refiro aqui ao título 'lorde' ou ao *Almanaque de Gota:*\* este é um parêntese para os burros)." Mas, conferidos um bom nascimento e uma reprodução eugênica, o fator seguinte na fórmula do super-homem é uma escola rigorosa; onde a perfeição será exigida com a maior naturalidade, sem sequer merecer elogios; onde haverá pouco conforto e muitas responsabilidades; onde o corpo será ensinado a sofrer em silêncio, e a vontade poderá aprender a obedecer e a comandar. Nada de absurdos libertários!

\* N. do T.: o *Almanaque de Gota* (*Gothaische Hofkalender*), publicado pela primeira vez na corte de Frederico III de Saxe-Gota-Altemburgo, foi um guia de referência da alta nobreza e das famílias reais europeias entre 1763 e 1944.

Nada de enfraquecimento da espinha física e moral pela indulgência e pela "liberdade"! Entretanto, uma escola onde se aprenda a rir com entusiasmo; os filósofos deveriam ser classificados de acordo com sua capacidade de rir; "aquele que atravessa as mais altas montanhas ri de todas as tragédias". E não haverá nenhum ácido moralista nessa educação do super-homem; uma ascese da vontade, mas nenhuma condenação da carne. "Não pareis de dançar, ó doces donzelas! Nenhum desmancha-prazeres chegou até vós com olhar malicioso, (...) nenhum inimigo de moças com belos tornozelos."[78] Até mesmo um super-homem pode gostar de tornozelos bonitos.

Um homem assim nascido e criado estaria acima do bem e do mal; não hesitaria em ser *böse* se o seu propósito assim o exigisse; seria mais destemido do que bom. "O que é bom? (...) Ser corajoso é bom." "O que é bom? Tudo aquilo que aumenta o sentimento de potência, a vontade de potência, a potência em si mesma, no homem. O que é mau (*schlecht*)? Tudo aquilo que vem da fraqueza." Talvez a marca dominante do super-homem será o amor ao perigo e à luta, contanto que haja uma finalidade; ele não irá atrás de segurança em primeiro lugar; deixará a felicidade para a maioria. "Zaratustra gostava de todos que faziam longas viagens e não gostavam de viver sem perigo."[79] Logo, toda guerra era boa, apesar da vulgar mesquinharia de suas causas na era moderna; "uma boa guerra santifica qualquer causa". Até a revolução é boa: não em si mesma, pois nada poderia ser mais lamentável do que a supremacia das massas; mas porque as épocas de batalhas despertam a grandeza latente de indivíduos que antes tinham um estímulo ou uma oportunidade insuficiente; de um caos desse tipo provém a estrela dançante; da turbulência e do absurdo da Revolução Francesa, Napoleão; da violência e da desordem da Renascença, individualidades tão poderosas, e em tal abundância, como a Europa praticamente nunca mais voltou a conhecer, e que já não podia admitir. .

Energia, intelecto e orgulho — esses atributos criam o super-homem. Mas eles devem ser harmonizados: as paixões só se tornarão potências quando selecionadas e unificadas por um grande propósito que transforme um caso de desejos na potência de uma personalidade. "Pobre do pensador que não é o jardineiro, mas o solo de suas plantas!"

Quem é que segue seus impulsos? O elo fraco: falta-lhe a potência para inibi-los; ele não é suficientemente forte para dizer "não"; é uma dissonância, um decadente. Disciplinar-se — isso é o mais elevado. "O homem que não quiser ser apenas um componente da massa só precisa parar de ser autocondescendente." Ter um propósito para que se possa ser duro com os outros, mas, sobretudo, consigo mesmo; ter um propósito pelo qual se faça quase qualquer coisa, *exceto trair um amigo* — isto é a patente final da nobreza, a última fórmula do super-homem.[80]

Só ao ver um homem desses como o objetivo e a recompensa de nossos esforços poderemos amar a vida e viver para cima. "Precisamos ter um alvo em nome do qual sejamos todos caros uns aos outros."[81] Sejamos grandes, ou criados e instrumentos dos grandes; que bela visão foi quando milhões de europeus se ofereceram como meios para os fins de Bonaparte, e morreram por ele felizes, cantando seu nome enquanto caíam! Talvez aqueles de nós que entendam isso possam se tornar os profetas daquele que não podemos ser, e possam endireitar o caminho para a sua chegada; nós, indiferentes a propriedades, indiferentes a épocas, podemos trabalhar juntos, ainda que separados, com esse objetivo. Zaratustra cantará, mesmo sofrendo, se ao menos puder ouvir as vozes desses auxiliares, desses amantes do homem superior. "Ó solitários de hoje; ó vós que viveis separados, um dia sereis um povo; de vós, que escolhestes a vós mesmos, nascerá um povo escolhido; e dele o super-homem."[82]

## VII. DECADÊNCIA

Consequentemente, o caminho para o super-homem deverá passar pela aristocracia. A democracia — "essa mania de contar narizes" — deve ser erradicada antes que seja tarde demais. O primeiro passo é a destruição do cristianismo no que diz respeito a todos os homens superiores. O triunfo de Cristo foi o começo da democracia; "o primeiro cristão era, em seus instintos mais profundos, um rebelde contra tudo aquilo que fosse privilegiado; ele viveu e lutou incessantemente por 'direitos iguais'"; hoje em dia, ele teria sido mandado para a Sibéria. "Aquele que for o maior dentre vós, que seja vosso servidor" — isto é a inversão de toda a sabedoria política, de toda a sanidade; de fato, quando lemos os Evangelhos, sentimos a atmosfera de um romance russo; eles são uma espécie de plágio de Dostoiévski. Só entre os humildes aquelas ideias poderiam criar raízes; e só em uma época cujos governantes se tivessem degenerado e deixado de governar. "Quando Nero e Caracala se sentaram no trono, surgiu o paradoxo de que o mais baixo dos homens valia mais do que o homem que estava no topo."[83]

Do mesmo modo que a conquista da Europa pelo cristianismo foi o fim da antiga aristocracia, a invasão da Europa pelos barões guerreiros teutônicos trouxe uma renovação das velhas virtudes masculinas, e plantou as raízes das modernas aristocracias. Aqueles homens não tinham o peso da "moral" sobre seus ombros: estavam "livres de todas as restrições sociais; na inocência de sua consciência de animal selvagem, voltaram como monstros exultantes de uma horrível série de assassinatos, incêndios, pilhagens, torturas, com arrogância e comprometimento, como se nada, a não ser um capricho de estudante, tivesse sido perpetrado". Foram homens assim que forneceram as classes dominantes para a Alemanha, Escandinávia, França, Inglaterra, Itália e Rússia.

> Um rebanho de loiros animais de rapina, uma raça de conquistadores e mestres, com organização militar, com o poder de organizar, cravando, sem nenhum escrúpulo, suas temíveis garras sobre uma população talvez imensamente superior em número, (...) esse rebanho fundou o Estado. Está desfeito o sonho que fez o Estado começar com um contrato. O que tem a ver com contratos aquele que pode comandar, que é senhor da natureza, que entra em cena com violência nos feitos e na conduta?[84]

Essa esplêndida raça governante foi corrompida, primeiro pelo panegírico católico das virtudes femininas; segundo, pelos ideais puritanos e plebeus da Reforma; e terceiro, pelo casamento com espécies inferiores. Justo quando o catolicismo se abrandava na cultura aristocrática e amoral da Renascença, a Reforma esmagou-o com um ressurgimento do rigor e da solenidade judaicos. "Será que finalmente alguém compreende, será que alguém *irá* compreender o que foi a Renascença? *A transposição de valores cristãos*, a tentativa feita com todos os meios, todos os instintos e todo o gênio, de fazer triunfarem os valores *opostos*, os valores *nobres* (...) Vejo à minha frente uma possibilidade perfeitamente mágica em seu encanto e suas gloriosas cores. (...) *César Bórgia como papa*. (...) Agora vocês me entenderam?"⁸⁵

Protestantismo e cerveja entorpeceram o espírito alemão; acrescente, agora, a ópera wagneriana. O resultado é que "o prussiano de hoje é um dos mais perigosos inimigos da cultura". "A presença de um alemão retarda a minha digestão." "Se, como diz Gibbons, nada a não ser o tempo — embora um longo tempo — é preciso para que um mundo pereça, então nada a não ser o tempo — embora um tempo ainda mais longo — é preciso para que uma ideia falsa seja destruída na Alemanha." Quando a Alemanha derrotou Napoleão, foi tão desastroso para a cultura como quando Lutero derrotou a Igreja; a partir dali, a Alemanha deixou de lado os seus Goethes, seus Schopenhauers e seus Beethovens, e começou a adorar os "patriotas"; "*Deutschland über Alles*\* — receio que tenha sido este o fim da filosofia alemã".⁸⁶ Contudo, há uma seriedade e uma profundidade naturais nos alemães que dão motivos para a esperança de que um dia ainda possam redimir a Europa; eles possuem mais virtudes masculinas do que os franceses e os ingleses; eles têm perseverança, paciência, diligência — daí sua erudição, sua ciência e sua disciplina militar; é um prazer ver como toda a Europa está preocupada com o exército alemão. Se o poder de organização alemão pudesse cooperar com os recursos potenciais da Rússia, quanto à matéria-prima e contingente humano, chegaria a era das grandes atividades políticas. "Exigimos o desenvolvimento integrado das raças alemã e eslava; e exigimos, também, os financistas mais inteligentes, os judeus, para que possamos nos tornar os senhores do mundo. (...)

---

\* N. do T.: "Alemanha acima de tudo". Também é o antigo nome do hino nacional alemão, que, posteriormente, foi utilizado de maneira ostensiva na campanha nazista, pois visava incentivar o sentimento nacionalista. Após a guerra, a frase-título, que abria a letra do hino, foi retirada.

Exigimos uma união incondicional com a Rússia." A alternativa era o cerco e o estrangulamento.

O problema da Alemanha é uma certa teimosia mental que paga pela sua solidez de caráter; faltam à Alemanha as longas tradições de cultura que fizeram dos franceses o mais refinado e sutil de todos os povos da Europa. "Só acredito na cultura francesa, e considero tudo mais na Europa que se intitula de cultura como um mal-entendido." "Quando se lê Montaigne, La Rochefoucauld, (...) Vauvenargues e Chamfort, está-se mais perto da antiguidade do que com qualquer grupo de escritores em qualquer outra nação." Voltaire é "um *grand seigneur* da mente"; e Taine é "o primeiro dos historiadores vivos". Até mesmo os escritores franceses mais recentes, Flaubert, Bourget, Anatole France etc., estão infinitamente acima de outros europeus em clareza de pensamento e linguagem — "que clareza e que delicada precisão desses franceses!". A nobreza europeia de gosto, sentimento e maneiras é obra da França. Mas da velha França, dos séculos XVI e XVII; a Revolução, ao destruir a aristocracia, destruiu o veículo e o berço da cultura, e agora a alma francesa está magra e pálida em comparação com o que era. Não obstante, ainda possui algumas belas qualidades; "na França, quase todas as questões psicológicas e artísticas são examinadas com uma sutileza e uma profundidade incomparavelmente maiores do que na Alemanha. (...) No exato momento em que a Alemanha se ergueu como uma grande potência no mundo da política, a França ganhou nova importância no mundo da cultura".[87]

A Rússia é a fera loira da Europa. Seu povo tem um "fatalismo teimoso e resignado que lhe dá, mesmo hoje em dia, uma vantagem sobre nós, ocidentais". A Rússia tem um governo forte, sem a "imbecilidade parlamentar". A força de vontade tem sido acumulada há muito tempo naquele país, e agora ameaça libertar-se das amarras; não seria surpresa ver a Rússia se tornar a senhora da Europa. "O pensador que se interessar, em seu íntimo, pelo futuro da liberdade da Europa indicará, levando em conta todas as suas perspectivas relativas ao futuro, os judeus e os russos como estando acima de todos os fatores mais certos e mais prováveis do grande panorama e na batalha de forças." Mas, de modo geral, são os italianos o melhor e mais vigoroso dos povos existentes; o projeto-homem cresce cada vez mais forte na Itália, como se gabava Alfieri. Há um porte másculo, um orgulho aristocrático até mesmo no italiano mais humilde; "um pobre gondoleiro veneziano é sempre uma figura melhor do que um *Geheimrath*\* de Berlim, e, no fim das contas, realmente é um homem melhor".[88]

Os piores de todos são os ingleses; foram eles que corromperam a mente francesa com a ilusão democrática; "lojistas, cristãos, vacas, mulheres, ingleses e outros democratas são todos iguais". O utilitarismo e a tacanhez ingleses são o nadir da cultura europeia. Só num país de concorrência violenta alguém poderia conceber a vida como uma luta pela simples existência. Só num país em que os donos de lojas e donos de barcos se multiplicaram tanto a ponto de sobrepujarem a aristocracia, a democracia poderia ter sido fabricada; este é o presente, o presente de grego, que a Inglaterra deu ao mundo moderno. Quem irá resgatar a Europa da Inglaterra, e a própria Inglaterra da democracia?

## VIII. ARISTOCRACIA

Democracia significa deriva; significa permissão para que cada parte de um organismo faça exatamente aquilo que lhe aprouver; significa o lapso da coerência e da interdependência, a entronização da liberdade e do caos. Significa a veneração da mediocridade e o ódio à excelência. Significa a impossibilidade de grandes homens — como poderiam grandes homens se submeterem às indignidades e indecências de uma eleição? Quais seriam as suas chances? "O que é odiado pelo povo, como o lobo pelos cães, é o espírito livre, o inimigo de todos os grilhões, o não adorador", o homem que não é um "membro regular do partido". Como pode o super-homem nascer num solo desses? E como pode uma nação se tornar grande, quando seus maiores homens são ociosos, desestimulados, talvez desconhecidos? Uma sociedade dessas perde o caráter; a imitação é horizontal, em vez de vertical — não o homem superior,

---

\* N. do T.: A grafia correta é *"Geheimrat"*. Era o título conferido aos mais altos oficiais nos conselhos das cortes do Sacro Império Romano.

mas o homem da maioria é quem se torna o ideal e o modelo; todos passam a se parecer com todos; até os sexos se aproximam — os homens se tornam mulheres, e as mulheres se tornam homens.[89]

O feminismo, desse modo, é o corolário natural da democracia e do cristianismo. "Aqui há pouco do homem; portanto, as mulheres tentam fazer-se másculas. Porque só aquele que for suficientemente homem irá salvar a mulher na mulher." Ibsen, "aquela típica velha solteirona", criou a "mulher emancipada". "A mulher foi criada de uma costela do homem? — 'maravilhosa é a pobreza de minhas costelas!', diz o homem." A mulher perdeu poder e prestígio com a sua "emancipação"; onde é que as mulheres têm hoje a posição que desfrutavam sob o reinado dos Bourbons? Igualdade entre homem e mulher é impossível, porque a guerra entre eles é eterna; aqui, não há paz sem vitória — a paz só chega quando um ou outro é reconhecido como senhor. É perigoso tentar a igualdade com uma mulher; ela não ficará contente com isso; ela ficará mais contente com a subordinação, se o homem for homem. Sobretudo, a sua perfeição e sua felicidade estão na maternidade. "Tudo na mulher é um enigma, e tudo na mulher tem uma só resposta: o parto." "O homem é, para a mulher, um meio; o fim é sempre o filho. Mas o que é a mulher para o homem? (...) Um brinquedo perigoso." "O homem deverá ser educado para a guerra, e a mulher, para a recreação do guerreiro; todo o resto é loucura." Todavia, "a mulher perfeita é um tipo de humanidade mais elevado do que o homem perfeito, e também algo muito mais raro. (...) Não se pode jamais ser gentil demais com as mulheres".[90]

Parte da tensão do casamento tem base no objetivo de trazer realização à mulher e levar o homem à restrição e ao esvaziamento. Quando um homem corteja uma mulher, ele se oferece a dar o mundo inteiro a ela; e quando ela o desposa, é o que ele faz; tem que se esquecer do mundo assim que o filho nasce; o altruísmo do amor se torna o egoísmo da família. Honestidade e inovação são luxos do celibato. "No que concerne ao mais alto pensamento filosófico, todos os homens casados são suspeitos. (...) Parece-me um absurdo uma pessoa que escolheu como atividade a avaliação da existência como um todo sobrecarregar--se com os cuidados de uma família, com obter pão, segurança e posição social para a mulher e para os filhos." Muitos filósofos morreram quando o filho nasceu. "O vento entrou pela minha fechadura, dizendo: 'Vem!' Minha porta, com muita astúcia, abriu-se sozinha, dizendo: 'Vai!' Mas eu fiquei pelo amor a meus filhos."[91]

Com o feminismo vieram o socialismo e o anarquismo; todos eles são resíduos da democracia; se a igualdade política é justa, por que não a igualdade econômica? Por que deve haver líderes em toda parte? Há socialistas que irão admirar o livro de Zaratustra; mas não se almeja a admiração deles. "Há alguns que pregam a minha doutrina de vida, mas, ao mesmo tempo, são pregadores da igualdade. (...) Não quero ser confundido com esses pregadores da igualdade. Porque dentro de mim, a justiça diz 'os homens não são iguais'." "Não queremos possuir nada em comum." "Ó pregadores da igualdade, a tirano-insanidade da impotência provoca os vossos clamores por igualdade." A natureza abomina a igualdade, adora a diferenciação de indivíduos, classes e espécies. O socialismo é antibiológico: o processo de evolução envolve a utilização da espécie, raça, classe ou do indivíduo inferior pelo superior; toda vida é exploração, e subsiste, em última instância, à custa de outra vida; peixes grandes pegam peixes pequenos e os comem, e isso é tudo. Socialismo é inveja: "eles querem algo que nós temos".[92] É, no entanto, um movimento facilmente controlável; tudo que é necessário para controlá-lo é abrir de vez em quando o alçapão que há entre senhores e escravos e deixar que os leitores do descontentamento subam ao paraíso. Não são os líderes que devem ser temidos, mas aqueles que estão mais abaixo, que pensam que por uma revolução poderão fugir à subordinação que é o resultado natural de sua incompetência e indolência. Contudo, o escravo só é nobre quando se revolta.

Apesar dos pesares, o escravo é mais nobre do que seus senhores modernos — a burguesia. É um sinal de inferioridade da cultura do século XIX o fato de o homem de dinheiro ser objeto de tanta adoração e inveja. Mas esses homens de negócio também são escravos, fantoches da rotina, vítimas de uma atividade alucinada; não têm tempo para novas ideias; pensar é tabu para eles, e os prazeres do intelecto estão fora de seu alcance. Daí a sua incansável e perpétua busca pela "felicidade", suas grandes casas que nunca são lares, seu luxo vulgar sem bom gosto, suas pinacotecas de "originais", com o preço incluído, suas sensuais diversões que mais embotam a mente do que a refrescam ou estimulam. "Olhe para esses supérfluos! Eles adquirem riquezas e com isso se tornam mais pobres"; eles aceitam todas as restrições da aristocracia, sem o seu compensador acesso ao reino da mente. "Vejam como sobem, esses macacos ligeiros! Sobem uns por cima dos outros e, assim, arrastam-se para a lama e as profundezas. (...) O mau cheiro dos donos de lojas, a insinuação da ambição, o mau hálito." De nada adianta, nesses homens, possuir riqueza, porque eles não podem dar a ela a dignidade pelo uso nobre, pelo discriminador patrocínio das letras e das artes. "Só o homem de intelecto deveria ter propriedades"; outros consideram a propriedade como um fim em si mesma e a perseguem de maneira cada vez mais irresponsável — olhem para "a loucura atual das nações, que desejam acima de tudo produzir o máximo possível e ser tão ricas quanto possível". O homem, por fim, torna-se uma ave de rapina: "eles vivem preparando emboscadas para os outros; conseguem as coisas uns dos outros, ficando à espreita. Isso é chamado por eles de boa vizinhança. (...) Procuram os ínfimos lucros com toda a sorte de porcarias". "Hoje em dia, a moralidade mercantil não passa, na realidade, de um refinamento da moralidade pirata — comprar no mercado mais barato de todos e vender no mercado mais caro de todos." E esses homens clamam pelo *laissez-faire*, para que sejam deixados em paz — justamente os homens que mais precisam de supervisão e controle. Talvez até mesmo um certo grau de socialismo, por mais perigoso que seja, se justificasse num caso desses: "Deveríamos tirar todos os ramos do transporte e do comércio que favoreçam o acúmulo de grandes fortunas — especialmente, por conseguinte, o mercado de capitais — das mãos de particulares ou de empresas privadas, e considerar aqueles que têm demais, tal como aqueles que nada têm, como tipos carregados de perigo para a comunidade".[93]

Acima do burguês e abaixo do aristocrata, está o soldado. Um general que consome soldados no campo de batalha, onde eles têm o prazer de morrer sob a anestesia da glória, é muito mais nobre do que o patrão que consome homens em sua máquina de fazer lucros; observem com que alívio os homens deixam suas fábricas pelo campo de massacre. Napoleão não foi um carniceiro, mas um benfeitor; ele deu aos homens uma morte com honras militares, em vez de uma morte pelo atrito econômico; as pessoas corriam para o seu padrão letal, porque preferiam os riscos da batalha a insuportável monotonia de fazer outro milhão de botões para colarinhos. "É a Napoleão que um dia será atribuída a honra de ter feito, durante algum tempo, um mundo no qual o homem, o guerreiro, valeu mais do que o comerciante e o filisteu." A guerra é um remédio admirável para povos que estejam ficando fracos, com conforto e desprezíveis; ela excita instintos que apodreceriam na paz. A guerra e o serviço militar universal são os antídotos necessários para a efeminação democrática. "Quando os instintos de uma sociedade acabam por fazer com que ela desista da guerra e da conquista, ela fica decadente; está madura para a democracia e para o governo dos donos de lojas." Porém, as causas da guerra moderna são tudo, menos nobres; as guerras dinásticas e religiosas eram um pouco melhores do que o acerto de disputas comerciais com canhões.[94] "Dentro de cinquenta anos, esses governos de Babel" (as democracias europeias) "irão entrechocar-se numa guerra gigantesca pelos mercados do mundo".[95] Mas talvez dessa loucura saia a unificação da Europa — um fim pelo qual nem mesmo uma guerra comercial seria um preço demasiado alto a pagar. Porque só de uma Europa unificada poderá vir aquela aristocracia superior pela qual a Europa poderá ser redimida.

O problema da política é evitar que o homem de negócios governe. Porque esse homem tem o tipo de visão curta e compreensão limitada de um político, não a visão extensa e o largo campo de ação do aristocrata nato, treinado na arte de governar. O melhor homem tem direito divino de governar — isto é, o direito de capacidade superior. O homem simples tem o seu lugar, mas este não é o trono. No seu lugar, o homem simples é feliz, e suas virtudes são tão necessárias à sociedade quanto as do líder; "seria absolutamente indigno uma mente mais profunda considerar a mediocridade em si mesma como sendo uma objeção". Diligência, parcimônia, regularidade, moderação, forte convicção — com estas virtudes, o homem medíocre se torna perfeito, mas perfeito apenas como instrumento. "Uma alta civilização é uma pirâmide; só pode ficar de pé sobre uma base ampla; o seu pré-requisito é uma mediocridade forte e profundamente consolidada." Sempre e em toda parte, alguns serão líderes, e outros, seguidores; a maioria será compelida, e estará feliz, a trabalhar sob a direção intelectual de homens superiores.[96]

> Onde quer que eu tenha encontrado coisas vivas, também ouvi a voz da obediência. Todas as coisas vivas são coisas que obedecem. E eis o que também ouvi: é comandado aquele que não obedece ao seu próprio eu. Com as coisas vivas é assim. E ouvi mais: mandar é mais difícil do que obedecer. O comandante arca com o ônus de todos que obedecem, e este ônus o esmaga com facilidade: um esforço e um risco me pareceram presentes em todos os comandos; e sempre que as coisas vivas comandam, elas se arriscam.[97]

A sociedade ideal, então, seria dividida em três classes: produtores (agricultores, proletários e empresários), funcionários públicos (soldados e funcionários civis) e governantes. Estes iriam governar, mas não exercer funções no governo; o trabalho do governo é uma tarefa subalterna. Os governantes serão os estadistas-filósofos, e não ocupantes de cargos. Seu poder se apoiará no controle do crédito e do exército; mas eles próprios irão viver mais como soldados do que como financistas. Serão, mais uma vez, os guardiões de Platão; Platão estava certo — os filósofos são os homens de maior nível de todos. Eles serão homens de refinamento, bem como de coragem e força; eruditos e generais numa só pessoa. Serão unidos pela cortesia e pelo *esprit de corps*: "Esses homens serão mantidos rigorosamente dentro dos limites pela moralidade,[98] veneração, costume, gratidão, e ainda mais pela supervisão recíproca, pela inveja *inter pares*; e, por outro lado, em sua atitude de uns para com os outros, serão inventivos em consideração, autocomando, delicadeza, orgulho e amizade."[99]

Essa aristocracia será uma casta, e seu poder, hereditário? Na maior parte, sim, com aberturas ocasionais para permitir a entrada de sangue novo. Mas nada pode contaminar e enfraquecer tanto uma aristocracia quanto o casamento com novos-ricos, como é o hábito da aristocracia inglesa; foi esse casamento misto que arruinou o maior corpo governante que o mundo já viu — o aristocrático senado romano. Não existe o "acidente de nascimento"; todo nascimento é o veredicto da natureza em relação a um casamento; e o homem perfeito só chega depois de gerações de seleção e preparação; "os ancestrais de um homem pagaram o preço daquilo que ele é".

Será que isso ofende demais nossas compridas orelhas democráticas? Mas "as raças que não puderem suportar essa filosofia estão condenadas; e aquelas que a considerarem a maior das bênçãos estarão destinadas a ser as donas do mundo". Só uma aristocracia dessas pode ter a visão e a coragem para fazer da Europa uma nação, para acabar com esse nacionalismo bovino, com essa fútil *Vaterlanderei*. Sejamos "bons europeus", como foi Napoleão, e como foram Goethe, Beethoven, Schopenhauer, Stendhal e Heine. Há tempo demais que somos meros fragmentos, peças estilhaçadas do que poderia ser um todo. Como pode uma grande cultura crescer neste ar de preconceito patriótico e provincialismo restritivo? O tempo da política insignificante já passou; chegou a hora da compulsão para uma política de alto nível. Quando irão aparecer a nova raça e os novos líderes? Quando é que a Europa vai nascer?

> Não ouviram falar coisa alguma de meus filhos? Falem-me de meu jardim, minhas Ilhas Felizes, minha bela raça nova. Por causa delas estou rico, por causa delas tornei-me pobre. (...) Do que foi que não abri mão? O que eu não daria para poder ter uma coisa: essas crianças, essa plantação viva, essas árvores da vida da minha mais elevada vontade e minha mais alta esperança?[100]

## IX. CRÍTICAS

Foi um belo poema; e talvez seja mais um poema do que uma filosofia. Sabemos que há absurdos aqui, e que o homem exagerou na tentativa de convencer e corrigir a si próprio; mas podemos vê-lo sofrer a cada linha, e devemos amá-lo mesmo quando o questionamos. Há um momento em que nos cansamos de sentimentalismo e ilusão, e experimentamos prazer na picada da dúvida e da negação; e então Nietzsche chega até nós como um tônico, como espaços abertos e ventos frescos depois de uma longa cerimônia numa igreja superlotada. "Aquele que souber respirar no ar de meus escritos estará consciente de que se trata do ar das alturas, que é estimulante. O homem deve ser feito para ele; caso contrário, é provável que o mate."[101] Que ninguém confunda este ácido com leite para crianças.

E depois, que estilo! "Vão dizer, algum dia, que Heine e eu fomos os maiores artistas, de longe, que já escreveram em alemão, e que deixamos o melhor que qualquer simples alemão poderia fazer a uma distância incalculável atrás de nós." E é quase isso.[102] "Meu estilo dança", diz ele; cada sentença é um lanceiro; a linguagem é maleável, vigorosa, nervosa — o estilo de um esgrimista, demasiado rápido e brilhante para o olho normal. Mas ao relê-lo, percebemos que algo desse brilho é devido ao exagero, a um interessante, mas afinal neurótico egoísmo, a uma inversão excessivamente fácil de toda ideia aceita, o ridículo de todas as virtudes, o elogio de todos os vícios; ele sente, descobrimos, um prazer de chocar de um segundanista de faculdade; concluímos que é fácil ser interessante quando não se tem preconceitos em favor da moralidade. Essas assertivas dogmáticas, essas generalizações inalteradas, essas repetições proféticas, essas contradições — de outros não mais do que dele mesmo — revelam uma mente que perdeu o equilíbrio e paira à beira da loucura. No final, esse brilhantismo nos cansa e exaure nossos nervos, como chicotes na carne, ou ênfases em voz alta durante alguma conversa. Há uma espécie de arrogância teutônica nessa violência de linguagem;[103] nada daquele comedimento que é o primeiro princípio da arte; nada daquele equilíbrio, daquela harmonia e daquela controvertida urbanidade que Nietzsche tanto admirava nos franceses. Apesar disso, é um estilo poderoso; ficamos dominados pela sua paixão e sua iteração; Nietzsche não prova, ele anuncia e revela; ele nos conquista com a sua imaginação, e não com a sua lógica; ele nos oferece não uma mera filosofia, tampouco apenas um poema, mas uma nova fé, uma nova esperança, uma nova religião.

Seu pensamento, tanto quanto seu estilo, revela-o como filho do movimento romântico. "O que", pergunta ele, "um filósofo exige em primeiro e último lugar de si mesmo? Dominar a sua época em si próprio, tornar-se 'eterno'". Mas isso era um conselho de perfeição que ele honrava mais na desobediência do que na observância; ele foi batizado com o espírito de sua época, e por uma imersão total. Não percebia que o subjetivismo de Kant — "o mundo é minha ideia", como expressou honestamente Schopenhauer — levara ao "ego absoluto" de Fichte, e este ao individualismo desequilibrado de Stirner, e este ao amoralismo do super-homem.[104] O super-homem não é meramente o "gênio" de Schopenhauer, o "herói" de Carlyle e o Siegfried de Wagner; ele se parece duvidosamente com o Karl Moor, de Schiller, e o Götz, de Goethe; Nietzsche tomou mais do que a palavra *Übermensch* do jovem Goethe, cuja calma olimpiana em seus últimos dias era zombada com tanta inveja pelo filósofo. Suas cartas estão cheias de sentimento romântico e ternura; "eu sofro" aparece nelas quase com a mesma frequência de "eu morro", em Heine.[105] Ele se diz "uma alma mística e quase mênade", e fala de *O Nascimento da Tragédia* como "a confissão de um romântico".[106] "Receio", escreve ele a Brandes, "que sou músico demais para não ser romântico".[107] "Um escritor deve ficar calado quando sua obra começa a falar";[108] mas Nietzsche nunca se esconde, e se apressa a usar a primeira pessoa em todas as páginas. Sua exaltação do instinto em comparação com o pensamento, do indivíduo em comparação com a sociedade, do "dionisíaco" em comparação com o "apolíneo" (isto é, o romântico contra o tipo clássico), revela sua época de forma tão definida quanto as datas de seu nascimento e de sua morte. Ele foi, para a filosofia de sua época, o que Wagner foi para a música daquela era — a culminância do movimento romântico, a maré alta da vertente romântica; ele liberou e exaltou a "vontade" e o "gênio" de Schopenhauer de todas as restrições sociais, como Wagner liberara e exaltara a paixão que forçara os grilhões clássicos na Sonata Patética e na Quinta e na Nona Sinfonias. Ele foi o último grande rebento da linhagem de Rousseau.

Voltemos agora à estrada que vínhamos percorrendo com Nietzsche e digamos a ele, embora isso seja ineficaz, algumas das objeções com que tantas vezes ficamos tentados a interrompê-lo. Ele foi suficientemente inteligente para perceber por si só, quando a idade estava mais avançada, o quanto o absurdo havia contribuído para a originalidade de *O Nascimento da Tragédia*.[109] Estudiosos como Wilamowitz-Moellendorff ridicularizaram tanto o livro que o tiraram do campo filológico. A tentativa de deduzir Wagner de Ésquilo foi a autoimolação de um jovem devoto diante de um deus despótico. Quem teria pensado que a Reforma fosse "dionisíaca" — ou seja, rebelde, amoral, vinosa, báquicas; e que a Renascença fosse exatamente o oposto disso, tranquila, contida, moderada, "apoloniana"? Quem teria desconfiado de que "o socialismo era a cultura da ópera?".[110] O ataque a Sócrates foi o desdém de um wagneriano pelo pensamento lógico; a admiração por Dioniso foi a idolatria da ação (daí também a apoteose de Napoleão) de um homem sedentário, e a inveja secreta de um tímido solteirão da ebriedade e sexualidade masculinas.

Talvez Nietzsche estivesse certo ao considerar a era pré-socrática como a época despreocupada da Grécia; não há dúvida de que a Guerra do Peloponeso solapou a base econômica e política da cultura de Péricles. Mas era um tanto absurdo ver em Sócrates apenas uma crítica desintegradora (como se a própria função de Nietzsche não fosse principalmente esta) e não também uma obra de salvamento para uma sociedade arruinada menos pela filosofia do que pela guerra, pela corrupção e pela imoralidade. Só um professor de paradoxos poderia classificar os obscuros e dogmáticos fragmentos de Heráclito acima da amadurecida sabedoria e da arte desenvolvida de Platão. Nietzsche denuncia Platão, como denuncia todos os seus devedores — nenhum homem é um herói para o seu devedor; mas o que é a filosofia de Nietzsche a não ser a ética de Trasímaco e Cálicles, e a política do Sócrates de Platão? Com toda a sua filologia, Nietzsche nunca penetrou bem no espírito dos gregos; nunca aprendeu a lição de que a moderação e o conhecimento de si próprio (tal como ensinado pelas inscrições délficas e pelos maiores filósofos) devem confinar, sem extinguir, as chamas da paixão e do desejo;[111] que Apolo deve limitar Dioniso. Houve quem descrevesse Nietzsche como pagão; mas ele não era: nem pagão grego, como Péricles, nem pagão alemão, como Goethe; faltavam-lhe o equilíbrio e o comedimento que tornaram fortes aqueles homens. "Devolverei aos homens a serenidade que é a condição de toda cultura", escreve ele,[112] mas, infelizmente, como pode alguém dar o que não tem?

De todos os livros de Nietzsche, *Zaratustra* é o mais blindado contra críticas, em parte por ser obscuro, em parte porque seus inexpugnáveis méritos reduzem o valor de qualquer defeito encontrado. A ideia do eterno retorno periódico, embora comum ao "apolíneo" Spencer bem como ao "dionisíaco" Nietzsche, impressiona como uma fantasia doentia, um fantástico esforço de última hora para recuperar a crença na imortalidade. Todo crítico viu a contradição entre a ousada pregação do egoísmo (Zaratustra "proclama o Ego inteiro e santo, e o egoísmo abençoado" — um inconfundível eco de Stirner) e o apelo ao altruísmo e ao autossacrifício na preparação e no serviço do super-homem. Mas quem, ao ler essa filosofia, irá classificar-se como servo, e não como super-homem?

Quanto ao sistema ético de *Além do Bem e do Mal* e *Genealogia da Moral*, trata-se de um exagero estimulante. Reconhecemos a necessidade de pedir aos homens que sejam mais valentes, e mais duros para consigo próprios — quase todas as filosofias éticas têm pedido isso; mas não há necessidade urgente alguma de pedir que sejam mais cruéis e "mais perversos"[113] — certamente esta é uma obra de supererrogação? Não há nenhum grande motivo para reclamar que a moralidade é uma arma usada pelos fracos para limitar os fortes; os fortes não estão demasiadamente impressionados com ela e, por sua vez, fazem dela um uso muito inteligente: a maioria dos códigos morais é imposta de cima, e não de baixo; e a massa elogia e condena pela imitação do prestígio. É bom, também, que de vez em quando a humildade seja maltratada; "já chega de tanto protesto e esquiva", como disse o bom poeta grisalho; mas não se observa nenhuma superabundância dessa qualidade no caráter moderno. Aqui, Nietzsche não atingiu o sentido histórico que louvou como tão necessário à filosofia; ou teria visto a doutrina de docilidade e humildade de coração como antídoto necessário para as violentas e bélicas virtudes dos bárbaros que quase destruíram, no primeiro milênio da era cristã, aquela mesma cultura à qual Nietzsche sempre retorna em busca de alimento e refúgio. Seria essa veemente ênfase no poder e no movimento o eco de uma era febril e caótica? Esta "vontade de potência" supostamente universal dificilmente expressa a aquiescência do hindu, a calma do chinês ou a satisfeita rotina do camponês medieval. O poder é o ídolo de alguns de nós; mas a maioria anseia, ao contrário, por segurança e paz.

Geralmente, como todo leitor deve ter percebido, Nietzsche não reconhece o lugar e o valor dos instintos sociais; ele pensa que os impulsos egoístas e individualistas precisam de um reforço da filosofia! Temos que ficar imaginando onde estavam os olhos de Nietzsche quando toda a Europa vinha esquecendo, no lodaçal de guerras egoístas, os hábitos e as aquisições culturais que ele tanto admirava e que dependem, de forma muito precária, de cooperação, amenidade social e autocontrole. A função essencial do cristianismo tem sido moderar, pela insinuação de um ideal extremo de delicadeza, a barbaridade natural do homem; e qualquer pensador que recear que os homens tenham sido corrompidos, por egoísmo, a adotar um excesso de virtudes cristãs tem apenas que olhar à sua volta para ficar reconfortado e acolhido.

Tornado solitário pela doença e pelo nervosismo, e forçado a uma guerra contra a indolência e a mediocridade dos homens, Nietzsche foi levado a supor que todas as grandes virtudes são as virtudes de homens que estão sozinhos. Ele reagiu da submersão do indivíduo na espécie, segundo Schopenhauer, para uma liberação desequilibrada do indivíduo em relação ao controle social. Repelido em sua busca do amor, ele se voltou contra a mulher com uma amargura indigna de um filósofo, e anormal em um homem; não conseguindo a paternidade e perdendo a amizade, ele nunca soube que os melhores momentos da vida são proporcionados pela mutualidade e pelo companheirismo, e não pelo domínio e pela guerra. Ele não viveu o suficiente, ou com a abrangência suficiente, para amadurecer suas meias verdades e transformá-las em sabedoria. Talvez se tivesse vivido mais viesse a transformar o seu estridente caos numa harmoniosa filosofia. Mais verdadeiras em relação a ele do que ao Jesus ao qual as dirigiu, são as seguintes palavras: "Ele morreu cedo demais; ele próprio teria revogado a sua doutrina se tivesse atingido" uma idade mais madura; "nobre bastante para revogar ele era!".[114] Mas a morte tinha outros planos.

Talvez na política sua visão seja mais correta do que na moral. A aristocracia é o governo ideal; quem irá negá-lo? "Ó céus! Em toda nação existe (...) um mais apto, um mais sábio, mais bravo, melhor;

quem poderíamos encontrar e tornar o nosso rei, se tudo estivesse realmente bem. (...) Qual a arte de descobri-lo? Será que o céu, em sua piedade, não nos ensinará arte alguma? Porque é grande a necessidade que temos dele!"[115] Mas quem são os melhores? Será que os melhores aparecem apenas em certas famílias, e será que, por isso, devemos ter uma aristocracia hereditária? Mas nós a tivemos; e isso levou à perseguição de grupos, irresponsabilidade de classe e estagnação. Talvez as aristocracias tenham sido salvas, com a mesma frequência com que possam ter sido destruídas, pelo casamento misto com as classes médias; de que outra forma tem se mantido a aristocracia inglesa? Talvez gerando degenerados? É óbvio que são muitos os aspectos desses complexos problemas, aos quais Nietzsche lançou com tanto vigor seus Sins e Nãos.[116] As aristocracias hereditárias não gostam da unificação mundial; elas tendem a uma política estritamente nacionalista, por mais cosmopolitas que possam ser na sua conduta; se abandonassem o nacionalismo, iriam perder uma fonte principal de poder — a manipulação das relações exteriores. E talvez um Estado mundial não fosse tão benéfico para a cultura quanto Nietzsche pensava; as grandes massas se deslocam lentamente; e a Alemanha provavelmente fez mais pela cultura quando era apenas "uma expressão geográfica", com cortes independentes rivalizando-se umas com as outras no patrocínio das artes, do que em seus dias de unidade, império e expansão; não foi um imperador que tratou Goethe com carinho e ajudou Wagner.

É uma ilusão comum pensar que os grandes períodos de cultura foram as épocas de aristocracia hereditária: ao contrário, os eflorescentes períodos de Péricles, dos Médicis, de Elizabeth e da era romântica foram alimentados com a riqueza de uma burguesia ascendente; e o trabalho criativo na literatura e na arte foi feito não por famílias aristocráticas, mas pelo rebento da classe média — por homens como Sócrates, que era filho de uma parteira, Voltaire, filho de um advogado, e Shakespeare, filho de um açougueiro. São as eras de movimento e mudança que estimulam a criação cultural; eras em que uma classe nova e vigorosa esteja subindo ao poder e ao apogeu. E o mesmo acontece na política: seria suicídio excluir da arte de governar o gênio que não tivesse um *pedigree* aristocrático; a melhor fórmula, sem dúvida, é uma "carreira aberta ao talento", nasça ele onde nascer; e o gênio costuma nascer nos lugares mais absurdos. Sejamos governados por *todos* os melhores. Uma aristocracia só é boa se for um corpo fluente de homens cujo direito ao poder está não no nascimento, mas na capacidade — uma aristocracia continuamente selecionada e alimentada de uma democracia de oportunidade aberta e igual para todos.

Depois dessas deduções (se é que elas precisavam ser feitas), o que resta? O bastante para deixar o crítico constrangido. Nietzsche tem sido refutado por todo aspirante à respeitabilidade; no entanto, permanece como um marco no pensamento moderno e um pico de montanha na prosa alemã. Não há dúvida de que foi culpado de um leve exagero, quando previu que o futuro dividiria o passado em "Antes de Nietzsche" e "Depois de Nietzsche"; mas conseguiu realmente fazer um saudável levantamento crítico de instituições e opiniões que durante séculos tinham sido considerados como perfeitamente naturais. Subsiste o fato de que ele abriu uma nova vista para o drama e a filosofia gregos; que mostrou, logo de cara, as sementes da decadência romântica na música de Wagner; que analisou a nossa natureza humana com uma sutileza tão afiada quanto o bisturi de um cirurgião, e talvez igualmente salutar; que desnudou certas raízes ocultas da moralidade como nenhum outro pensador moderno havia feito;[117] que "introduziu no domínio da ética um valor até então praticamente desconhecido — ou seja, a aristocracia";[118] que forçou uma reflexão honesta sobre as implicações éticas do darwinismo; que escreveu o maior poema em prosa da literatura de seu século; e (isto acima de tudo) que concebeu o homem como algo que o homem deve ultrapassar. Ele falava com mordacidade, mas com incalculável sinceridade; e seu pensamento atravessava as nuvens e as teias de aranha da mente moderna como um relâmpago purificador e um vento violento. O ar da filosofia europeia está mais claro e mais fresco agora, porque Nietzsche escreveu.[119]

## X. FINAL

"Amo muito quem deseja a criação de algo além de si mesmo, e depois perece", disse Zaratustra.[120]

Indubitável é o fato de que a intensidade do pensamento de Nietzsche consumiu-o prematuramente. A batalha que travou contra a sua época desequilibrou-lhe a mente; "tem sido sempre considerado uma coisa terrível combater o sistema moral de nossa própria época; ele terá a sua vingança (...) vinda de dentro e de fora".[121] Próximo ao fim, o trabalho de Nietzsche aumentou o rancor; ele atacava tanto pessoas como ideias — Wagner, Cristo etc. "Crescimento na sabedoria", escreveu ele, "pode ser medido com exatidão pela diminuição do rancor":[122] mas ele não conseguia convencer a sua pena. Até seu riso tornou-se neurótico conforme sua mente foi entrando em colapso; nada poderia revelar melhor o veneno que o corroía do que a seguinte reflexão: "Talvez eu saiba, melhor do que ninguém, por que o homem é o único animal que ri: ele, e só ele, sofre de uma maneira tão excruciante que foi obrigado a inventar o riso".[123] A doença e uma crescente cegueira foram o lado fisiológico de seu colapso.[124] Ele começou a dar lugar a paranoicas manias de grandeza e perseguição; enviou um de seus livros a Taine com um bilhete assegurando ao grande crítico que se tratava do livro mais maravilhoso já escrito;[125] e encheu sua última obra, *Ecce Homo*, com os autoelogios alucinados vistos no decorrer deste capítulo.[126] *Ecce Homo!* — infelizmente, aqui vemos o homem bem até demais!

Talvez um pouco mais de apreço por parte de terceiros tivesse adiado esse egoísmo compensatório e dado a Nietzsche um controle melhor sobre a perspectiva e a sanidade. Mas o apreço chegou tarde demais. Taine enviou-lhe generosas palavras de elogio quando quase todos os outros o ignoraram ou injuriaram; Brandes escreveu para dizer-lhe que iria dar uma série de palestras sobre o "radicalismo aristocrático" de Nietzsche na Universidade de Copenhagen; Strindberg escreveu dizendo que estava adaptando as ideias de Nietzsche para o teatro; talvez o melhor de tudo, um admirador anônimo enviou um cheque de quatrocentos dólares. Mas quando chegaram esses pequenos raios de luz, Nietzsche estava quase cego de visão e alma; e havia abandonado a esperança. "Minha hora ainda não chegou", escreveu ele; "só o depois de amanhã pertence a mim".[127]

O último golpe chegou a Turim, em janeiro de 1889, sob a forma de um ataque de apoplexia. Ele voltou cambaleando, às cegas, para o seu quarto do sótão, e escreveu às pressas cartas alucinadas: para Cosima Wagner, quatro palavras — "Ariadne, eu te amo"; para Brandes, uma mensagem mais longa, assinada "O Crucificado"; e para Burckhardt e Overbeck, missivas tão fantásticas que o segundo correu em seu auxílio. Ele encontrou Nietzsche batendo no piano com os cotovelos, cantando e chorando seu êxtase dionisíaco.

Levaram-no, primeiro, para um asilo,[128] mas pouco depois sua velha mãe foi reclamar seus direitos sobre ele e tomá-lo sob seus clementes cuidados. Que imagem! A piedosa mulher que suportara sensível, mas pacientemente, o choque da apostasia do filho de tudo que a ela era caro, e que, amando-o apesar de tudo, recebia-o agora em seus braços, como outra *Pietà*. Ela morreu em 1897, e Nietzsche foi levado pela irmã para viver em Weimar. Lá, foi feita uma estátua sua por Kramer — uma coisa lamentável, mostrando a outrora poderosa mente arruinada, desamparada e resignada. Entretanto, nem tudo era infelicidade para ele; a paz e a tranquilidade que nunca tivera quando são, ele as tinha agora; a natureza se apiedara dele ao torná-lo louco. Certa vez, Nietzsche pegou a irmã chorando enquanto olhava para ele, e não entendeu o motivo das lágrimas: "Lisbeth", perguntou ele, "por que choras? Não somos felizes?". Em outra ocasião, ouviu falar em livros; seu rosto pálido iluminou-se: "Ah!", exclamou ele, animando-se, "eu também escrevi uns livros bons" — e o momento lúcido passou.

Nietzsche morreu em 1900. Raramente um homem pagou um preço tão alto pela genialidade.

CAPÍTULO V

# Filósofos europeus contemporâneos: Bergson, Croce e Bertrand Russell

## I. HENRI BERGSON

### 1. A REVOLTA CONTRA O MATERIALISMO

A história da filosofia moderna poderia ser escrita em termos da guerra entre a física e a psicologia. O pensamento pode começar com o seu objeto, e por fim, com coerência, tentar levar sua realidade mística\* para o círculo de fenômenos materiais e leis mecânicas; ou poderá começar consigo mesmo e ser levado, pelas aparentes necessidades da lógica, a conceber todas as coisas como formas e criaturas da mente. A prioridade da matemática e da mecânica no desenvolvimento da ciência moderna e o estímulo recíproco da indústria e da física sob a pressão comum das necessidades em expansão deram à especulação uma impulsão materialista; e as mais bem-sucedidas das ciências tornaram-se os modelos da filosofia. Apesar da insistência de Descartes de que

---

\* N. do T.: Vale frisar que a palavra "místico", que muitos associam, hoje em dia, a crendices e folclores "da moda", nada mais é do que um termo que advém do grego *"mustikós"*, passando pelo latim *"mysticus"*, que significa "relativo aos mistérios, às cerimônias religiosas". Isso se contrapõe diretamente ao materialismo vigente na maior parte das filosofias mais recentes. A palavra na passagem acima, provavelmente, foi escolhida para salientar a transição das filosofias metafísicas, misteriosas por excelência, para filosofias que discutissem mais o palpável, o tangível, sem mistérios a serem desvendados.

a filosofia deveria começar com o eu e seguir para o exterior, a industrialização da Europa ocidental afastou o pensamento do pensamento, e fez com que ele seguisse em direção às coisas materiais.

O sistema de Spencer foi a expressão culminante desse ponto de vista mecanicista. Apesar de saudado como "o filósofo do darwinismo", ele, na verdade, era mais o reflexo e o expoente do industrialismo; dotou a indústria com glórias e virtudes que, ao nosso olhar em retrospecto, parecem ridículas; e sua perspectiva era mais a de um perito em mecânica e um engenheiro absorto nos movimentos da matéria do que a de um biólogo sentindo o elã vital. A rápida obsolescência de sua filosofia se deve, em sua maior parte, à substituição do ponto de vista físico pelo biológico no pensamento recente; pela crescente disposição de ver a essência e o segredo do mundo no movimento da vida, e não na inércia das coisas. E, de fato, a própria matéria quase adquiriu vida em nossos dias: o estudo da eletricidade, do magnetismo e do elétron deu à física um tom vitalista; de modo que, em vez de uma redução da psicologia à física — que era a ambição mais ou menos consciente do pensamento inglês —, abordamos uma física vitalizada e uma matéria quase espiritualizada. Foi Schopenhauer quem primeiro enfatizou, no pensamento moderno, a possibilidade de tornar o conceito de vida mais fundamental e inclusivo do que o da força; foi Bergson que, na nossa geração, retomou a ideia, e quase converteu a ela um mundo cético pela força de sua sinceridade e sua eloquência.

Bergson nasceu em Paris, em 1859, de ascendência francesa e judia. Foi um estudante ávido, e parece ter vencido todos os prêmios que cruzaram seu caminho. Ele fez uma homenagem às tradições da ciência moderna ao especializar-se inicialmente em matemática e física, mas sua aptidão para análise logo o colocou cara a cara com os problemas metafísicos que espreitam por trás de toda ciência; e ele se voltou espontaneamente para a filosofia. Em 1878, entrou para a École Normale Supérieure, e quando se formou, foi nomeado para lecionar filosofia no Liceu de Clermont-Ferrand. Lá, em 1888, escreveu sua primeira obra de vulto — o *Essai sur les Donnés Immédiates de la Conscience*, traduzido para o inglês com o título de *Time and Free-will*. Passaram-se oito tranquilos anos antes do aparecimento de seu livro seguinte (e mais difícil de todos) — *Matière et Mémoire*. Em 1898, tornou-se professor da École Normale e, em 1900, no Collège de France. Em 1907, ganhou fama internacional com a sua obra-prima — *A Evolução Criadora*; ele se tornou, quase da noite para o dia, a figura mais popular do mundo filosófico; e a única coisa necessária para seu sucesso foi a colocação de seus livros no Index Expurgatorius em 1914. Naquele mesmo ano, foi eleito para a Academia Francesa.

É impressionante que Bergson, o Davi destinado a matar o Golias do materialismo, tenha sido, quando jovem, um fervoroso partidário de Spencer. Mas conhecimento demais leva ao ceticismo; os devotos iniciais são os mais prováveis dos apóstatas, assim como os pecadores jovens são santos senis. Quanto mais estudava Spencer, mais agudamente cônscio Bergson se tornava das três juntas reumáticas do mecanismo materialista: entre a matéria e a vida, entre o corpo e a mente e entre o determinismo e a escolha. A paciência de Pasteur desacreditou a crença na abiogênese (a geração da vida por matéria não viva); e depois de cem anos de teoria, e de mil experimentos em vão, os materialistas não estavam mais próximos do que antes da solução do problema da origem da vida. Repetindo, embora o pensamento e o cérebro fossem obviamente ligados, o modo de conexão estava tão longe de ser óbvio quanto sempre estivera. Se a mente era matéria, e todo ato mental, uma resultante mecânica de estados neurais, para que servia a consciência? Por que o mecanismo material do cérebro não podia dispensar esse "epifenômeno", como o chamou o honesto e lógico Huxley, essa chama aparentemente inútil lançada pelo calor da comoção cerebral? Finalmente, seria o determinismo mais inteligível do que o livre-arbítrio? Se o presente momento não contém opção viva e criativa alguma, e é total e mecanicamente o produto da matéria e do movimento do momento anterior, então aquele momento também foi o efeito mecânico do momento que o precedeu, e este, por sua vez, do outro anterior... e assim por diante, até chegarmos à nebulosa primária como a causa total de todo movimento posterior, de todas as falas das peças de Shakespeare, e de todo o sofrimento de sua alma; assim, a sombria retórica de Hamlet e Otelo, de Macbeth e Lear, em cada período e cada frase, foi escrita lá do céu distante e nos éons distantes, pela estrutura e pelo conteúdo daquela lendária nuvem. Que saque contra a credulidade! Que exercício de fé uma teoria dessas deve exigir desta geração decrescente! Que mistério ou milagre, do Antigo ou do Novo Testamento, poderia chegar à metade da incredulidade desse monstruoso mito fatalista, dessa nébula que compõe tragédias? Havia nesse caso matéria suficiente para uma grande rebelião; e se Bergson chegou tão rapidamente à fama foi porque certamente teve a coragem de duvidar quando todos os incrédulos acreditavam piamente.

## 2. MENTE E CÉREBRO

Inclinamo-nos naturalmente ao materialismo, alega Bergson, porque tendemos a pensar em termos de espaço; e é o tempo, sem dúvida, que detém a essência da vida, e talvez de toda a realidade. O que temos que compreender é que o tempo é um acúmulo, um crescimento, uma *duração*. "Duração é o progresso contínuo do passado que rói o futuro e incha à medida que avança"; significa que "o passado, por inteiro, é estendido até o presente e ali mora, real e atuante". Duração significa que o passado dura, que nada dele é inteiramente perdido. "Sem dúvida pensamos com apenas uma pequena parte do nosso passado; mas é com todo nosso passado (...) que desejamos, queremos e agimos." E como tempo é um acúmulo, o futuro nunca pode ser igual ao passado, pois surge um novo acúmulo a cada passo. "Cada momento é não apenas algo novo, mas algo imprevisível; (...) a mudança é muito mais radical do que supomos"; e a previsibilidade geométrica de todas as coisas, que representa apenas uma ciência mecanicista, é apenas uma ilusão intelectualista. Pelo menos "para um ser consciente, existir é mudar, mudar é amadurecer, amadurecer é continuar criando a si mesmo eternamente". E se isso for verdade em relação a todas as coisas? Será que toda realidade é tempo e duração, tornar-se e mudar?[1]

Em nós, a memória é o veículo de duração, a criada do tempo; e por meio dela é retida uma parte tão grande do nosso passado que para cada situação se apresentam ricas alternativas. À medida que a vida se torna mais rica em seu alcance, sua herança e suas memórias, o campo das opções se amplia, e finalmente a variedade de possíveis respostas gera consciência, que é o ensaio da resposta. "A consciência parece proporcional ao poder de escolha do ser vivo. Ela ilumina a zona de potencialidade que cerca o ato. Preenche o intervalo entre o que é feito e o que poderia ser feito." Não se trata de um acessório inútil; é um vívido teatro da imaginação, onde respostas alternativas são retratadas e testadas antes da escolha irrevogável. "Na realidade", então, "um ser vivo é um centro de ação; ele representa uma soma de contingência entrando no mundo; quer dizer, uma certa quantidade de ação possível". O homem não é uma máquina passivamente adaptável; ele é um foco de força redirecionada, um centro de evolução criadora.[2]

O livre-arbítrio é um corolário da consciência; dizer que somos livres é meramente dizer que sabemos o que estamos fazendo.

> A função básica da memória é evocar todas aquelas percepções passadas que sejam análogas à percepção presente, recordar para nós o que precedeu e o que as seguiu e, assim, sugerir-nos a decisão que seja mais útil. Mas isso não é tudo. Ao nos permitir perceber numa única intuição momentos múltiplos de duração, ela nos livra do movimento do fluxo das coisas, quer dizer, do ritmo da necessidade. Quanto mais desses momentos a memória puder condensar em um só, mais firme será o controle que ela nos dará sobre a matéria; de modo que a memória de um ser vivo parece realmente medir, acima de tudo, seus poderes de ação sobre as coisas.[3]

Se os deterministas tivessem razão, e todo ato fosse a resultante automática e mecânica de forças preexistentes, o motivo penetraria na ação com a facilidade de uma peça lubrificada. Mas, ao contrário, a escolha é opressiva e exige esforço, requer resolução, um soerguimento do poder da personalidade contra a gravitação espiritual do impulso, do hábito ou da indolência. Escolha é criação, e criação é trabalho. Daí as fisionomias preocupadas dos homens; sua cansada inveja da rotina sem opção dos animais, que "são muito plácidos e autossuficientes". Mas a tranquilidade confuciana do seu cachorro não é uma calma filosófica, uma superfície tranquila de profundeza incomensurável; é a certeza do instinto, a metodicidade de um animal que não precisa, e não pode, escolher. "No animal, a invenção nunca é nada além de uma variação sobre o tema da rotina. Confinada nos hábitos da espécie, ela consegue, sem dúvida, ampliá-los por sua iniciativa individual; mas só escapa ao automatismo por um instante, apenas para criar um novo automatismo. As portas de sua prisão se fecham tão logo se abrem; ao puxar a sua corrente, ela consegue apenas esticá-la. Com o homem, a consciência arrebenta a corrente. No homem, e só no homem, ela se liberta."*

A mente, então, não é a mesma coisa que o cérebro. A consciência depende do cérebro, e cai com ele; mas um casaco também cai com um prego no qual está pendurado — o que não prova que o casaco é um "epifenômeno", um ectoplasma ornamental do prego. O cérebro é o sistema de imagens e de padrões de reação; consciência é a recordação de imagens e a escolha de reações. "A direção da corrente é distinta do leito do rio, embora deva adotar o seu curso sinuoso. A consciência é seguramente distinta do organismo que ela anima, embora deva sofrer as suas vicissitudes."[4]

> Às vezes, diz-se que dentro de nós a consciência está diretamente ligada a um cérebro e que, por conta disso, devemos atribuí-la a seres vivos que tenham cérebro, e negá-la àqueles que não o tenham. Mas é fácil ver a falácia desse argumento. Seria como se disséssemos que, porque em nós a digestão está diretamente ligada a um estômago, só os seres vivos que tenham estômago podem digerir. Estaríamos completamente errados, pois não é necessário ter um estômago, nem órgãos especiais, para digerir. Uma ameba digere, embora seja uma massa protoplásmica quase indiferenciada. Indiscutível mesmo é que, em proporção à complexidade e à perfeição de um organismo, há uma divisão de trabalho; a órgãos especiais são atribuídas funções especiais, e a faculdade de digerir está localizada no estômago, ou melhor, há um aparelho digestivo

---

* *A Evolução Criadora*, p. 264. Este é um exemplo da facilidade de Bergson em substituir o argumento pela analogia, e de sua tendência a exagerar o hiato entre animais e homens. A filosofia não deve lisonjear. Jérome Coignard era mais inteligente, e "teria se recusado a assinar a Declaração dos Direitos do Homem, devido à acentuada e injustificada distinção que ela fazia entre o homem e o gorila".

geral, que funciona melhor pois está limitado apenas a essa função. Do mesmo modo, a consciência, no homem, está inegavelmente conectada ao cérebro; mas de maneira alguma pode-se deduzir que um cérebro seja indispensável à consciência. Quanto mais descemos na cadeia animal, mais os centros nervosos são simplificados e separados uns dos outros, até que, por fim, desaparecem por completo, fundidos na massa geral de um organismo praticamente sem nenhuma diferenciação. Se, então, no topo da cadeia dos seres vivos a consciência está ligada a centros nervosos muito complexos, não devemos supor que ela acompanha o sistema nervoso em toda a sua queda e que, quando finalmente a matéria nervosa se funde à matéria viva ainda indiferenciada, a consciência permanece lá, difusa, confusa, mas não reduzida a zero? Teoricamente, portanto, tudo o que é vivo pode estar consciente. *Em princípio*, a consciência é coextensiva com a vida.[5]

Por que, apesar disso tudo, parecemos pensar na mente e no pensamento em termos de matéria e cérebro? É porque a parte de nossa mente a que chamamos de "intelecto" é constitucionalmente materialista; ela foi desenvolvida, no processo de evolução, para compreender e lidar com objetos materiais, espaciais; a partir desse campo, ela infere todos os seus conceitos e suas "leis", e sua ideia de uma regularidade fatalista e previsível em toda parte. "Nosso intelecto, no sentido estrito da palavra, tem por objetivo assegurar a perfeita adaptação do nosso corpo ao seu meio, representar as relações das coisas externas entre si — resumindo, pensar na matéria."[6] Ele se sente à vontade com coisas sólidas, inertes; vê todo vir-a-ser como ser,[7] como uma série de estados; não percebe o tecido conectivo das coisas, o fluxo de duração que constitui sua própria vida.

Vejam o filme cinematográfico; aos nossos olhos cansados, ele parece estar vivo com movimento e ação; aqui, sem dúvida, a ciência e o mecanismo capturaram a continuidade da vida. Ao contrário, porém, é exatamente aqui que a ciência e o intelecto revelam suas limitações. O filme cinematográfico não se move, não é uma figura com movimento; é apenas uma sequência de fotos instantâneas, batidas numa sucessão tão rápida que, quando são assim projetados sobre a tela, o espectador tem a ilusão de continuidade, como teve em sua meninice com filmes resumidos de seus heróis pugilistas. Mas, apesar de tudo, trata-se de uma ilusão; e o filme de cinema é, obviamente, uma série de fotografias nas quais tudo está tão imóvel como se estivesse eternamente congelado.

E assim como a câmera cinematográfica divide em poses estáticas a vívida corrente da realidade, o intelecto humano capta uma série de estados, mas perde a continuidade que lhes dá vida. Vemos matéria e não percebemos energia; pensamos saber o que é a matéria; mas quando no núcleo do átomo encontramos energia, ficamos embasbacados e nossas categorias se desfazem. "Sem dúvida, para maior rigor, todas as considerações de movimento podem ser eliminadas dos processos matemáticos; mas a introdução do movimento na gênese de algarismos é, apesar de tudo, a origem da matemática moderna"[8] — quase todo o progresso da matemática no século XIX foi devido ao uso dos conceitos de tempo e movimento, além da tradicional geometria do espaço. Por toda a ciência contemporânea, como vemos em Mach, Pearson e Henri Poincaré, corre a incômoda suspeita de que a ciência "exata" é meramente uma aproximação, que capta mais a inércia da realidade do que a sua vida.

Mas a culpa é nossa se, ao insistirmos na aplicação de conceitos físicos no campo do pensamento, acabamos no *impasse* do determinismo, mecanicismo e materialismo. O mais simples momento de reflexão poderia ter mostrado o quanto são impróprios os conceitos da física no mundo da mente: nós pensamos com a mesma rapidez em um quilômetro como em meio quilômetro, e uma centelha de pensamento pode circunvagar o globo; nossas ideias eludem todos os esforços de retratá-las como partículas materiais movendo-se no espaço, ou como limitadas pelo espaço em seu voo e funcionamento. A vida escapa a esses conceitos *sólidos*; porque a vida é uma questão de tempo, e não de espaço; não é posição, é mudança; não é tanto quantidade quanto qualidade; não é uma simples redistribuição de matéria e movimento, é criação fluida e persistente.

> Um elemento muito pequeno de uma curva está muito perto de ser uma linha reta. E quanto menor, mais perto estará. No limite, ele poderá ser chamado de parte da linha reta, como queiram, porque em cada um de seus pontos uma curva coincide com a sua tangente.

Assim, da mesma forma, a "vitalidade" é tangente, em todo e qualquer ponto, às forças físicas e químicas; mas esses pontos são, de fato, apenas concepções de uma mente que imagina interrupções, em vários momentos, do movimento que gera a curva. Na realidade, a vida não é mais composta por elementos físico-químicos do que uma curva é composta por linhas retas.[9]

Como, então, poderemos captar o fluxo e a essência da vida, senão pelo pensamento e pelo intelecto? Mas será que o intelecto é tudo? Paremos de pensar por um instante, e limitemo-nos o olhar para a realidade interior — os nossos eus —, que conhecemos melhor do que todas as demais coisas: o que vemos? Mente, não matéria; tempo, não espaço; ação, não passividade; escolha, não mecanismo. Vemos vida em seu fluxo sutil e penetrante, não em seus "estados mentais", não em suas partes desvitalizadas e separadas, como quando o zoólogo examina as pernas de uma rã morta ou estuda preparações sob um microscópio e pensa ser um biologista estudando a *vida*! Essa percepção direta, essa simples e firme consideração (*intueor*) de uma coisa, é intuição; não qualquer processo místico, mas o exame mais direto possível para a mente humana. Espinosa estava certo: o pensamento reflexivo não é em absoluto a mais elevada forma de conhecimento; é melhor, sem dúvida, do que o ouvir dizer; mas como é fraco ao lado da percepção direta da coisa em si! "Um verdadeiro empirismo é aquele que se dispõe a chegar tão perto quanto possível do original, de investigar as profundezas da vida, de sentir o pulso de seu espírito por uma espécie de auscultação intelectual";[10] nós "escutamos a conversa" da corrente da vida. Pela percepção direta, sentimos a presença da *mente*; pela circunlocução intelectual, chegamos à teoria de que o pensamento é uma dança de moléculas no cérebro. Haverá alguma dúvida de que a intuição, aqui, contempla mais verdadeiramente o cerne da vida?

Isso não significa que pensar é uma doença, como sustentava Rousseau, ou que o intelecto é uma coisa traiçoeira que todo cidadão decente deveria abjurar. O intelecto retém sua função normal de lidar com o mundo material e espacial, e com os aspectos materiais ou expressões espaciais da vida e da mente; a intuição está limitada ao sentimento direto da vida e da mente, não em suas corporificações externas, mas em seu ser interno. "Eu nunca afirmei que era necessário 'colocar algo diferente no lugar do intelecto', ou colocar o instinto acima dele. Simplesmente procurei mostrar que quando deixamos o domínio da matemática e da física para entrar no da vida e da consciência, temos que fazer o nosso apelo a um certo *senso de vida* que corta a pura compreensão e tem sua origem no mesmo impulso vital que o instinto — embora o instinto, propriamente dito, seja uma coisa inteiramente diferente." Tampouco tentamos "refutar o intelecto pelo intelecto"; simplesmente "adotamos a linguagem da compreensão, já que só a compreensão tem uma linguagem"; não podemos evitar que as próprias palavras que usamos sejam psicológicas apenas por simbolismo, e ainda exalem as conotações materiais que lhe foram impostas pela sua origem. *Espírito* quer dizer *alento, mente* significa uma *medida*, e *pensar* aponta para uma *coisa*; não obstante, são estes os meios crassos pelos quais a alma deve se expressar. "Dirão que não transcendemos o nosso intelecto, porque ainda é com ele e por meio dele que vemos as outras formas de consciência"; até a introspecção e a intuição são metáforas materialistas. E isso seria uma objeção legítima, "se não restasse, em torno do nosso pensamento conceitual e lógico, uma vaga nebulosidade, feita da mesma substância da qual se formou o luminoso núcleo que chamamos de intelecto". A nova psicologia está revelando em nós uma região mental incomparavelmente mais ampla do que o intelecto. "Explorar as mais sagradas profundezas do inconsciente, labutar no subsolo da consciência: será esta a principal tarefa da psicologia no século que está começando. Não tenho dúvidas de que descobertas maravilhosas a aguardam nele."[11]

## 3. EVOLUÇÃO CRIADORA

Com essa nova orientação, a evolução nos aparece como algo completamente diferente do cego e enfadonho mecanismo de luta e destruição que Darwin e Spencer descreveram. Sentimos duração na evolução, o acúmulo de forças vitais, a inventiva da vida e da mente, "a contínua elaboração do absolutamente novo". Estamos preparados para compreender por que os mais recentes e mais peritos investigadores, como

Jennings e Maupas, rejeitam a teoria mecânica do comportamento protozoário, e por que o professor E. B. Wilson, deão dos citologistas contemporâneos, encerra o seu livro sobre a célula com a declaração de que "o estudo da célula parece, de modo geral, ter ampliado, e não reduzido, o enorme hiato que separa do mundo inorgânico até as formas mais inferiores de vida". E em toda parte, no mundo da biologia, ouve-se falar na rebelião contra Darwin.[12]

Darwinismo significa, presumivelmente, a origem de novos órgãos e funções, novos organismos e espécies, pela seleção natural de variações favoráveis. Mas esse conceito, que mal completou meio século, já está carcomido por dificuldades. Como, nessa teoria, os instintos se originaram? Seria conveniente concebê-los como o acúmulo herdado de hábitos adquiridos; mas a opinião dos especialistas nos fecha essa porta na cara — embora algum dia ela possa vir a ser aberta. Se só os poderes e as qualidades congênitas são transmissíveis, cada um dos instintos deve ter sido, ao surgir pela primeira vez, tão forte quanto é agora nativamente; deve ter nascido, por assim dizer, adulto, cheio de insígnias para a ação; caso contrário, não poderia ter favorecido o seu possuidor na luta pela existência. Se ao aparecer pela primeira vez ele foi fraco, só poderia ter adquirido valor de sobrevivência por meio daquela força adquirida que (segundo hipótese corrente) não é herdada. Cada origem aqui é um milagre.

E o que acontece com os primeiros instintos acontece com cada uma das variações: fica-se imaginando de que modo a mudança poderia ter oferecido, em sua primeira forma, uma alavanca para seleção. No caso de órgãos complexos, como o olho, a dificuldade é desanimadora: ou o olho apareceu de uma vez, plenamente formado e competente (o que é tão crível quanto a introspecção de Jonas na baleia), ou começou com uma série de variações "fortuitas" que, por uma sobrevivência ainda mais fortuita, produziram o olho. A cada passo, a teoria de uma produção mecânica de estruturas complicadas por um processo cego de variação e seleção apresenta-nos contos de fadas que têm toda a incredibilidade das tradições infantis, e pouco de sua beleza.

A mais decisiva dificuldade, entretanto, é o aparecimento de efeitos similares, provocados por diferentes meios, em linhas de evolução amplamente divergentes. Tomem como exemplo a invenção do sexo como modo de reprodução, tanto nas plantas como no animais; há, aqui, linhas de evolução tão divergentes quanto possível, e no entanto o mesmo "acidente" complexo ocorre em ambos. Ou tomem os órgãos da visão em dois filos muito distintos — os moluscos e os vertebrados; "como poderiam as mesmas pequenas variações, incalculáveis em número, ter ocorrido na mesma ordem em duas linhas de evolução independentes, se fossem puramente acidentais?". Ainda mais notável,

> a natureza chega a resultados idênticos, em espécies nem sempre vizinhas, por processos embriogênicos inteiramente diferentes. (...) A retina dos vertebrados é produzida por uma expansão do cérebro rudimentar do embrião. (...) Nos moluscos, por outro lado, a retina é derivada diretamente do ectoderma.[13] (...) Se o cristalino de um tritão for removido, é regenerado pela íris. Ora, o cristalino original foi formado do ectoderma, ao passo que a íris é de origem mesodermal. Ainda por cima, na *Salamandra maculata*, se o cristalino for removido e deixada a íris, a regeneração do cristalino tem lugar na parte superior da íris; mas se esta parte superior da íris for extraída, a regeneração tem lugar na parte superior da íris; mas se esta parte superior da íris for extraída, a regeneração tem lugar na camada interior ou retiniana da região que restou. Assim, partes diferentemente situadas, diferentemente constituídas, feitas normalmente para funções diferentes, são capazes de realizar as mesmas funções e até de manufaturar, quando necessário, as mesmas peças da máquina.[14]

Assim, na amnésia e na afasia, memórias e funções "perdidas" reaparecem em tecidos regenerados ou substitutos.[15] Não há dúvida de que temos aqui uma avassaladora prova de que há algo mais na evolução do que um impotente mecanismo de peças materiais. A vida é mais do que a sua maquinaria; é uma força que pode crescer, que pode se restaurar, que pode moldar à sua vontade uma certa medida de circunstância circundante. Não que exista qualquer projeto externo determinando essas maravilhas; isso seria apenas um mecanismo invertido, um fatalismo tão destruidor da iniciativa humana e da evolução criadora quanto a sombria rendição do pensamento hindu ao calor da Índia. "Temos que ir além de ambos os pontos de vista — mecanicismo e finalismo — por serem, no fundo, apenas posicionamentos aos quais a mente humana foi levada a considerar o trabalho dos homens": pensávamos, a princípio, que todas as coisas se moviam devido a uma vontade quase humana que as usava como instrumentos em um jogo cósmico; e depois passamos a pensar que o próprio cosmo fosse uma máquina, porque tínhamos sido dominados, em caráter e filosofia, pela nossa era mecânica. Há um propósito nas coisas; mas nelas, não fora delas; uma *enteléquia*, uma determinação interna de todas as peças pela função e pelo propósito do todo.[16]

Vida é aquilo que faz esforços, que empurra para cima, para fora e para a frente; "sempre e sempre a ânsia geradora do mundo". É o oposto da inércia e o oposto do acidente; há uma direção no crescimento para a qual ela é autoimpelida. Contra ela, há a corrente submarina da matéria, o atraso e a folga das coisas em direção ao repouso, ao descanso e à morte; a cada estágio, a vida teve que lutar com a inércia de seu veículo; e se ela conquista a morte por meio da reprodução, só o faz dando em troca cada uma das cidadelas e abandonando cada corpo individual, por fim, à inércia e à decomposição. Até ficar de pé é desafiar a matéria e suas "leis": enquanto deslocar-se de um lado para outro, avançar e procurar, e não, como uma planta, ficar esperando, é uma vitória adquirida em todos os momentos com esforço e fadiga. E a consciência resvala, tão logo lhe é permitido, para o repousante automatismo do instinto, hábito e sono.

Desde o princípio, a vida é quase tão inerte quanto a matéria; ela adquire uma forma estacionária, como se o impulso vital fosse fraco demais para arriscar a aventura do movimento. E numa grande avenida de desenvolvimento essa estabilidade imóvel tem sido a meta da vida: o lírio que se curva e o majestoso carvalho são altares à deusa Segurança. Mas a vida não ficou contente com essa existência caseira da planta; seus avanços têm sido, sempre, para longe da segurança e em direção à liberdade; para longe das carapaças, escamas e peles, e outras proteções opressivas, para a fácil e perigosa liberdade dos pássaros. "Dessa maneira, o pesado hoplita foi suplantado pelo legionário; o cavaleiro, vestindo uma armadura, teve que ceder lugar ao leve soldado de infantaria, que tinha liberdade de deslocamento; e de forma geral, na evolução da vida, tal como na evolução de sociedades humanas e de destinos individuais, os maiores sucessos têm sido alcançados por aqueles que aceitam os riscos mais sérios."[17] Assim, também, o homem parou de desenvolver novos órgãos em seu corpo; em vez disso, ele faz ferramentas e armas, e as põe de lado quando não são necessárias, em vez de carregar todo esse armamento a cada passo, como aquelas gigantescas fortalezas, o mastodonte e o megatério, cuja pesada segurança os fez perder o domínio do globo. A vida pode ser prejudicada, bem como auxiliada, por seus instrumentos.

Isso acontece tanto com os instintos como com os órgãos; estes são as ferramentas da mente; e como todos os órgãos que são anexados e permanentes, tornam-se ônus quando o meio ambiente que precisava deles desapareceu. O instinto já vem pronto, e dá respostas decisivas — e normalmente bem-sucedidas — a situações estereotipadas e ancestrais; mas não adapta o organismo à mudança, não dá ao homem condições de enfrentar com flexibilidade as fluidas complexidades da vida moderna. Ele é o veículo da segurança, ao passo que o intelecto é o órgão de uma liberdade aventureira. É a vida assumindo a cega obediência da máquina.

Como é significativo o fato de rirmos, normalmente, quando uma coisa viva se porta como matéria, como um mecanismo; quando o palhaço dá cambalhotas de um lado para o outro, sem um objetivo, e se encosta em pilares que não existem; ou quando a pessoa que mais adoramos cai numa passagem coberta de gelo, e ficamos tentados a rir primeiro e fazer perguntas depois. Essa vida geométrica que Espinosa quase confundiu com divindade é, em verdade, um motivo para humor e lágrimas; é ridículo e vergonhoso os homens serem máquinas; e ridículo e vergonhoso que a sua filosofia assim os descreva.

A vida seguiu três linhas em sua evolução: a primeira caiu no torpor quase material das plantas, e lá encontrou, ocasionalmente, uma segurança complacente e o covarde domínio de mil anos; em outra via, seu espírito e seu esforço fundiram-se no instinto, como nas formigas e nas abelhas; mas nos vertebrados, ela ousou procurar a liberdade, despiu-se de seus instintos já prontos e marchou bravamente para os intermináveis riscos do pensamento. O instinto ainda continua sendo o modo mais profundo de visionar a realidade e de captar a essência do mundo; mas a inteligência fica cada vez mais forte e ousada, e mais ampla em seu escopo; foi finalmente na inteligência que a vida depositou inteiramente seus interesses e suas esperanças.

Essa vida continuamente criativa, da qual cada indivíduo e cada espécie é um experimento, é o que entendemos por Deus; Deus e Vida são a mesma coisa. Mas este Deus é finito, não onipotente — limitado pela matéria, ele supera penosamente a inércia dessa matéria, passo a passo; e não onisciente, mas sim seguindo às cegas, gradualmente, em direção ao conhecimento, à consciência e a "mais luz". "Deus, assim definido, nada tem de pronto para usar; Ele é vida, ação e liberdade incessantes. A criação assim concebida não é um mistério; nós a experimentamos em nós mesmos quando agimos livremente", quando escolhemos conscientemente nossas ações e traçamos nossas vidas.[18] Nossas lutas e nossos sofrimentos, nossas ambições e nossas derrotas, nossos anseios de sermos melhores e mais fortes do que somos são a voz e a corrente do elã vital em nós, a ânsia vital que nos faz crescer e que transforma este planeta errante num verdadeiro teatro de interminável criação.

E quem sabe se finalmente a vida não poderá obter a maior vitória de todas sobre a sua velha inimiga, a matéria, e aprender até a fugir à mortalidade? Tenhamos a mente aberta, até mesmo para as nossas esperanças.[19] Todas as coisas são possíveis para a vida, se o tempo for generoso. Pensem no que a vida e a mente fizeram, no simples momento de um milênio, com as florestas da Europa e da América; e vejam, em seguida, como é tolice erguer barreiras às realizações da vida. "O animal se apoia na planta, o homem transpõe a animalidade, e a humanidade toda, no espaço e no tempo, é um imenso exército galopando ao lado, na frente e atrás de nós, numa carga avassaladora capaz de derrotar qualquer resistência e saltar os obstáculos mais formidáveis, talvez mesmo a morte."[20]

·

## 4. CRÍTICAS

"Acredito", diz Bergson, "que o tempo dedicado à refutação, na filosofia, em geral é um tempo perdido. Dos muitos ataques dirigidos por muitos pensadores uns contra os outros, o que resta agora? Nada, ou com certeza muito pouco. O que conta e permanece é o pouco de verdade positiva com que cada qual contribui. A afirmação verdadeira é, por si só, capaz de afastar a ideia errônea, e se torna, sem que tenhamos tido o trabalho de refutar ninguém, a melhor das refutações".[21] Esta é a voz da Sabedoria em pessoa. Quando "validamos" ou "invalidamos" uma filosofia, estamos simplesmente oferecendo outra, que, como a primeira, é um falível composto de experiência e esperança. À medida que a experiência se amplia e a esperança se modifica, encontramos mais "verdade" nas "falsidades" que denunciamos, e talvez mais falsidade nas eternas verdades de nossa juventude. Quando somos erguidos sobre as asas da rebelião, gostamos do determinismo e do mecanicismo, pois eles são muito cínicos e diabólicos; mas quando a morte se ergue de repente no sopé da montanha, tentamos ver além dela outra esperança. Filosofia é uma função de idade. Apesar disso...

O que primeiro chama a atenção ao se ler Bergson é o estilo: brilhante, não com os paradoxais fogos de artifício de Nietzsche, mas com um brilho constante, como de um homem decidido a viver à altura das belas tradições da luminosa prosa francesa. É mais difícil estar errado em francês do que em algumas outras línguas; porque os franceses não irão tolerar a obscuridade, e a verdade é mais clara do que a ficção. Se Bergson é obscuro de vez em quando, isso se deve à esbanjada riqueza de suas imagens retóricas, suas analogias e suas ilustrações; ele tem uma paixão quase semítica pela metáfora, e por vezes é capaz de substituir a prova paciente por um engenhoso símile. Devemos nos manter em guarda contra esse fazedor de imagens tal como nos precavemos diante de um joalheiro ou de um corretor imobiliário poeta — enquanto reconhecemos, agradecidos, em *A Evolução Criadora* a primeira obra-prima filosófica do nosso século.*

---

* Como acontece com Schopenhauer, também com Bergson o leitor fará bem em saltar todos os sumários e marchar resolutamente pela própria obra-prima do filósofo. A exposição de Wildon Carr é indevidamente reverente, e a Hugh Elliot é indevidamente depreciativa; as duas se anulam, provocando confusão. A *Introdução à Metafísica* é tão simples quanto se pode esperar da metafísica; e o ensaio sobre o *Riso*, embora parcial, é agradável e proveitoso.

Talvez Bergson tivesse sido mais inteligente se baseasse a sua crítica do intelecto nos elementos de uma inteligência mais ampla, em vez de nas imposições da intuição. A intuição introspectiva é tão falível quanto o sentido externo; cada qual deve ser testado e corrigido pela experiência comum; e só se pode confiar em cada um deles se as suas descobertas iluminarem e avançarem nossas ações. Bergson exagera na pressuposição ao supor que o intelecto capta apenas os estados, e não o fluxo, da realidade e da vida; pensamento é uma *corrente* de ideias *transitivas*, como James mostrara antes de Bergson escrever;[22] "ideias" são apenas pontos que a memória seleciona no fluxo do pensamento; e a corrente mental reflete adequadamente a continuidade de percepção e o movimento da vida.

Foi um detalhe saudável esse desafio eloquente deter os excessos do intelectualismo; mas foi tão insensato oferecer a intuição em lugar do pensamento como teria sido corrigir as fantasias da juventude com os contos de fadas da infância. Vamos corrigir nossos erros para a frente, não para trás. Para dizer que o mundo sofre de um excesso de intelecto seria necessário ter a coragem de um louco. O protesto romântico contra o pensamento, de Rousseau e Chateaubriand a Bergson, Nietzsche e James, fez o seu trabalho; temos de concordar em destronar a Deusa da Razão se não formos solicitados a reacender as velas diante do ícone da Intuição. O homem existe por instinto, mas progride pela inteligência.

O melhor em Bergson é o seu ataque contra o mecanicismo materialista. Nossos especialistas de laboratório tinham se tornado confiantes demais em suas categorias e pensavam em meter o cosmo inteiro numa proveta. O materialismo é como uma gramática que só reconhece os substantivos; mas a realidade, como a linguagem, contém tanto ação como objetos, tanto verbos como substantivos, tanto vida e movimento quanto matéria. Talvez pudéssemos compreender uma memória meramente molecular, como a "fadiga" do aço sobrecarregado; mas visão molecular, planejamento molecular, idealismo molecular?... Se Bergson tivesse enfrentado esses novos dogmas com um ceticismo purificador poderia ter sido um pouco menos construtivo, mas teria ficado menos aberto a contestações. Suas dúvidas se dissolvem quando seu sistema começa a se formar; ele nunca para e pergunta o que é "matéria"; se ela não poderá ser um tanto menos inerte do que pensávamos; se ela pode ser não a inimiga da vida, mas a zelosa serva da vida, se esta ao menos conhecesse a mente. Ele considera o mundo e o espírito, o corpo e a alma, a matéria e a vida como hostis uns aos outros; mas a matéria, o corpo e o "mundo" são meramente as matérias-primas que esperam ser formadas pela inteligência e pela vontade. E quem sabe se essas coisas também não são formas de vida e augúrios da mente? Talvez aqui também, como diria Heráclito, existam deuses.

A crítica de Bergson ao darwinismo provém, naturalmente, de seu vitalismo. Ele segue a tradição francesa estabelecida por Lamarck e considera o impulso e o desejo como forças ativas em evolução; seu temperamento intrépido rejeita a concepção spenceriana de uma evolução executada inteiramente pela integração mecânica da matéria e da dissipação do movimento; a vida é uma força positiva, um esforço que constrói seus órgãos por meio da própria persistência de seus desejos. Temos que admirar a perfeição dos preparativos biológicos de Bergson, sua familiaridade com a literatura, até mesmo com os periódicos nos quais a ciência atual se esconde durante uma década de experiência. Ele apresenta sua erudição com modéstia, nunca com a elefantina dignidade que faz vergar sob o seu peso as páginas de Spencer. No todo, sua crítica de Darwin mostrou ser eficiente; as características especificamente darwinianas da teoria da evolução estão, agora, grosso modo, abandonadas.*

De muitas maneiras, a relação de Bergson com a era de Darwin é uma réplica da relação de Kant com Voltaire. Kant lutou para rechaçar a grande onda de intelectualismo secular, e parcialmente ateísta, que começara com Bacon e Descartes e acabara no ceticismo de Diderot e Hume; e seus esforços adotaram a linha de negar a finalidade do intelecto no campo dos problemas transcendentais. Mas Darwin inconscientemente, e Spencer conscientemente, renovaram os assaltos que

---

* Os argumentos de Bergson, contudo, não são todos irrefutáveis; o aparecimento de efeitos semelhantes (como o sexo ou a visão) em linhas diferentes pode ser a resultante mecânica de semelhantes exigências ambientais; e muitas das dificuldades do darwinismo encontrariam uma solução se a pesquisa posterior justificasse a crença de Darwin na transmissão parcial de caracteres repetidamente adquiridos por sucessivas gerações.

Voltaire e seus mais do que voltairianos seguidores haviam lançado contra a antiga fé; e o materialismo mecanicista, que cedera terreno diante de Kant e Schopenhauer, ganhara todo o seu antigo poder no início do nosso século. Bergson o atacou, não com uma crítica kantiana do conhecimento, nem com a alegação idealista de que a matéria é conhecida apenas pela mente; mas seguindo o exemplo de Schopenhauer e procurando, tanto no mundo objetivo como no subjetivo, um princípio ativador, uma *enteléquia* ativa, que pudesse tornar mais inteligíveis os milagres e as sutilezas da vida. Nunca o vitalismo foi defendido com tanta insistência ou recebeu roupagem tão atraente.

Bergson alçou-se a uma popularidade precoce, porque havia saído em defesa de esperanças que brotam eternamente no peito humano. Quando as pessoas descobriam que podiam acreditar na imortalidade e na divindade sem perderem o respeito da filosofia, ficavam contentes e gratas; e a sala de palestras de Bergson tornou-se o salão de donzelas esplêndidas, felizes por verem aquilo que mais desejavam sendo defendido com tão culta eloquência. Estranhamente socializados com eles estavam os sindicalistas mais fervorosos, que encontraram na crítica do intelectualismo de Bergson uma justificativa para suas pregações de "menos pensamento e mais ação". Mas essa súbita popularidade cobrou seu preço; a contraditória natureza do apoio a Bergson desintegrou os seus adeptos; e Bergson poderá ter o mesmo destino de Spencer, que viveu para estar presente ao enterro de sua própria reputação.

Entretanto, de todas as contribuições contemporâneas para a filosofia, a de Bergson é a mais preciosa. Precisávamos de sua ênfase sobre a contingência esquiva das coisas e a atividade remodeladora da mente. Estávamos prestes a pensar que o mundo era um espetáculo acabado e predeterminado, no qual a nossa iniciativa era uma autoilusão, e nossos esforços, uma diabólica piada dos deuses; depois de Bergson, passamos a ver o mundo como o palco e a matéria-prima de nossos poderes originários. Antes dele, éramos apenas engrenagens de uma imensa máquina sem vida; agora, se quisermos, podemos ajudar a escrever nossos próprios papéis no drama da criação.

## II. BENEDETTO CROCE

1. O HOMEM

De Bergson para Croce é uma transição inviável: praticamente inexiste um paralelo em todas as linhas dos dois. Bergson é um místico que traduz suas visões para uma clareza sub-reptícia; Croce é um cético com um dom quase alemão da obscuridade. Bergson tem mentalidade religiosa e, contudo, fala como um perfeito evolucionista; Croce é um anticlerical que escreve como um hegeliano americano. Bergson é um judeu francês que herda as tradições de Espinosa e Lamarck; Croce é um católico italiano que de sua religião nada guardou, exceto sua escolástica e sua devoção à beleza.

Talvez a infertilidade comparativa da Itália na filosofia dos últimos cem anos seja, de certa forma, em virtude da retenção de atitudes e métodos escolásticos, inclusive por parte de pensadores que abandonaram a velha teologia. (Uma parte maior, sem dúvida, seja em virtude do deslocamento em direção ao norte por parte da indústria e da riqueza.) A Itália poderia ser descrita como o país que teve uma Renascença, mas nunca uma Reforma; ela destruirá a si mesma por causa da beleza, mas é tão cética quanto Pilatos quando pensa na verdade. Talvez os italianos sejam mais sábios do que todos nós, e tenham descoberto que a verdade é uma miragem, enquanto a beleza — por mais subjetiva que seja — é uma posse e uma realidade. Os artistas da Renascença (exceção feita ao sombrio e quase protestante Michelangelo, cujo pincel era o eco da voz de Savonarola) nunca se preocuparam com moral e teologia; para eles, bastava que a Igreja lhes reconhecesse o gênio e pagasse as contas. Tornou-se uma lei consuetudinária, na Itália, que os homens de cultura não causassem problemas para a Igreja. Como poderia um italiano ser indelicado com uma Igreja que levara o mundo todo para Canossa e cobrara um tributo imperial sobre todas as terras para fazer da Itália a galeria da arte mundial?

Dessa forma, a Itália continuou fiel à velha fé, e contentava-se em ter a *Summa* de Aquino como sua filosofia. Giambattista Vico chegou e tornou a agitar a mente italiana; mas Vico se foi, e a filosofia pareceu morrer com ele. Rosmini pensou, durante algum tempo, em rebelar-se; mas cedeu às pressões. Por toda a Itália, homens tornavam-se cada vez mais irreligiosos, e cada vez mais leais à Igreja.

Benedetto Croce é uma exceção. Nascido em 1866 numa pequena cidade na província de Áquila, e único filho de uma abastada família católica e conservadora, recebeu uma educação em teologia católica tão completa que finalmente, para restabelecer o equilíbrio, tornou-se ateísta. Em países que não tiveram uma Reforma não existe um meio-termo entre ortodoxia e descrença absoluta. Benedetto era, a princípio, tão piedoso que insistiu em estudar todas as fases da religião, até que por fim chegou à sua filosofia e à sua antropologia; e inconscientemente os estudos substituíram sua fé.

Em 1883, a vida aplicou-lhe um daqueles golpes cruéis que costumam fazer a mente do homem voltar à fé. Um terremoto soterrou a pequena cidade de Casamicciola, onde os Croces estavam hospedados; Benedetto perdeu os pais e a sua única irmã; ele próprio ficou horas debaixo dos escombros, com vários ossos quebrados. Levou vários anos para recuperar a saúde, mas sua vida e seu trabalho posteriores não aparentavam um espírito quebrantado. A tranquila rotina da convalescença lhe deu, ou fortaleceu nele, o gosto pela erudição; ele usou a modesta fortuna que a catástrofe lhe deixara para acumular uma das melhores bibliotecas da Itália; tornou-se um filósofo sem sofrer a costumeira punição da pobreza ou de professor universitário; seguiu o cauteloso conselho de Eclesiastes, de que "boa é a sabedoria havendo herança".

Croce continuou a vida toda sendo um estudante, um amante das letras e do lazer. Foi contra seus protestos que ele foi levado para a política e nomeado ministro da Educação Pública, talvez para emprestar um ar de filosófica dignidade a um gabinete de políticos. Foi escolhido para o senado italiano; e como a regra na Itália é "uma vez senador, sempre senador" (o cargo é vitalício), Croce proporcionou o espetáculo, não raro na Roma antiga, mas absolutamente sem igual nos nossos dias, de um homem que pode ser senador e filósofo ao mesmo tempo. Ele teria interessado a Iago. Mas não levou a sua política muito a sério; seu tempo foi dedicado, em sua maior parte, à edição de seu periódico internacionalmente famoso, *La Critica*, no qual ele e Giovanni Gentile dissecaram o mundo do pensamento e das *belles lettres*.

Quando veio a guerra de 1914, Croce, irritado com a ideia de que se permitisse que uma simples questão de conflito econômico interrompesse o progresso da mente europeia, denunciou o conflito como sendo mania de suicídio; e mesmo quando a Itália, por necessidade, atrelou sua sorte à dos Aliados, ele permaneceu indiferente e tornou-se tão impopular na Itália quanto Bertrand Russell na Inglaterra ou Romain Rolland na França. Mas a Itália já o perdoou; e todos os jovens do país o consideram o seu guia, filósofo e amigo imparcial; ele se tornou, para eles, uma instituição tão importante quanto as universidades. Não é raro, agora, ouvir julgamentos dele como o de Giuseppe Natoli: "O sistema de Benedetto Croce continua sendo a mais alta conquista do pensamento contemporâneo." Vamos tentar desvendar o segredo dessa influência.

## 2. A FILOSOFIA DO ESPÍRITO

O primeiro livro dele, na forma original, uma série de artigos (1895-1900), foi publicado com o título *Materialismo Histórico e Economia Marxista*. Ele havia sido imensamente estimulado por Antônio Labriola, seu professor na Universidade de Roma; sob sua orientação, Croce mergulhara nos labirintos de *O Capital*, de Marx. "Essas relações com a literatura do marxismo, e a ânsia com que durante algum tempo acompanhei a imprensa socialista da Alemanha e da Itália, agitaram todo o meu ser, e pela primeira vez despertaram em mim um sentimento de entusiasmo político, transmitindo um estranho sabor de novidade para mim; eu parecia um homem que, tendo se apaixonado pela primeira vez quando já não era mais jovem, devesse observar em si mesmo o misterioso processo da nova paixão."[23] Mas o vinho da reforma social não lhe subiu bem à cabeça; pouco depois, ele se resignou aos absurdos políticos da humanidade e voltou a adorar no altar da filosofia.

Um dos resultados dessa aventura foi Croce elevar o conceito de Utilidade a uma paridade com Bondade, Beleza e Verdade. Não que ele desse às questões econômicas a importância suprema que lhes eram dadas no sistema de Marx e Engels. Ele louvava esses homens por uma teoria que, por mais que fosse incompleta, atraíra a atenção para um mundo de dados antes subestimados e quase ignorados; mas rejeitava o absolutismo da interpretação econômica da história, por considerá-lo uma desequilibrada rendição às sugestões de um ambiente industrial. Ele se recusava a admitir o materialismo como uma filosofia para adultos, ou mesmo como um método para a ciência; a mente era, para ele, a primária e máxima realidade. E quando expôs por escrito o seu sistema de pensamento, chamou-o, quase como uma provocação, de "A Filosofia do Espírito".

Porque Croce é um idealista, e não reconhece filosofia alguma depois da de Hegel. Toda realidade é ideia; não sabemos ou conhecemos coisa alguma a não ser sob a forma que essa coisa toma em nossas sensações e nossos pensamentos. Daí, toda filosofia pode ser reduzida a lógica; e a verdade é um relacionamento perfeito em nossas ideias. Talvez Croce goste um pouco demais dessa conclusão; ele não é nada além de lógico; mesmo em seu livro sobre *Estética*, não consegue resistir à tentação de introduzir um capítulo sobre a lógica. É verdade que ele chama a filosofia de o estudo do universal concreto, e a ciência de o estudo do universal abstrato; mas para azar do leitor, o universal concreto de Croce é universalmente abstrato. Ele é, afinal de contas, um produto da tradição escolástica; compraz-se em abstrusas distinções e classificações que exaurem tanto o assunto quanto o leitor; sem dificuldades, ele alude à casuística lógica, e refuta mais rápido do que consegue chegar a uma conclusão. É um italiano germanizado, como Nietzsche é um alemão italianizado.

Nada poderia ser mais alemão, ou mais hegeliano, do que o título do primeiro volume da trilogia que compõe a *Filosofia dello Spirito — Logica come Scienza del Concetto Puro* (1905). Croce quer que toda ideia seja tão pura quanto possível — o que parece significar tão ideológica quanto possível, tão abstrata e não pragmática quanto possível; não há nada daquela paixão pela clareza e pelo conteúdo prático que fez de William James um fator em meio à névoa da filosofia. Croce não se importa em definir uma ideia, reduzindo-a a suas consequências práticas; prefere reduzir questões práticas a ideias, relações e categorias. Se todos os termos abstratos ou técnicos fossem retirados de seus livros, estes não sofreriam tanto de obesidade.

Por "conceito puro", Croce implica um conceito universal, como quantidade, qualidade, evolução ou qualquer pensamento que se possa conceber a fim de ser aplicado a toda realidade. E ele passa a fazer malabarismos com esses conceitos, como se o espírito de Hegel tivesse encontrado nele um outro avatar, e como se ele estivesse decidido a rivalizar a reputação do mestre no concernente à obscuridade. Ao chamar tudo isso de "lógica", Croce convence a si próprio de que despreza a metafísica e que se manteve imaculado em relação a ela; a metafísica, considera ele, é um eco da teologia, e o moderno professor universitário de filosofia é apenas a mais recente forma de teólogo medieval. Ele mistura o seu idealismo com uma certa rigidez de atitude para com crenças delicadas: rejeita a religião; acredita na liberdade da vontade, mas não na imortalidade da alma; a veneração da beleza e a vida de cultura são, para ele, substitutos da religião. "A religião era todo o patrimônio intelectual dos povos primitivos; nosso patrimônio intelectual é a nossa religião. (...) Não sabemos que uso poderia ser dado à religião por aqueles que querem preservá-la lado a lado com a atividade teórica do homem, com sua arte, a sua crítica e sua filosofia. (...) A filosofia retira da religião todas as razões para existir. (...) Como ciência do espírito, ela considera a religião um fenômeno, um fato histórico transitório, uma condição psíquica que pode ser sobrepujada."[24] Fica-se imaginando se o sorriso da Gioconda não pairou sobre o rosto de Roma ao serem escritas estas palavras.

Aqui, temos o incomum desabrochar de uma filosofia que é, ao mesmo tempo, naturalista e espiritualista, agnóstica e indeterminista, prática e idealista, econômica e estética. É verdade que o interesse de Croce é atraído mais certamente pelos aspectos teóricos da vida do que pelos pragmáticos; mas os próprios assuntos que ele abordou nos ensaios são testemunhas de um respeitável esforço de vencer suas inclinações escolásticas. Ele escreveu um imenso volume sobre *The Philosophy of the Practical*, que se revela, em parte, uma outra lógica sob outro nome, e em parte uma discussão do velho problema do livre-arbítrio. E em *On History*, que foi um tomo mais modesto, ele alcançou o profícuo conceito de história como filosofia em movimento, e do historiador como aquele que apresenta a natureza e o homem, não em teoria e abstração, mas sim no autêntico fluxo e operação de causas e eventos. Croce adora o seu Vico, e acolhe com entusiasmo o antigo pleito italiano no sentido de que a história fosse escrita por filósofos. Ele acredita que o fetiche de uma história perfeitamente científica levou a uma erudição microscópica, na qual o historiador perde a verdade porque sabe demais. Assim como Schliemann desenterrou não só uma Troia, mas sete, depois que historiadores científicos haviam mostrado que não existira Troia nenhuma, Croce acha que o historiador hipercrítico exagera a nossa ignorância do passado.

> Recordo-me da observação que me foi feita, quando eu estava ocupado com um trabalho de pesquisa em minha juventude, por um amigo de pouquíssimos conhecimentos literários, e para o qual eu emprestara uma muito crítica, hipercrítica mesmo, história sobre a Roma antiga. Quando acabou de ler o livro, ele o devolveu dizendo que havia adquirido a orgulhosa convicção de ser "o mais culto dos filólogos": pois estes chegam à conclusão de que nada sabem depois de um esforço exaustivo; enquanto ele nada sabia sem precisar de esforço nenhum, simplesmente devido a um generoso dom natural.[25]

Croce reconhece a dificuldade de desvendar o passado verdadeiro e cita a definição de Rousseau para a história como "a arte de escolher, entre muitas mentiras, aquelas que mais se pareça com a verdade".[26] Ele não tem nenhuma compaixão pelo teórico que, como Hegel, Marx ou Buckle, distorce o passado, transformando-o num silogismo que irá concluir com o seu preconceito. Não existe nenhum tipo de plano preordenado na história; e o filósofo que escrever história deverá dedicar-se não a procurar desígnios cósmicos, mas à revelação de causas, consequências e correlações. E também lembrar-se-á de que só tem valor a parte do passado que seja contemporânea em seu significado e sua iluminação. A história poderia, enfim, ser aquilo que Napoleão disse ser — "a única filosofia verdadeira e a única psicologia verdadeira" —, se os historiadores a escrevessem como o apocalipse da natureza e o espelho do homem.

## 3. O QUE É BELEZA?

Croce chegou à filosofia vindo de estudos históricos e literários; e era natural que o seu interesse filosófico fosse profundamente colorido pelos problemas de crítica e de estética. O maior de seus livros é *Estética* (1902). Ele prefere a arte à metafísica e à ciência: as ciências nos dão utilidade, mas as artes nos dão beleza; as ciências nos afastam do individual e do real, para o mundo de abstrações cada vez mais matemáticas, até que (como em Einstein) desaguam em conclusões exponenciais sem nenhuma importância prática; mas a arte nos leva diretamente à pessoa particular e ao fato sem igual, ao universal filosófico intuído na forma do individual concreto. "O conhecimento tem duas formas: ou é conhecimento *intuitivo* ou conhecimento *lógico*; conhecimento obtido pela imaginação ou conhecimento obtido pelo intelecto; conhecimento do individual ou conhecimento do universal; de coisas individuais ou das relações entre elas; é a produção de imagens ou de conceitos."[27] A origem da arte, portanto, reside no poder de formar imagens. "A arte é governada de forma inigualável pela imaginação. As imagens são a sua única riqueza. Ela não classifica objetos, não os declara reais ou imaginários, não os qualifica, não os define; ela os sente e os apresenta — nada mais."[28] Tendo em vista que a imaginação precede o pensamento e é necessária a ele, a atividade artística ou formadora de imagens da mente é anterior à atividade lógica, formadora de conceitos. O homem é um artista tão logo imagina, e muito antes de raciocinar.

Os grandes artistas entendiam assim a questão. "Não se pinta com as mãos, mas com o cérebro", disse Michelangelo; e Leonardo escreveu: "A mente de homens de grande genialidade está mais ativa na invenção quando eles estão fazendo o mínimo de trabalho externo". Todos conhecem a história que se contava sobre Da Vinci: quando ele estava pintando *A Última Ceia*, desagradou seriamente o abade que havia encomendado a obra, ao sentar-se imóvel durante dias diante de uma tela intacta; e vingou-se da insistente pergunta do importuno abade (Quando iria começar a trabalhar?) usando-o como um inconsciente modelo para a figura de Judas.

A essência da atividade estética está nesse esforço imóvel do artista para conceber a imagem perfeita que deverá manifestar o assunto que tem em mente; está numa forma de intuição que não envolve introspecção mística, mas visão perfeita, percepção completa e imaginação apropriada. O milagre da arte está não na externalização, mas na concepção da ideia; externalização é uma questão de técnica mecânica e habilidade manual.

> Quando dominamos a palavra interna, quando concebemos clara e vividamente uma figura ou uma estátua, quando descobrimos um tema musical, a expressão nasce e está completa, nada mais é necessário. Se a partir disso abrimos nossa boca e falamos ou cantamos, (...) o que fazemos é dizer em voz alta aquilo que já dissemos internamente, cantar em voz alta o que já cantamos internamente. Se nossas mãos tocam o teclado do piano, se pegamos o lápis ou o cinzel, essas ações são resultado da vontade [pertencem à atividade prática, não à estética], e assim, o que estamos fazendo é executar em grandes movimentos o que já executamos breve e rapidamente em nosso interior.[29]

Será que isso nos ajuda a responder à desconcertante pergunta "O que é beleza?"? Quanto a isso, não há dúvida de que existem tantas opiniões quanto cabeças; e todo amante, nesse assunto, considera-se uma autoridade que não deve ser contestada. Croce responde que a beleza é a formação mental de uma imagem (ou de uma série de imagens) que capta a essência da coisa percebida. Reiterando, a beleza pertence mais à imagem interna do que à forma externa na qual está corporificada. Nós gostamos de pensar que a diferença entre nós e Shakespeare é, em boa parte, uma diferença em técnica de expressão externa; que temos pensamentos muito profundos para serem expressos em palavras. Mas isso é uma grata ilusão: a diferença reside não no poder de externalizar a imagem, mas no poder de formar internamente uma imagem que expresse o objeto.

Mesmo o senso estético que é contemplação e não criação também é expressão interna; o grau até o qual compreendemos ou apreciamos uma obra de arte depende de nossa capacidade de ver, por intuição direta, a realidade retratada — do nosso poder de formar, para nós mesmos, uma imagem expressiva. "É sempre nossa própria intuição que expressamos quando apreciamos uma linda obra de arte. (...) Só pode ser minha própria intuição quando, ao ler Shakespeare, formo a imagem de Hamlet ou Otelo."[30] Tanto no artista criando como no espectador contemplando a beleza, o segredo estético é a imagem expressiva. Beleza é expressão apropriada: e como não há expressão verdadeira se não for adequada, podemos responder muito simplesmente à velha pergunta e dizer que a beleza é expressão.[31]

## 4. CRÍTICAS

Tudo isso é tão claro quanto um céu sem estrelas; e não mais sensato do que deveria ser. *The Philosophy of the Spirit* carece de espírito, e desincentiva uma exposição simpática. *The Philosophy of the Practical* não é prática, e falta-lhe o sopro da referência viva. O ensaio *On History* capta só um pedaço da verdade ao propor uma união entre história e filosofia; mas não consegue captar o outro ao não perceber que a história só pode se tornar filosofia ao ser não analítica, mas sintética; não uma história toda fragmentada (dando em livros separados a história em fragmentos supostamente isolados das atividades dos homens — econômica, política, científica, filosófica, religiosa, literária e artística), mas aquilo que se poderia chamar, não muito a sério, de história casada — história em que todas as fases da vida humana, num determinado período, são tornadas tão breves quanto a fragilidade individual possa exigir, sejam estruturadas em sua correlação, em sua reação comum a condições semelhantes, e em sua variada influência mútua. Isso seria o retrato de uma era, a imagem da complexidade do homem; seria uma história que um filósofo consentiria em escrever.

Quanto à *Estética*, deixe que outros a julguem. Pelo menos um estudante não consegue entendê-la. Será que o homem é um artista assim que cria imagens? Será que a essência da arte reside apenas na concepção, não na externalização? Será que nunca temos pensamentos e sentimentos mais belos do que a nossa fala? Como podemos saber o que era a imagem interna na mente do artista, ou se a obra que admiramos corresponde a ela ou a concretiza? Como chamaremos o "Harlot" de Rodin de bonito senão porque é a *corporificação expressiva* de uma concepção apropriada — embora concepção de um tema feio e angustiante? Aristóteles observa que nos agrada ver as imagens fiéis de coisas que consideramos repugnantes na realidade; por que, a não ser pelo fato de que reverenciamos a arte que tão bem corporificou a ideia?

Seria interessante, e sem dúvida desconcertante, saber o que os artistas pensam dos filósofos que lhes dizem o que é a beleza. O maior artista vivo abandonou a esperança de responder à pergunta. "Acredito", escreve ele, "que nunca saberemos exatamente por que uma coisa é bonita". Mas a mesma sabedoria madura nos oferece uma lição que aprendemos, em geral, tarde demais. "Ninguém jamais conseguiu mostrar-me exatamente a maneira correta. (...) Pelo que me toca, sigo o meu sentimento pelo belo. Que homem está certo de ter encontrado melhor guia? (...) Se eu tivesse que escolher entre beleza e verdade, não hesitaria; ficaria com a beleza. (...) Não há nada verdadeiro no mundo, exceto a beleza."[32] Esperemos não ter que escolher. Talvez algum dia sejamos suficientemente fortes e suficientemente puros de alma para ver a brilhante beleza até mesmo da mais terrível verdade.

## III. BERTRAND RUSSELL

### 1. O LÓGICO

Deixamos para o final o mais jovem e mais viril dos pensadores europeus de nossa geração.

Quando falou na Universidade Columbia, em 1914, Bertrand Russell se parecia com o seu assunto, que era epistemologia — magro, pálido e moribundo; esperava-se vê-lo morrer a cada parágrafo. A Primeira Guerra Mundial acabara de rebentar, e aquele filósofo sensível, amante da paz, sofrera o choque de ver o mais civilizado dos continentes desintegrar-se e cair no barbarismo. Imaginava-se que ele falava de um assunto tão remoto quanto "Nosso Conhecimento do Mundo Exterior" porque sabia que ele era remoto e queria estar tão longe quanto possível de realidades que haviam se tornado tão sombrias. Então, vendo-o novamente dez anos depois, ficava-se feliz em encontrá-lo, embora com cinquenta e dois anos, robusto e alegre, e animado por uma energia ainda rebelde. Isso depois de um intervalo de uma década que havia destruído quase todas as suas esperanças, desfeito todas as suas amizades e rompido quase todos os elos com sua vida aristocrática e segura de outrora.

Pois ele pertence aos Russell, uma das mais antigas e mais famosas famílias da Inglaterra, ou do mundo, uma família que há muitas gerações vem dando estadistas à Grã-Bretanha. Seu avô, lorde John Russell, foi um grande primeiro-ministro liberal, que tratou uma inexorável batalha pelo livre comércio, pela educação universal gratuita, pela emancipação dos judeus, pela liberdade em todas as áreas. Seu pai, o visconde de Amberley, foi um livre-pensador que não sobrecarregou o filho com a teologia hereditária do Ocidente. Bertrand era, à época, o provável herdeiro do segundo conde Russell, mas rejeitara a instituição da herança, e com muito orgulho ganhava o próprio sustento. Quando Cambridge o demitiu devido ao seu pacifismo, ele fez do mundo a sua universidade, tornou-se um sofista viajante (no sentido original desse nobre termo) e recebeu, de bom grado, o apoio do mundo inteiro.

Houve dois Bertrand Russell: um que morreu durante a guerra; e outro que se ergueu do sudário do primeiro, um comunista quase místico, nascido das cinzas de um lógico matemático. Pode ser que houvesse nele um delicado traço místico; representado inicialmente por uma montanha de fórmulas algébricas, e depois encontrando uma distorcida expressão num socialismo que tem as marcas mais de uma religião do que de uma filosofia. Dentre os livros que escreveu, um título chama atenção: *Misticismo e Lógica*: um implacável ataque à irracionalidade do misticismo, seguido de tal glorificação do método científico que nos faz pensar no misticismo da lógica. Russell herda a tradição positivista inglesa e se decide a ser obstinado porque sabe que não pode.

Talvez fosse por um excesso de correção que ele enfatizava as virtudes da lógica e fazia da matemática uma divindade. Ele impressionava as pessoas em 1914, parecendo ter sangue-frio, ser uma abstração temporariamente animada, uma fórmula com pernas. Ele nos conta que nunca viu um filme de cinema até que leu a analogia cinematográfica de Bergson para o intelecto; nesse momento, conformou-se com apenas uma sessão, só como tarefa de filosofia. O vívido senso de tempo e movimento de Bergson, sua sensação de que todas as coisas estavam vivas com um ímpeto vital não impressionaram Russell tanto assim; parecia-lhe nada mais que um belo poema; de sua parte, ele não teria outro deus além da matemática. Não gostava dos clássicos; manifestava-se com vigor, como um outro Spencer, em favor de mais ciência na educação. Os males do mundo, achava ele, deviam-se em grande parte ao misticismo, à censurável obscuridade do pensamento; e a primeira lei da moralidade deveria ser pensar com sinceridade. "Seria melhor o mundo perecer do que eu, ou qualquer outro ser humano, acreditar numa mentira; (...) esta é a religião do pensamento, em cujas ardentes chamas a escória do mundo está sendo lentamente consumida."[33]

A paixão pela clareza levou-o, inevitavelmente, à matemática; ele quase se emocionava com a calma precisão dessa aristocrática ciência. "A matemática, vista de forma correta, possui não apenas verdade, mas uma beleza extrema — uma beleza fria e austera, como aquela da escultura, sem apelo a qualquer parte de nossa natureza mais fraca, sem os deslumbrantes adornos da pintura ou da música, porém com uma sublime pureza, e capaz de uma inflexível perfeição como só a mais alta arte pode apresentar."[34] Ele acredita que o progresso da matemática foi a melhor característica do século XIX; especificamente, "a solução das dificuldades que antes cercavam o infinito matemático talvez seja a maior realização de que pode gabar-se a nossa era".[35] Em um século, a velha geometria que havia defendido a fortaleza da matemática durante dois mil anos foi quase inteiramente destruída; e o texto de Euclides, o mais velho compêndio do mundo, foi finalmente desbancado. "Não é nada menos do que um escândalo o fato de ele ainda ser ensinado a meninos na Inglaterra."[36]

Possivelmente, a fonte da maior parte das inovações na matemática moderna seja a rejeição de axiomas; e Russell se deleita com homens que desafiam "verdades manifestas" e insistem na demonstração do óbvio. Ele ficou contente ao ouvir dizer que linhas paralelas poderão encontrar-se em algum lugar, e que o todo pode não ser maior do que uma de suas partes. Ele gosta de assustar o leitor inocente com enigmas como o que se segue: os números pares são apenas metade de todos os números, e ainda assim existem tantos números pares quanto o total dos números, já que para cada número existe o seu par. De fato, esta é toda a peculiaridade da, até aqui, coisa indefinível, o infinito matemático: é um todo contendo partes que têm tantos termos ou itens quanto o todo. O leitor poderá seguir essa tangente, se estiver com disposição.*

O que atrai Russell para a matemática é, mais uma vez, a rígida impessoalidade e objetividade; aqui, e só aqui, estão a verdade eterna e o conhecimento absoluto; esses *teoremas a priori* são as "ideias" de Platão, a "ordem eterna" de Espinosa, a substância do mundo. O objetivo da filosofia deveria se igualar à perfeição da matemática, limitando-se a declarações semelhantemente exatas e semelhantemente verdadeiras antes de toda experiência. "As proposições filosóficas (...) devem ser *a priori*", diz esse estranho positivista. Essas proposições farão referência não a coisas, mas a relações, e a relações universais. Serão independentes de "fatos" e eventos específicos; se todos os particulares do mundo fossem alterados, essas proporções ainda seriam verdadeiras. Por exemplo, "se todos os As forem Bs, e se X for A, então X é um B": isso é verdade, não importando o que A possa ser; isso reduz a uma forma universal e *a priori* o velho silogismo sobre a mortalidade de Sócrates; e seria verdade mesmo que nenhum Sócrates, ou mesmo ninguém,

---

\* Não que sejam recomendáveis os volumes matemáticos de Russell ao leitor leigo. *Introdução à Filosofia Matemática* começa com uma inteligibilidade ardilosa, mas pouco depois faz exigências a que só um especialista em matemática pode atender. Até o pequeno livro sobre *Os Problemas da Filosofia*, embora tivesse a intenção de ser popular, é difícil, e desnecessariamente epistemológico; o volume maior, *Misticismo e Lógica*, é muito mais claro e muito mais simples. *A Filosofia de Leibniz* é uma bela exposição de um grande pensador, ignorado nestas limitadas páginas. Os volumes gêmeos *A Análise da Mente* e *A Análise da Matéria* servirão para deixar o leitor atualizado com certos aspectos da filosofia e da física. Os livros do pós-guerra são fáceis de ler; e embora sofram da confusão natural de um homem cujo idealismo está resvalando para a desilusão, são interessantes e valem a pena. *Por que os Homens Vão à Guerra* ainda é o melhor desses tratados para a época. *Caminhos para a Liberdade* é um genial levantamento de filosofias sociais tão antigas quanto Diógenes, que Russell redescobre com todo o entusiasmo de um Colombo.

jamais tivesse existido. Platão e Espinosa estavam certos: "o mundo dos universais também poderá ser descrito como o mundo do ser. O mundo do ser é imutável, rígido, exato, um deleite para o matemático, para o lógico, para o construtor de sistemas metafísicos, e para todos os que adoram mais a perfeição do que a vida".[37] Reduzir toda filosofia a essa forma matemática, tirar-lhe todo o conteúdo específico, comprimi-la (toda sua abundância) para dentro da matemática — essa foi a ambição desse Pitágoras da atualidade.

> As pessoas descobriram como tornar simbólico o raciocínio, como acontece na álgebra, de modo que as deduções possam ser realizadas pelas regras matemáticas. (...) A matemática pura consiste inteiramente de asserções no sentido de que se uma tal proposição está em conformidade com qualquer coisa, então uma tal outra proposição está em conformidade com aquela coisa. É essencial não discutir se a primeira proposição é realmente verdade, e não mencionar a coisa qualquer com a qual ela supostamente está em conformidade. (...) Assim, a matemática pode ser definida como a matéria na qual nunca saberemos sobre o que estamos falando, nem se aquilo que estamos dizendo é verdade.[38]

E talvez (se for possível interromper grosseiramente exposição com opinião) essa descrição não faça grande injustiça à filosofia matemática. É um jogo esplêndido para quem gosta; garantia de "matar o tempo" tão rapidamente quanto o xadrez; é uma nova forma de jogar "paciência", e a pessoa deveria ir se divertir o mais longe possível do toque contaminador das coisas. Vale destacar que, após escrever vários volumes sobre esse erudito devaneio, Bertrand Russell baixou de repente para a superfície deste planeta e começou a discutir com muito ardor sobre guerra, governo, socialismo e revolução — e sem recorrer nenhuma vez às fórmulas impecáveis, ainda que maçantes e sufocantes, de seu *Principia Mathematica*. Tampouco outra pessoa qualquer, pelo que se saiba, as utilizou. Para ser útil, o raciocínio deve ser sobre coisas, e deve se manter em contato com elas a cada passo. As abstrações têm a sua utilidade como sumários; mas como implementos de uma argumentação exigem o teste e o comentário da experiência. Aqui corremos o risco de um escolasticismo ao lado do qual as gigantescas *Summas* da filosofia medieval seriam modelos de pensamento pragmático.

De um ponto de partida desses, Bertrand Russell estava quase destinado a passar ao agnosticismo. Ele encontrou tanta coisa no cristianismo que não podia ser expressa em termos matemáticos que o abandonou por completo, à exceção do código moral. Fala com desprezo de uma civilização que persegue homens que negam o cristianismo e prende aqueles que o levam a sério.[39] Não consegue encontrar nenhum Deus num mundo tão contraditório assim; ao contrário, só um Mefistófeles humorístico poderia tê-lo produzido, e num estado de excepcional crueldade.[40] Russell segue Spencer em sua visão do fim do mundo e chega à eloquência ao descrever a resignação do estoico quanto à derrota máxima de todo indivíduo e toda espécie. Nós falamos de evolução e progresso; mas progresso é um termo egoísta, e evolução não passa de metade de um amoral ciclo de eventos que termina em dissolução e morte. "A vida orgânica, segundo nos dizem, desenvolveu-se gradualmente do protozoário ao filósofo; e esse desenvolvimento, asseguram-nos, é indubitavelmente um avanço. Infelizmente, é o filósofo, e não o protozoário, que nos dá essa garantia."[41] O "homem livre" não pode se confortar com esperanças pueris e deuses antropomórficos; tem que manter a coragem, muito embora saiba que, no fim, ele também deverá morrer, que todas as coisas têm que morrer. Apesar de tudo, ele não se renderá; se não pode ganhar, pelo menos pode deleitar-se com a luta; e pelo conhecimento que prevê a sua derrota, ele fica em posição superior à das forças cegas que irão destruí-lo. A sua veneração não será dirigida a essas forças brutas exteriores, que por sua persistência sem objetivo o conquistam e fazem desmoronar todos os lares e todas as civilizações que construiu; mas àquelas forças criativas dentro dele que não param de lutar diante do fracasso, e erguem, pelo menos por alguns séculos, a frágil beleza das coisas esculpidas e retratadas, e as ruínas majestosas do Partenon.

Era esta a filosofia de Bertrand Russell — antes da guerra.

## 2. O REFORMADOR

Foi quando veio a Grande Loucura; e Bertrand Russell, que permanecera tanto tempo soterrado e mudo sob o peso da lógica, da matemática e da epistemologia, irrompeu repentinamente, como uma chama liberada, e o mundo se espantou ao descobrir que esse professor magro e com aparência anêmica era um homem de infinita coragem, e um apaixonado amante da humanidade. Dos recessos de suas fórmulas, o erudito deu um passo à frente e despejou sobre os mais exaltados estadistas de seu país uma torrente de polêmica que não parou nem mesmo quando eles o demitiram de sua cátedra na universidade e o isolaram, como outro Galileu, num pequeno bairro de Londres. Homens que duvidavam de sua sabedoria admitiam sua sinceridade; mas ficaram tão desconcertados por aquela impressionante transformação que escorregaram, por um momento, para uma intolerância nada britânica. Nosso pacifista sitiado, apesar das respeitabilíssimas origens, foi banido da sociedade e denunciado como traidor da pátria que o criara, e cuja existência parecia estar ameaçada pelo turbilhão da guerra.

Por trás daquela rebelião havia um simples horror diante de todos os conflitos sangrentos. Bertrand Russell, que tentara ser um intelecto desencarnado, era na verdade um sistema de sentimentos; e os interesses de um império não lhe pareciam valer a vida dos jovens que ele vira tão orgulhosos marchando para matar e morrer. Ele pôs-se a trabalhar para expor as causas de tal holocausto; e pensou ter encontrado no socialismo uma análise econômica e política que, ao mesmo tempo, revelava as fontes da doença e indicava sua única cura. A causa era a propriedade privada, e a cura era o comunismo.

Toda propriedade, salientou ele à sua maneira genial, teve sua origem na violência e no roubo; nas minas de diamante de Kimberley e nas minas de ouro de Rand, a transição de roubo para propriedade estavam ocorrendo debaixo dos narizes do mundo inteiro. "Nenhum bem para a comunidade, de qualquer natureza ou tipo, resulta da propriedade privada da terra. Se os homens fossem razoáveis, iriam decretar o seu fim amanhã, sem indenização alguma, além de uma moderada renda vitalícia para os atuais donos."[42]

Como a propriedade privada é protegida pelo Estado, e os roubos que fazem a propriedade são sancionados pela legislação e impostos pelas armas e pela guerra, o Estado é um grande mal; e seria bom se a maioria de suas funções fosse assumida por cooperativas e consórcios de produtores. A personalidade e a individualidade são esmagadas e transformadas numa conformidade maquinal pelas nossas sociedades; só uma maior segurança e um ordenamento da vida moderna podem nos resignar à existência do Estado.

A liberdade é o bem supremo; porque sem ela a personalidade é impossível. A vida e o conhecimento são hoje tão complexos que só pela livre discussão poderemos escolher o nosso caminho, por meio de erros e preconceitos, até a perspectiva total, que é a verdade. Que os homens, até mesmo os professores, divirjam e debatam; dessas diversas opiniões sairá uma inteligente relatividade de crença que não se lançará prontamente às armas; o ódio e a guerra vêm, em grande parte, de ideias fixas ou de fé dogmática. A liberdade de pensamento e de expressão passaria como uma corrente purificadora através das neuroses e superstições da mente "moderna".

Porque nós não somos tão educados quanto pensamos; estamos apenas começando o grande experimento de escolaridade universal; e ele ainda não teve tempo de afetar profundamente nossas maneiras de pensar e nossa vida pública. Estamos montando o equipamento, mas ainda somos primitivos quanto aos métodos e à técnica; consideramos a educação como a transmissão de um certo corpo de conhecimento consolidado, quando ela deveria ser, isso sim, o desenvolvimento de um hábito científico da mente. A característica nítida do homem desprovido de inteligência é a precipitação e a inflexibilidade de suas opiniões; o cientista demora a acreditar e nunca fala sem alteração. O maior uso da ciência e do método científico na educação nos daria uma medida daquela consciência intelectual que só acredita com as provas em mãos e está sempre pronta a admitir que elas podem estar erradas. Com tais métodos, a educação poderá mostrar-se o grande solvente de nossos males; poderá até fazer dos filhos de nossos filhos os novos homens e mulheres que devem chegar antes que a nova sociedade possa aparecer. "A parte instintiva do nosso caráter é muito maleável. Pode ser alterada por crenças, por circunstâncias materiais, por circunstâncias sociais e por instituições." É perfeitamente admissível, por exemplo, que a educação possa moldar a opinião para admirar mais a arte do que a riqueza, como na era da Renascença, e possa guiar-se pela resolução "de promover tudo aquilo que seja criativo e, assim, diminuir os impulsos e desejos que giram em torno da posse". Este é o Princípio do Crescimento, cujos corolários seriam os dois grandes mandamentos de uma nova e natural moralidade: primeiro, o Princípio da Reverência, que diz que "a vitalidade de indivíduos e comunidades deverá ser promovida tanto quanto possível"; e segundo, o Princípio da Tolerância, segundo o qual "o progresso de um indivíduo ou de uma comunidade deve ser feito o mínimo possível à custa de terceiros".[43]

Não há nada que o homem não possa fazer se a nossa esplêndida organização escolar e universitária for adequadamente desenvolvida e equipada, e dirigida de forma inteligente para a reconstrução do caráter humano. Esse, e não a revolução violenta ou a legislação no papel, é o caminho para sair da ganância econômica e da crueldade internacional. O homem chegou a controlar todas as outras formas de vida porque levou mais tempo para crescer; quando ele levar ainda mais tempo, e usá-lo de maneira sábia, poderá aprender até mesmo a controlar e refazer a si mesmo. Nossas escolas são o "abre-te, Sésamo" para a Utopia.

## 3. EPÍLOGO

Tudo isso, obviamente, é muito otimista — embora seja melhor errar em favor da esperança do que em favor do desespero. Russell despejou na sua filosofia social o misticismo e o sentimento que ele reprimira de maneira tão resoluta na sua atitude para com a metafísica e a religião. Não aplicou às suas teorias econômicas e políticas o mesmo exame minucioso e rígido de suposições, o mesmo ceticismo quanto aos axiomas que lhe deram tanta satisfação na matemática e na lógica. Sua paixão pelo *a priori*, seu amor pela "perfeição mais do que pela vida" levam-no, aqui, a esplêndidos retratos que servem mais como alívio poético para a prosa do mundo do que como abordagens práticas aos problemas da vida. Será um prazer, por exemplo, contemplar uma sociedade em que a arte venha a ser mais respeitada do que a riqueza; mas enquanto as nações emergirem e caírem, no fluxo da natural seleção dos grupos, de acordo com seu poder econômico e não artístico, será o poder econômico, e não o artístico, que, por ter maior valor de sobrevivência, receberá os maiores elogios e as maiores recompensas. A arte só pode ser a flor que nasce da riqueza; não pode ser a sua substituta. Os Médici chegaram antes de Michelangelo.

Mas não é necessário colher mais falhas na brilhante visão de Russell; a sua experiência tem sido o seu mais severo crítico. Na Rússia, ele se viu diante do esforço de criar uma sociedade socialista; e as dificuldades encontradas pelo experimento quase destruíram a fé de Russell no seu próprio evangelho. Ele se decepcionou ao descobrir que o governo russo não podia arriscar o grau de democracia que a ele, Russell, parecera o axioma de uma filosofia liberal; e ficou tão irritado pela supressão da liberdade de expressão e de imprensa, e pelo absoluto monopólio e uso sistemático de todas as vias de propaganda, que se alegrou com o analfabetismo do povo russo — uma vez que a habilidade da leitura, nesta era de jornais subsidiados, é um obstáculo para a aquisição da verdade. Ele ficou chocado ao descobrir que a nacionalização da terra tinha sido obrigada (exceto no papel) a ceder à propriedade privada; e ocorreu-lhe que os homens, tal como feitos hoje, não vão cultivar e administrar com parcimônia seus bens se não puderem transmiti-los, junto com os melhoramentos que neles fizeram, aos filhos. "A Rússia parece em vias de se tornar uma França maior, uma grande nação de proprietários camponeses. O antigo feudalismo desapareceu." Russell começou a compreender que aquela dramática reviravolta, com todos os seus sacrifícios e todos os seus heroísmos, era apenas o 1789 da Rússia.

Talvez ele ficasse mais em casa quando foi lecionar durante um ano na China; lá, havia menos mecanicismo e um ritmo mais lento; era possível sentar-se e raciocinar, e a vida ficava parada enquanto o indivíduo a dissecava. Naquele imenso mar de humanidade, novas perspectivas chegaram até o nosso filósofo; ele percebeu que a Europa não passava do pseudópode experimental de um continente maior e de uma cultura mais antiga — e talvez mais profunda; todas as suas teorias e silogismos se fundiram numa modesta relatividade diante daquele mastodonte das nações. Vemos o seu sistema afrouxar conforme ele escreve:

> Cheguei à conclusão de que a raça branca não é tão importante quanto eu pensava que fosse. Se a Europa e a América se exterminarem numa guerra, isso não significará, necessariamente, a destruição da espécie humana, nem mesmo um fim da civilização. Ainda restará um número considerável de chineses; e de muitas maneiras, a China é o maior país que já vi. Não é o maior só numérica e culturalmente, mas me parece também que é o maior intelectualmente. Não tenho conhecimento de nenhuma outra civilização em que haja tamanha liberalidade,* tamanho realismo, tamanha disposição para enfrentar a realidade tal como é, em vez de tentar distorcê-la para colocá-la num determinado padrão.[44]

É um pouco difícil alguém passar da Inglaterra para a América, depois para a Rússia, e depois para a Índia e a China, e ainda manter inalterada a sua filosofia social. O mundo convenceu Bertrand Russell de que é grande demais para as suas fórmulas, e talvez grande e pesado demais para avançar tão rapidamente na direção que seu coração deseja. E existem tantos corações, e tantos desejos diferentes! Nós o vemos agora "um homem mais velho e mais sábio", abrandado pelo tempo e por uma vida variada; tão alerta quanto antes a todos os males dos quais a carne seja a herdeira, e contudo amadurecido na moderação que conhece as dificuldades da mudança social. Apesar dos pesares, um homem muito cativante: capaz da mais profunda

---

* N. do T.: Importante frisar que as palavras de Russell referem-se à China de 1920, quando ele por lá viveu cerca de um ano. Na ocasião, apenas a primeira revolução, de 1911, havia acontecido, e o Partido Comunista chinês era um mero embrião; o líder de então, Sun Yat-sen, até chegou a colaborar com o Partido Comunista, mas tinha um viés mais democrático. Apesar dos constantes confrontos na área rural, que naquele tempo estava nas mãos de uma elite agrícola que se consolidara em virtude do comércio de outrora com o Ocidente, a China, nesse exíguo período, encontrava-se numa relativa paz. Vale ressaltar que Bertrand Russell, após seu retorno à Inglaterra, escreveu um livro intitulado *The Problem of China*, no qual, além de diversas reflexões sobre o país, ele fez previsões que, quase um século depois, tornaram-se realidade.

metafísica e da mais sutil matemática, e, mesmo assim, sempre falando com simplicidade, com a clareza que vem apenas àqueles que são sinceros; um homem dedicado a campos de pensamento que, em geral, secam as nascentes do sentimento, e, no entanto, segue animado e iluminado pela piedade, pleno de uma ternura quase mística pela humanidade. Não é um cortesão, mas sem dúvida um erudito e um cavalheiro, e um cristão muito melhor do que alguns que se dizem cristãos. Felizmente, ele ainda está jovem e vigoroso, a chama da vida ainda queima nele, radiante; quem sabe se a próxima década não irá vê-lo passar da desilusão para a sabedoria, e escrever seu nome entre os maiores "na serena fraternidade dos filósofos"?*

---

* N. do T.: Mais uma vez, ressalte-se que a presente obra foi escrita em 1926, então o leitor notará que o autor refere-se a Bertrand Russell no presente, portanto, enquanto ele ainda estava vivo e na ativa. O filósofo só veio a falecer em 1970, aos noventa e sete anos de idade.

CAPÍTULO VI

# Filósofos americanos contemporâneos: Santayana, James e Dewey

## INTRODUÇÃO

Existem duas Américas,* das quais uma é europeia. A América europeia é composta, em especial, pelos estados do leste, onde as famílias mais antigas admiram respeitosamente as aristocracias estrangeiras, e imigrantes mais recentes olham com uma certa nostalgia para a cultura e as tradições de suas terras natais. Nesta América europeia há um conflito ativo entre a alma anglo-saxônica, moderada e política, e o irrequieto e inovador espírito dos povos mais novos. O código inglês de pensamento e comportamento deverá acabar sucumbindo às culturas continentais que aqui rodeiam e nos invadem; mas no momento presente o estado de espírito britânico domina a literatura, embora já não a moral, do leste americano. O nosso padrão de arte e estilo nos estados do Atlântico é dos ingleses; nossa herança literária, inglesa; e nossa filosofia, quando sobra algum tempo para isso, segue a linha do pensamento britânico. Foi esta nova Inglaterra que produziu Washington, Irving, Emerson e até mesmo Poe; foi esta nova Inglaterra que escreveu os livros do primeiro filósofo americano, Jonathan Edwards; e foi esta nova Inglaterra que captou e refez essa figura estranha e exótica, o mais recente pensador da América, George Santayana. Porque

---

\* Aqui o autor define os Estados Unidos como América.

Santayana, é claro, só é um filósofo americano pela graça da geografia; ele é um europeu nascido na Espanha que foi transportado para a América em sua infância inocente, e que agora, na idade madura, voltou para a Europa, como se lá fosse um paraíso para a provação que enfrentou durante os anos em que esteve conosco. Santayana está impregnado da "polida tradição" da velha América.*

A outra América é americana. Ela consiste dos indivíduos, sejam eles ianques, cidadãos de Indiana ou caubóis, cujas raízes estão neste solo, e não na Europa; cujos modos de agir, ideias e ideais são uma formação nativa; cujas almas não são tocadas pela fidalguia das famílias que adornam Boston, Nova York, Filadélfia ou Richmond, nem pelas voláteis paixões do europeu do Sul e do Leste; homens e mulheres moldados com resistência física, franqueza e simplicidade mentais pelo seu meio ambiente primitivo e por suas tarefas primitivas. Esta é a América que nos deu Lincoln, Thoreau, Whitman e Mark Twain; é a América do "senso prático", de "homens práticos", "de empresários realistas"; é a América que impressionou tanto William James que ele se tornou um expoente em filosofia enquanto o irmão se tornava mais britânico do que um inglês; e é a América que fez John Dewey.

Vamos estudar Santayana primeiro, apesar da cronologia; porque, embora ele seja o mais moço de nossos maiores filósofos, representa uma escola mais antiga e estrangeira; e a sutileza de seu pensamento e a fragrância de seu estilo são como o perfume que permanece numa sala de onde se tiraram as flores. Muito provavelmente, não teremos

---

* Cf. A análise que ele próprio fez das duas Américas: "A América não é apenas um país jovem com mentalidade antiga; é um país com duas mentalidades: uma, a sobrevivência das crenças e dos padrões dos pais; outra, uma expressão dos instintos, práticas e descobertas das gerações mais jovens. Dentre todas as coisas mais elevadas da mente — na religião, na literatura, nas emoções morais — é o espírito hereditário que prevalece, tanto assim que o senhor Bernard Shaw acha que a América está cem anos atrasada. A verdade é que metade da mente americana ficou, não direi encalhada, mas ligeiramente aquietada; ela tem flutuado suavemente em águas paradas, enquanto ao seu lado, com relação à invenção, indústria e organização social, a outra metade da mente descia por uma espécie de uma das cataratas do Niágara. Isso pode ser encontrado como símbolo na arquitetura americana. (...) A Vontade Americana mora no arranha-céu; o Intelecto Americano mora na mansão colonial." — *Winds of Doctrine*, Nova York, 1913; p. 188.

mais Santayanas, porque daqui por diante será a América, e não a Europa, que irá escrever as filosofias da América.

## I. GEORGE SANTAYANA

### 1. BIOGRAFIA

Santayana nasceu em Madri, em 1863. Ele foi trazido para a América em 1872, e aqui ficou até 1912. Obteve seus diplomas em Harvard e ali ensinou dos vinte e sete aos cinquenta anos de idade. Um de seus alunos o descreve em termos vivos:

> Aqueles que se lembram dele na sala de aula irão lembrar-se de um espírito solene, doce e retraído, cuja fisionomia joanina feita por um pintor da Renascença tinha um olhar abstrato e um sorriso hierático, meio malícia, meio satisfação; cuja voz rica fluía firme, em cadências suaves e equilibradas como uma liturgia; cuja linguagem teórica tinha a complicada perfeição de um poema e a implicação de uma profecia; que de certa forma falava por seus ouvintes e não para eles, agitando as profundezas de suas naturezas e perturbando-lhes a mente, como faria um oráculo a quem dizem respeito o mistério e a reverência, tão denso de distanciamento e fascínio era ele, tão emocionante e tão impassível.[1]

Ele não estava exatamente contente com o país de sua escolha; sua alma, abrandada com muita erudição e sensível como deve ser a alma de um poeta (porque ele era poeta primeiro, e depois filósofo), sofria com a barulhenta pressa da vida citadina americana; instintivamente, ele recuou para Boston, como se para ficar o mais próximo possível da Europa; e de Boston para Cambridge e Harvard, e uma privacidade que preferia Platão e Aristóteles a James e Royce. Sorria com um pouco de amargura diante da popularidade de seus colegas, e permanecia à parte da massa e da imprensa; mas sabia que tivera sorte ao ter encontrado um lar na melhor Escola de Filosofia que qualquer universidade americana já conheceu. "Foi uma nova manhã na vida da razão, nublada, mas resplandecente."[2]

Seu primeiro ensaio em filosofia foi *The Sense of Beauty*, de 1896, que até o prosaico Münsterberg classificou como a melhor contribuição americana para a estética. Cinco anos depois, saiu um volume mais fragmentário e mais fácil de ler, *Interpretations of Poetry and Religion*. Então, durante sete anos, como Jacó servindo em troca do seu amor, ele trabalhou em silêncio, publicando apenas um verso de vez em quando; estava preparando seu *magnum opus*, *The Life of Reason*. Estes cinco volumes (*Reason in Common Sense, Reason in Society, Reason in Religion, Reason in Art* e *Reason in Science*) levaram de imediato Santayana a uma fama cuja qualidade combinava inteiramente com o que lhe faltava em amplitude. Ali estava a alma de uma grandeza espanhola enxertada na linhagem do delicado Emerson; uma refinada mistura de aristocracia mediterrânea com individualismo da Nova Inglaterra; e acima de tudo, uma alma inteiramente emancipada, quase imune ao espírito de sua época, falando como que com o sotaque de um erudito pagão vindo da antiga Alexandria para estudar os nossos pequenos sistemas com olhos que não se impressionam e são superiores, e destroçar nossos sonhos novos-velhos com a mais calma das argumentações e a mais perfeita das prosas. Praticamente desde Platão a filosofia não se expressava com tanta beleza; ali estavam palavras cheias de um travo novo, frases de textura delicada, perfumadas com sutileza e farpadas com argúcia satírica; o poeta falava nessas luxuriantes metáforas, o artista, nesses cinzelados parágrafos. Era bom encontrar um homem que podia sentir ao mesmo tempo a atração da beleza e o chamado da verdade.

Depois desse esforço, Santayana descansou sobre a fama conquistada, contentando-se com poemas e livros sem grande importância.[3] Então, por estranho que pareça, depois de ter saído de Harvard e ido viver na Inglaterra, o mundo presumindo que ele tivesse dado por encerrado o seu trabalho, ele publicou, em 1923, o substancial volume *Scepticism and Animal Faith*, com o jubiloso aviso de que aquilo era apenas a introdução a um novo sistema de filosofia, a ser chamado de

"Reinos do Ser". Era estimulante ver um homem de sessenta anos partindo de novo para longas viagens e produzindo um livro tão vigoroso no pensamento e tão refinado no estilo como qualquer outro que ele escrevera. Temos que começar com esse produto mais recente, porque ele é, na verdade, a porta aberta para todo o pensamento de Santayana.

## 2. CETICISMO E FÉ ANIMAL

"Eis", diz o prefácio, "mais um sistema de filosofia. Se o leitor ficar tentado a sorrir, posso garantir-lhe que sorrio com ele. (...) Estou apenas tentando expressar ao leitor os princípios aos quais ele apela quando sorri". Santayana é bem modesto (e isso é estranho num filósofo) para acreditar que outros sistemas que não o seu são possíveis. "Não peço a ninguém que pense em meus termos se preferir outros. Que esse alguém limpe melhor, se puder, as janelas de sua alma, que a variedade e a beleza da perspectiva possam espalhar-se com maior brilho diante de si."[4]

Nesse último e introdutório volume, ele propõe retirar, antes de qualquer coisa, as teias epistemológicas que envolveram e detiveram o progresso da moderna filosofia. Antes de delinear a Vida da Razão, ele está disposto a discutir, com toda a parafernália técnica cara ao epistemologista profissional, a origem, a validade e os limites da razão humana. Ele sabe que a grande armadilha do pensamento é a aceitação não crítica de hipóteses tradicionais: "a crítica surpreende a alma nos braços da convenção", diz ele de maneira nada convencional. Ele está disposto a duvidar de quase tudo: o mundo chega até nós gotejando as qualidades dos sentidos por meio dos quais fluiu, e o passado vem por meio de uma memória traiçoeiramente colorida com o desejo. Para ele, só uma coisa parece certa, e é a experiência do momento — esta cor, esta forma, este gosto, este odor, esta qualidade; isso é o que forma o mundo "verdadeiro", e sua percepção constitui "a descoberta da essência".[5]

O idealismo é correto, mas não traz grandes consequências: é verdade que só conhecemos o mundo por meio de nossas ideias; mas como ele tem se portado, por alguns milhares de anos, substancialmente como se nossas sensações combinadas fossem verdadeiras, podemos aceitar essa sanção pragmática sem nos preocuparmos com o futuro.

"Fé animal" pode ser a fé em um mito, mas o mito é um bom mito, já que a vida é melhor do que qualquer silogismo. A falácia de Hume está em supor que, ao descobrir a origem das ideias, ele destruíra a validade delas: "Um filho natural significava para ele um filho ilegítimo; sua filosofia ainda não atingira a sabedoria da senhora francesa que perguntou se todos os filhos não eram naturais".[6] Esse esforço para ser ceticamente rigoroso, duvidando da veracidade da experiência, foi levado pelos alemães ao ponto de se transformar numa doença, como um louco que vive sempre lavando as mãos para limpar uma sujeira que não existe. Mas até esses filósofos "que procuram pelas fundações do universo em suas próprias mentes" não vivem como se realmente acreditassem que as coisas deixam de existir quando não são percebidas.

> Não somos solicitados a abolir nossa concepção do mundo natural, nem mesmo, em nossa vida diária, a deixar de acreditar nele; deveremos ser idealistas só no sentido norte-noroeste, ou transcendentemente; quando o vento é sul, devemos permanecer realistas. (...) Eu teria vergonha de aprovar opiniões nas quais, quando não discutindo, eu não acreditasse. A mim, pareceria desonesto e covarde militar sob outras cores que não aquelas sob as quais eu vivo. (...) Portanto, nenhum escritor moderno é um filósofo completo a meu ver, exceto Espinosa. (...) Peguei francamente a natureza pela mão, aceitando como regra, em minha remota especulação, a fé animal segundo a qual vivo dia após dia.[7]

E com isso Santayana acaba com a sua epistemologia; e respiramos mais facilmente ao passarmos com ele para aquela magnífica reconstrução de Platão e Aristóteles que ele chama de "A Vida da Razão". Essa introdução epistemológica foi, aparentemente, um batismo necessário para a nova filosofia. Trata-se de uma concessão transicional; a filosofia ainda faz suas mesuras de agradecimento em trajes epistemológicos, como os líderes trabalhistas que durante algum tempo usam calções de seda amarrados abaixo do joelho na corte do rei. Algum dia, quando a idade média realmente tiver acabado, a filosofia descerá dessas nuvens e tratará das questões humanas.

## 3. RAZÃO NA CIÊNCIA

A Vida da Razão é "um nome para todos os pensamentos e ações práticas justificados pelos seus frutos na consciência". A razão não é inimiga dos instintos, é a vitoriosa harmonia deles; é a natureza tornada consciente em nós, iluminando seu próprio caminho e sua própria meta. "É o feliz casamento de dois elementos — impulso e ideação —, que, se inteiramente divorciados, reduziriam o homem a um selvagem ou a um maníaco. O animal racional é gerado pela união desses dois monstros. Ele é constituído por ideias que deixaram de ser visionárias e ações que deixaram de ser vãs." A razão é "a imitação da divindade pelo homem".[8]

A Vida da Razão baseia-se francamente na ciência, porque "a ciência contém todo o conhecimento confiável". Santayana conhece a precariedade da razão e a falibilidade da ciência; aceita a moderna análise do método científico como uma mera descrição, feita em taquigrafia, de regularidades observadas em nossa experiência, e não de "leis" governando o mundo e com uma imutabilidade garantida. Mas mesmo assim modificada, a ciência deve ser o nosso único esteio; "a fé no intelecto (...) é a única fé sancionada pelos seus frutos".[9] De modo que Santayana está resolvido a compreender a vida, sentindo, como Sócrates, que a vida sem discurso não é digna de um homem; ele irá submeter todas "as fases do progresso humano", todo o desfile dos interesses do homem na história, ao exame minucioso da razão.

Apesar disso, ele é bem modesto; não propõe uma nova filosofia, mas apenas a aplicação de velhas filosofias à nossa vida presente; ele acha que os primeiros filósofos foram os melhores; e de todos eles, classifica como maiores Demócrito[10] e Aristóteles; gosta do materialismo franco e rude do primeiro e da tranquila serenidade do segundo. "Em Aristóteles, a concepção da natureza humana é perfeitamente lógica: tudo que é ideal tem uma base natural, e tudo que é natural tem um desenvolvimento ideal. A sua ética, quando inteiramente digerida e pesada, parecerá perfeitamente definitiva. A Vida da Razão encontra ali a sua explicação clássica." E assim, armado com os átomos de Demócrito e a justa medida de Aristóteles, Santayana enfrenta os problemas da vida contemporânea.

Na filosofia natural, sou um materialista inconteste — aparentemente o único vivo. (...) Mas não afirmo conhecer o que é a matéria em si mesma. (...) Espero que os homens de ciência me digam. (...) Mas seja lá o que a matéria possa ser, eu a chamo atrevidamente de matéria, assim como chamo meus conhecidos de Smith e Jones, sem saber os seus segredos.[11]

Santayana não se permite o luxo do panteísmo, que é meramente um subterfúgio para o ateísmo; nada acrescentamos à natureza chamando-a de Deus; "a palavra *natureza* já é bem poética; sugere suficientemente a função geradora e controladora, a interminável vitalidade e a ordem variável do mundo em que eu vivo". Ficar para sempre agarrado às velhas crenças nessas formas refinadas e desnaturadas é ser como Dom Quixote, envolvido com uma armadura obsoleta. No entanto, Santayana é poeta bastante para saber que o mundo inteiramente despojado de divindade é uma casa fria e sem conforto. "Por que a consciência do homem acaba invariavelmente rebelando-se contra o naturalismo e revertendo, de uma forma ou de outra, a um culto do invisível?" Talvez "porque a alma seja consanguínea do eterno e do ideal"; ela não está contente com aquilo que é, e anseia por uma vida melhor; fica triste ao pensar na morte e se apega à esperança de algum poder que possa torná-la permanente em meio ao fluxo que a cerca. Mas Santayana conclui, com franqueza: "Eu creio que não há nada imortal. (...) Não há dúvida de que o espírito e a energia do mundo são aquilo que está agindo em nós, como é o mar que sobe em cada pequena onda; mas isso passa através de nós e, por mais que gritemos, irá seguir adiante. Nosso privilégio é o termos percebido quando seguiu."[12]

O mecanicismo, provavelmente, é universal; e embora "a física não possa explicar aquele mínimo movimento e pululação da crosta terrestre dos quais as questões humanas são uma porção", o melhor método em psicologia é supor que o mecanicismo prevalece até nos mais recônditos recessos da alma. A psicologia só deixa de ser literatura e se forma em ciência quando procura a base mecânica e material de todo evento mental. Até o esplêndido trabalho de Espinosa sobre as paixões é meramente uma "psicologia literária", uma dialética de dedução, já que não procura, para cada impulso e emoção, a base fisiológica e mecânica. Os "behavioristas" de hoje acharam o caminho certo, e devem segui-lo sem medo.[13]

Tão inteiramente mecânica e material é a vida que a consciência, que não é uma coisa, mas uma condição e um processo, não tem eficácia causal; a eficácia está no calor com que o impulso e o desejo movimentam cérebro e corpo, não na luz que lampeja como pensamento. "O valor do pensamento é ideal, não causal"; isto é, ele não é o instrumento de ação, mas o teatro da experiência retratada e o recipiente de prazeres morais e estéticos.

> Será a mente que controla o aturdido corpo e mostra o caminho para hábitos físicos incertos quanto a suas afinidades? Ou será que é, isso sim, um mecanismo interno automático que executa o maravilhoso trabalho, enquanto a mente tem aqui e ali algum vislumbre da operação, ora com prazer e adesão, ora com rebelião impotente? (...) Lalande, ou seja lá quem foi que pesquisou o céu com o seu telescópio e não conseguiu encontrar Deus algum, não teria encontrado a alma humana se tivesse investigado o cérebro com um microscópio. (...) A crença num espírito desses é crença em magia. (...) Os únicos fatos observados pelo psicólogo são fatos físicos. (...) A alma é apenas uma bela organização perspicaz dentro do animal material; (...) uma prodigiosa rede de nervos e tecidos, desenvolvendo-se em cada geração de uma semente.[14]

Devemos aceitar esse animado materialismo? É assombroso que um pensador tão sutil e um poeta tão etéreo quanto Santayana amarrasse ao seu pescoço a mó de uma filosofia que, depois de séculos de tentativas, é tão incapaz quanto sempre foi de explicar a origem de uma flor ou o riso de uma criança. Pode ser verdade que a concepção do mundo como um híbrido bipartido, metade material e metade mental, seja "a desajeitada conjunção de um autômato com um fantasma";[15] mas ela é a lógica e a lucidez personificadas ao lado da concepção que Santayana tem de si mesmo como um autômato desacreditando automaticamente o próprio automatismo. E se a consciência não tem eficácia, por que foi criada, tão lenta e tão penosamente, e por que sobrevive em um mundo no qual as coisas inúteis sucumbem tão cedo? A consciência é tanto um órgão de julgamento quanto um veículo do prazer; sua função vital é o ensaio da resposta e a coordenação da reação. É por causa dela que somos homens. Talvez a flor e sua semente, e a criança e seu riso, contenham mais do mistério do universo do que qualquer máquina que já esteve sobre a terra ou no mar; e talvez seja mais sábio interpretar a natureza em termos de vida, e não tentar compreendê-la em termos de morte.

Mas Santayana também leu Bergson, e afasta-se dele com desprezo.

> Bergson fala muito sobre a vida, acha que penetrou profundamente na natureza dela; e mesmo assim, a morte, juntamente com o nascimento, é a análise natural do que é a vida. O que é esse propósito criativo que tem que esperar o sol e a chuva para se pôr em movimento? O que é essa vida que em qualquer indivíduo pode ser repentinamente extinta por uma bala de arma de fogo? O que é esse elã vital que uma pequena queda de temperatura baniria de vez do universo?[16]

## 4. RAZÃO NA RELIGIÃO

Sainte-Beuve comentou, a respeito de seus compatriotas, que eles continuariam sendo católicos muito tempo depois de terem deixado de ser cristãos. Esta é a análise de Renan e Anatole France, e de Santayana também. Ele gosta do catolicismo como alguém que ainda pode ter saudade da mulher que o enganou... "Acredito nela, apesar de saber que ela mente." Lamenta a fé perdida, aquele "esplêndido erro que condiz melhor com os impulsos da alma" do que a própria vida. Ele se descreve em Oxford, em meio a algum antigo ritual:

> Exilado que sou,
> Exilado não só da charneca batida pelo vento,
> Onde Guadaranna ergue sua púrpura crista,
> Mas do reino do espírito, celestial, seguro,
> Meta de todas as esperanças e visão dos melhores.

É por causa desse amor secreto, dessa descrença crente, que Santayana atinge sua obra-prima em *Reason in Religion*, enchendo suas páginas céticas com uma terna tristeza, e encontrando na beleza do catolicismo abundante causa para ainda amá-lo. Ele sorri, é verdade, diante "da ortodoxia tradicional, da crença, ou seja, de que o universo existe e é bom por causa do homem ou do espírito humano"; mas despreza "o iluminismo comum a jovens inteligências e velhos sátiros comidos pelos vermes, que se gabam de perceber a inépcia científica da religião — uma coisa que a metade mais cega vê —, mas deixam inexplorados os hábitos de pensamento dos quais saltaram esses dogmas, seu significado original e sua verdadeira função". Eis, afinal, um fenômeno digno de nota — o fato de que em toda parte os homens têm tido religiões; como poderemos compreender o homem se não compreendemos a religião? "Esses estudos colocariam o cético cara a cara com o mistério e o *pathos* da existência mortal. Eles o fariam compreender o motivo pelo qual a religião é tão profundamente tocante e, em certo sentido, tão profundamente justa."[17]

Santayana pensa, com Lucrécio, que foi o medo que primeiro criou os deuses.

> A fé no sobrenatural é uma aposta desesperada feita pelo homem na mais baixa maré de sua fortuna; está tão longe quanto possível de ser a fonte daquela vital normalidade que subsequentemente, se sua sorte mudar, ele poderá recuperar aos poucos. (...) Se tudo fosse bem, deveríamos atribuir isso apenas a nós mesmos. (...) As primeiras coisas que um homem aprende a distinguir e repetir são coisas que têm vontade própria, coisas que resistem a suas exigências casuais; e dessa maneira, o primeiro sentimento com que ele confronta a realidade é uma certa animosidade, que se torna crueldade para com os fracos, e temor e bajulação diante dos poderosos. (...) É patético observar como são mesquinhos os motivos que a religião, mesmo a mais alta, atribui à divindade, e de que existência dura e amarga eles foram retirados. Receber o melhor bocado, ser lembrado, ser elogiado, ser obedecido cega e pontualmente — tudo isso tem sido considerado pontos de honra com os deuses, em troca do que eles concederiam favores e dariam castigos na mais exorbitante das escalas.[18]

Acrescente ao medo a imaginação: o homem é um animista incorrigível e interpreta todas as coisas antropomorficamente; personifica e dramatiza a natureza, e a enche com uma nuvem de divindade; "o arco-íris é considerado (...) um traço deixado no céu pela passagem de uma bela e esquiva deusa". Não que as pessoas acreditem literalmente nesses mitos esplêndidos; mas a poesia que há neles ajuda os homens a suportar a prosa da vida. Essa tendência mitopoética é fraca hoje em dia, e a ciência tem levado a uma violenta e suspeita reação contra a imaginação; mas em povos primitivos, e particularmente no Oriente Próximo, ela não encontrou resistência. O Antigo Testamento existe em abundância na poesia e na metáfora; os judeus que o escreveram não aceitavam literalmente suas figuras; mas quando povos europeus, mais literais e menos imaginativos, confundiram aqueles poemas com ciência, nasceu a teologia ocidental. O cristianismo foi, a princípio, uma combinação de teologia grega com moralidade judia; foi uma combinação instável, na qual um ou outro elemento acabaria cedendo; no catolicismo, triunfou o elemento grego e pagão, e no protestantismo, o rigoroso código moral hebraico. Um teve uma Renascença, o outro, uma Reforma.[19]

Os alemães — os "bárbaros nortistas", como Santayana os chamava — nunca aceitaram realmente o cristianismo romano. "Uma ética não cristã de valor e honra, um fundo não cristão de superstição, lenda e sentimento sempre subsistiram entre povos medievais." As catedrais góticas eram bárbaras, não romanas. O temperamento bélico dos teutônicos erguia sua cabeça acima da tranquilidade dos orientais, e transformou o cristianismo de uma religião de amor fraternal numa rigorosa persuasão de virtudes comerciais, de uma religião de pobreza numa religião de prosperidade e poder. "Foi essa jovem religião — profunda, bárbara, poética — que as raças teutônicas inseriram no cristianismo e colocaram no lugar daquele último suspiro de dois mundos que morriam."[20]

Santayana crê que nada seria mais belo do que o cristianismo se ele não fosse tomado tão literalmente, o que os alemães insistiram em fazer. A dissolução da ortodoxia cristã na Alemanha era, portanto, inevitável. Porque, tomado literalmente, nada podia ser tão absurdo quanto alguns dos dogmas antigos, como a danação de inocentes ou a existência do mal num mundo criado por uma benevolência onipotente. O princípio da interpretação individual levou naturalmente a um descontrolado crescimento de seitas entre o povo, e a um moderado panteísmo entre a elite — com panteísmo sendo nada mais do que "naturalismo expresso poeticamente". Lessing e Goethe, Carlyle e Emerson foram os marcos dessa mudança. Em resumo, o sistema moral de Jesus destruíra aquele Jeová militarista que, por um endiabrado acidente da história, tinha sido transmitido ao cristianismo juntamente com o pacifismo dos profetas e de Cristo.[21]

Santayana é, por constituição e hereditariedade, incapaz de comiseração com o protestantismo; ele prefere a cor e o incenso de sua fé jovem. Ele censura os protestantes por abandonarem as belas lendas da era medieval e, acima de tudo, negligenciar a Virgem Maria, que ele considera, assim como Heine, a "mais bela flor da poesia". Como disse um espirituoso, Santayana acredita que não exista nenhum Deus, e que Maria é a mãe d'Ele. Ele adorna seu quarto com retratos da Virgem e dos santos.[22] Gosta mais da beleza do catolicismo do que da verdade de qualquer outra fé, pela mesma razão que prefere a arte à indústria.

> Há duas etapas na crítica dos mitos. (...) A primeira os trata com raiva, como se fossem superstições; a segunda os trata com sorrisos, como se fossem poesias. (...) Religião é experiência humana interpretada pela imaginação humana. (...) A ideia de que a religião contém uma representação literal, não simbólica, da verdade e da vida é simplesmente uma ideia impossível. Aquele que a tem não entrou na região do proveitoso filosofar sobre esse assunto. (...) Questões de religião nunca deveriam ser motivos de controvérsias. (...) Procuramos, isso sim, honrar a piedade e compreender a poesia corporificada nessas fábulas.[23]

O homem de cultura, portanto, deixará imperturbados os mitos que tanto confortam e inspiram a vida do povo; e talvez lhes inveje um pouco a esperança. Mas não terá fé numa outra vida. "O fato de ter nascido é um mau augúrio para a imortalidade."[24] A única imortalidade que irá interessá-lo é aquela que Espinosa descreve.

"Aquele que vive no ideal", diz Santayana, "e o deixa expresso na sociedade ou na arte goza de uma dupla imortalidade. O eterno absorveu-o enquanto ele vivia, e quando ele está morto a sua influência atrai outros para a mesma absorção, tornando-o, por meio daquela identidade ideal com o que há de melhor nele, reencarnações e sedes perenes de tudo nele que ele podia racionalmente esperar salvar da destruição. Ele pode dizer, sem nenhum subterfúgio ou desejo de enganar a si próprio, que não morrerá por inteiro; porque terá uma melhor noção do que o vulgar a respeito do que constitui o seu ser. Ao se tornar espectador e confessor de sua própria morte e da mutação universal, ele se terá identificado com o que é espiritual em todos os espíritos e autoritário em toda a percepção; e concebendo a si mesmo dessa maneira, poderá sentir e saber verdadeiramente que ele é eterno".[25]

## 5. RAZÃO NA SOCIEDADE

O grande problema da filosofia é planejar um meio pelo qual os homens possam ser persuadidos à virtude sem o estímulo de esperanças e temores sobrenaturais. Teoricamente, ela resolveu este problema duas vezes; tanto em Sócrates como em Espinosa ela deu ao mundo um sistema de ética natural ou racional suficientemente perfeito. Se os homens pudessem ser moldados a qualquer das duas filosofias, tudo estaria bem. Mas "uma moralidade racional ou um regime social de verdade nunca existiu no mundo, e praticamente não se deve esperar que venha a existir"; continua sendo um luxo dos filósofos. "Um filósofo tem um refúgio em si mesmo, do qual desconfio que a lendária beatitude a vir em outras vidas (...) é apenas um símbolo poético; ele sente prazer na verdade, e uma igual presteza para desfrutar a cena ou abandoná-la", embora se possa observar nele uma certa longevidade obstinada. "Para o resto de nós, a avenida do desenvolvimento moral deve estar, tanto no futuro como no passado, na evolução das emoções sociais que florescem na generosa atmosfera de amor e do lar."[26]

É verdade, como alegou Schopenhauer, que o amor é um logro praticado contra o indivíduo pela raça; que "nove décimos da causa do amor estão no amante, para o décimo que poderá estar no objeto"; e que o amor "torna a fundir a alma no fluxo cego impessoal". Não obstante, o amor tem suas recompensas; e no seu maior sacrifício, o homem encontra a sua mais feliz realização. "Dizem que Laplace declarou em seu leito de morte que ciência era mera frivolidade, e que nada era verdadeiro exceto o amor." Afinal, o amor romântico, apesar de suas desilusões poéticas, acaba normalmente num relacionamento — de genitor e filho — muito mais satisfatório para os instintos do que qualquer segurança celibatária. Os filhos são a nossa imortalidade; e "entregamos às chamas, com maior disposição, o rasurado manuscrito de nossas vidas quando encontramos o texto imortal meio passado a limpo num exemplar mais bonito".[27]

A família é a avenida da perpetuidade humana, e por isso a instituição básica entre os homens; ela ainda continuaria a raça, mesmo que todas as outras instituições falhassem. Mas ela só pode conduzir a civilização até um determinado nível simples; um desenvolvimento maior requer um sistema maior e mais complexo, no qual a família deixe de ser a unidade produtiva, perca o controle sobre as relações econômicas de seus membros e tenha sua autoridade e seus poderes cada vez mais apropriados pelo Estado. O Estado pode ser monstro, como o chamou Nietzsche; o monstro de tamanho desnecessário; mas a sua tirania totalmente centralizada tem a virtude de abolir as inúmeras e mesquinhas tiranias pelas quais a vida era, antigamente, importunada e confinada. Um mestre pirata aceitando tributos tranquilamente é muito melhor do que cem piratas cobrando tarifas sem aviso e sem limites.[28]

Daí, em parte, o patriotismo do povo; ele sabe que o preço que paga pelo governo é inferior ao que lhe custaria o caos. Santayana fica pensando se esse patriotismo não causa mais dano do que bem; porque tende a vincular o estigma de deslealdade aos defensores da mudança. "Amar o seu país, a menos que esse amor seja completamente cego e indolente, deve envolver uma distinção entre as condições reais do país e seu ideal inerente; e essa distinção envolve, por sua vez, uma exigência de mudanças e de esforços." Por outro lado, o patriotismo racial é indispensável. "Algumas raças são obviamente superiores a outras. Uma adaptação mais completa às condições de existência tem dado ao seu espírito vitória, esfera de ação e uma relativa estabilidade." Daí ser perigoso o casamento misto, exceto entre as raças de reconhecidas igualdade e estabilidade. "Os judeus, os gregos, os romanos, os ingleses nunca foram tão grandes como quando enfrentavam outras nações, reagindo contra elas, e ao mesmo tempo, talvez, adotando suas culturas; mas essa grandeza sofre um retrocesso sempre que o contrato leva à amalgamação."[29]

O grande mal do estado é a sua tendência de se tornar uma máquina de guerra, o punho hostil sacudido na cara de um mundo supostamente inferior. Santayana acha que jamais um povo ganhou uma guerra.

> Quando os partidos e os governos são maus, como acontece na maioria das eras e dos países, praticamente não faz diferença para uma comunidade, fora os danos locais, se o vitorioso na guerra for o seu exército ou o do inimigo. (...) O cidadão particular, de qualquer modo, continua a pagar nesses países um máximo de impostos, e a sofrer, em todos os seus interesses privados, um máximo de vexames e desprezo. Apesar disso (...) o oprimido brilhará como os demais com ardor patriótico e irá denunciar como morto para o dever e a honra todo aquele que salientar quão perversa é essa impotente sujeição ao governo que não representa nenhum tipo de interesse público.[30]

Essa é uma linguagem forte para um filósofo; mas tenhamos o nosso Santayana sem cortes. Com bastante frequência, segundo ele, a conquista e a absorção por um Estado maior é um passo adiante para a organização e a pacificação da humanidade; seria uma vantagem para todo o mundo se ele fosse totalmente governado por uma grande potência ou um grupo de potências, como o foi, certa vez, por Roma, primeiro com a espada e depois com a palavra.

> A ordem universal outrora sonhada e nominalmente quase estabelecida, o império da paz universal, da arte racional que a tudo impregna e da adoração filosófica, já não é mais mencionada. (...) Aquela era medieval, da qual deriva a nossa prática política, tinha uma teoria política que seria bom estudarmos; porque sua teoria sobre um império

universal e uma igreja católica era, por sua vez, o eco de uma passada idade da razão em que alguns homens cônscios de governarem o mundo tinham, por um momento, tentado visualizá-lo como um todo e governá-lo com justiça.[31]

Talvez o desenvolvimento dos esportes internacionais possa proporcionar um certo escape para o espírito da rivalidade grupal e servir, até certo ponto, como "um equivalente moral da guerra"; e talvez o investimento recíproco na área financeira possa vencer a tendência que tem o comércio de partir para a disputa pelos mercados do mundo. Santayana não está tão enamorado da indústria quanto estava Spencer; dela ele conhece tanto o lado militante quanto o lado pacífico: no todo, ele se sente mais à vontade na atmosfera de uma antiga aristocracia do que no burburinho de uma metrópole moderna. Nós produzimos demais, e somos atolados pelas coisas que fazemos; "as coisas estão montadas e cavalgam a humanidade", como disse Emerson. "Em um mundo composto inteiramente por filósofos, uma ou duas horas diárias de trabalho manual — uma qualidade muito bem recebida — atenderia às necessidades materiais." A Inglaterra é mais sábia do que os Estados Unidos; porque embora ela também esteja obcecada pela mania de produção, percebeu, pelo menos numa parte de seu povo, o valor das artes do lazer.[32]

Nosso filósofo acha que a cultura que o mundo tem conhecido sempre foi fruto de aristocracias.

> A civilização tem se constituído, até aqui, na difusão e na diluição de hábitos surgidos em centros privilegiados. Ela não surgiu do povo; surgiu em seu seio por uma variação a partir dele, impondo-se depois de cima para baixo. (...) Um Estado composto exclusivamente dos trabalhadores e camponeses que compõem o grosso das nações modernas seria um Estado extremamente bárbaro. Nele, todas as tradições liberais iriam perecer; e a racional e histórica essência do patriotismo estaria perdida. A emoção do fato, sem dúvida, iria durar, porque não é generosidade o que falta ao povo. Ele possui cada impulso; é a experiência que ele não consegue reunir, pois ao reuni-la estaria constituindo os órgãos superiores que formam uma sociedade aristocrática.[33]

Ele não gosta do ideal de igualdade e alega, com Platão, que a igualdade de desiguais é desigualdade. Apesar disso, não convence muito a si próprio em favor da aristocracia; sabe que a história experimentou-a e verificou que suas virtudes são muito bem compensadas pelos defeitos; que ela fecha a carreira para o talento sem *pedigree*, que abafa o crescimento, à exceção de uma linha estreita, exatamente das superioridades e valores que deveria, em teoria, desenvolver e usar. Ela garante cultura, mas também garante tirania; a escravidão de milhões paga pela liberdade de uns poucos. O primeiro princípio da política deveria ser o de que uma sociedade deve ser julgada pelo grau até o qual ela melhora a vida e as capacidades dos indivíduos que a constituem — "a não ser pela excelência de uma vida única típica, nenhuma nação merece ser mais lembrada do que as areias do mar".[34] A partir deste ponto de vista, a democracia representa um grande aprimoramento em relação à aristocracia. Mas também tem os seus males; não apenas a sua corrupção e a sua incompetência, mas, o que é pior, a sua tirania característica, o fetiche da uniformidade. "Não existe tirania tão odiosa quanto uma tirania vulgar e anônima. Ela penetra em tudo, frustra tudo; aniquila toda novidade em botão e todo galho novo de gênio com a sua onipresente e violenta estupidez."[35]

O que Santayana despreza acima de tudo é o caos e a indecente pressa da vida moderna. Ele fica imaginando se não haveria mais felicidade para os homens na velha doutrina aristocrática de que o benéfico não é a liberdade, mas a sabedoria, e satisfação com nossas restrições naturais; a tradição clássica sabia que só uns poucos podem vencer. Mas agora que a democracia abriu o grande vale-tudo, a luta de *catch-as-catch-can* do industrialismo tipo *laissez-faire*, toda alma está dilacerada com a subida, e ninguém está satisfeito. As classes fazem guerra umas contra as outras, sem restrições; e "quem quer que saia vitorioso dessa luta" para a qual o liberalismo desobstruiu o campo "irá acabar com o liberalismo".[36] Esta é também a nêmese das revoluções: o fato de que, para sobreviver, têm que restaurar completamente a tirania que destruíram.

As revoluções são coisas ambíguas. Seu sucesso é, em geral, proporcional ao seu poder de adaptação e à reabsorção dentro daquilo contra o que se rebelaram. Mil reformas deixaram o mundo tão corrupto como sempre, pois cada reforma vitoriosa fundou uma nova instituição, e esta gerou seus novos e devidos abusos.[37]

Por que tipo de sociedade devemos, então, lutar? Talvez por nenhum; não há muita diferença entre eles. Mas se for por qualquer um em particular, pela "timocracia". Este seria o governo por homens de mérito e honradez; seria uma aristocracia, mas não hereditária; cada homem e cada mulher teria um caminho aberto, segundo a sua capacidade, aos mais altos cargos do Estado; mas o caminho estaria fechado para a incompetência, não importando o quanto ela estivesse suprida de plebiscitos. "A única igualdade a subsistir seria a igualdade de oportunidade."[38] Com um governo desses, a corrupção ficaria num mínimo, e a ciência e as artes iriam florescer graças ao estímulo discriminador. Seria exatamente aquela síntese de democracia e aristocracia pela qual o mundo anseia em meio ao seu caos político hoje: só os melhores governariam; mas todo homem teria uma chance igual de se tornar digno de ser incluído entre os melhores. É claro que se trata de uma repetição de Platão, com os reis-filósofos da *República* surgindo inevitavelmente no horizonte de toda filosofia política de grande visão. Quanto mais nos demoramos pensando nesses assuntos maior é a certeza de que retornamos a Platão. Não precisamos de nenhuma filosofia nova; precisamos apenas da coragem de viver à altura do mais velho e do melhor.

## 6. COMENTÁRIOS

Existe em todas essas páginas algo da melancolia de um homem separado de tudo que ama e a que estava acostumado, um homem *déraciné*, um aristocrata espanhol exilado na América classe média. Uma tristeza secreta irrompe, às vezes: "Que a vida vale a pena ser vivida", diz ele, "é a mais necessária das admissões, e, não sendo tal admitido, a mais impossível das conclusões".[39] No primeiro volume de *Life of Reason*, ele fala da trama e do significado da vida e da história humanas como sendo o tema da filosofia; no último volume, fica querendo saber se existe mesmo um significado ou uma trama.[40] Inconscientemente, ele descreveu a própria tragédia: "Há tragédia na perfeição, porque o universo no qual surge a perfeição é, ele próprio, imperfeito."[41] Como Shelley, Santayana nunca se sentiu à vontade neste planeta medíocre; seu agudo senso estético parece ter lhe proporcionado mais sofrimento devido à feiúra das coisas do que prazer pela esparsa beleza do mundo. Às vezes ele se torna amargo e sarcástico; jamais captou a sincera gargalhada purificadora do paganismo, nem a genial e clemente humanidade de Renan ou de Anatole France. Mantém-se afastado e superior e, portanto, sozinho. "Qual é o papel da sabedoria?", pergunta ele, e responde: "Sonhar com um dos olhos aberto; ficar desligado do mundo sem ser hostil com ele; receber de bom grado as belezas fugidias e sentir piedade dos sofrimentos fugidios, sem esquecer por um momento quão fugidios eles são".[42]

Mas talvez esse constante *memento mori* seja um dobre de sinos à alegria; para viver é preciso lembrar-se mais da vida do que da morte; deve-se abraçar tanto a coisa imediata e real quanto a esperança distante e perfeita. "O objetivo do pensamento especulativo não é outro que não viver tanto quanto possível no eterno, e absorver e ser absorvido pela verdade."[43] Mas isso é levar a filosofia mais a sério do que até mesmo ela merece; e uma filosofia que retire a pessoa da vida é tão errônea quanto qualquer superstição celestial na qual os olhos, extasiados com alguma visão de um outro mundo, não percebem a essência e o prazer deste. "A sabedoria vem com a desilusão", diz Santayana;[44] mas, repetindo, isso é apenas o começo da sabedoria, assim como a dúvida é o começo da filosofia; não é, também, o fim e a realização. O fim é a felicidade, e a filosofia é apenas um meio; se a considerarmos como um fim, acabaremos como o místico hindu cuja finalidade na vida é concentrar-se no próprio umbigo.

Talvez a concepção que Santayana tem do universo como meramente um mecanismo material tenha algo a ver com esse sombrio isolamento; tendo tirado a vida do mundo, ele a procura em seu próprio peito. Ele afirma solenemente que não é assim; e embora possamos não acreditar nele, seu exagero no protesto nos desarma com a sua beleza:

Uma teoria não é uma coisa desprovida de emoção. Se a música pode ser cheia de paixão apenas por dar forma a um único sentido, quanto mais beleza ou terror não podem vir de uma visão que traga ordem e método para tudo aquilo que conhecemos. (...) Se estiverem habituados a acreditar em providências especiais, ou a esperar continuar suas aventuras românticas numa segunda vida, o materialismo irá acabar com suas esperanças de uma maneira desagradabilíssima, e poderão pensar, durante um ano ou dois, que nada lhes restou em prol do que viver. Mas um consumado materialista, nascido para a fé e não mergulhado nela pela metade por um inesperado batismo em água fria, será como o extraordinário Demócrito, um filósofo que ri. Seu prazer com um mecanicismo que pode se encaixar em tantas formas maravilhosas e belas, e pode gerar tantas paixões emocionantes, deve ter a mesma qualidade intelectual que o visitante sente em um museu de história natural, onde vê a grande quantidade de borboletas em seus estojos de vidro, os flamingos e moluscos de concha, os mamutes e os gorilas. Sem dúvida houve angústias naquela incalculável vida; mas logo passaram; que esplêndida, entrementes, foi a ostentação, como era infinitamente interessante a interação universal, e como foram tolas e inevitáveis aquelas pequenas paixões absolutas![45]

Mas talvez as borboletas, se pudessem falar, nos lembrassem que um museu (como uma filosofia materialista) é apenas uma exibição de coisas sem vida; que a realidade do mundo escapa a essas trágicas preservações e reside outra vez nas angústias da paixão, no sempre mutável e interminável fluxo da vida.

Um amigo observador diz de Santayana:

[Ele] tinha uma preferência natural pela solidão. (...) Lembro-me de estar debruçado na balaustrada do convés de um transatlântico fundeado em Southampton observando os passageiros da lancha de apoio inglesa subirem em grande número pela prancha de embarque do navio; apenas um deles ficou isolado na borda da lancha, observando com calma e divertida imparcialidade a pressa e os esforços de seus companheiros de viagem, e só quando o convés ficou vazio seguiu o mesmo caminho. "Quem poderia ser senão Santayana?", disse uma voz ao meu lado; e todos nós tivemos a satisfação de encontrar uma figura que agia como pensava.[46]

Afinal, temos que dizer exatamente isso também quanto à filosofia: ela é uma autêntica e destemida expressão de suas próprias ideias; aqui, uma alma madura e sutil, embora demasiado lúgubre, expressou-se tranquilamente por escrito, numa prosa escultural e clássica. E embora possamos não gostar de seu tom melancólico, seu laivo de doce pesar por um mundo que desapareceu, vemos nela a expressão acabada dessa era moribunda e nascente, na qual os homens não podem ser inteiramente sábios e livres porque abandonaram suas velhas ideias e ainda não encontraram as novas que irão atraí-los mais para perto da perfeição.

## II. WILLIAM JAMES

### 1. VIDA PRIVADA

O leitor não precisa ser lembrado de que a filosofia que acabamos de resumir é europeia em tudo, menos no local de sua composição. Ela tem as mudanças, o polimento e a madura resignação característicos de uma cultura antiga; ao ler qualquer parágrafo da *Life of Reason*, quase se pode dizer que aquela não era uma voz nacional americana.

Em William James, a voz, a maneira de falar e mesmo a maneira de redigir uma frase são americanas. Ele insistia com impaciência em expressões características como "valor à vista", "resultados" e "lucros", a fim de colocar seu pensamento ao alcance do "homem da rua"; falava, não com a reserva aristocrática de um Santayana ou um Henry James, mas num vernáculo picante e com uma força e uma franqueza que fizeram de sua filosofia do "pragmatismo" e da "energia de reserva" o correlato mental do Roosevelt "prático" e "enérgico". E ao mesmo tempo expôs ao homem comum aquela "idealista" confiança nas partes essenciais da velha teologia que vive lado a lado, na alma americana, com o espírito realista do comércio e das finanças, e com a firme coragem persistente que transformou inteiramente uma região inculta na terra prometida.

William James nasceu na cidade de Nova York, em 1842. Seu pai era um místico swedenborgiano cujo misticismo não causou dano algum ao seu espírito e seu humor; e ao filho não faltava nenhum dos três. Depois de alguns períodos em escolas particulares americanas, William foi enviado, com o irmão Henry (um ano mais jovem do que ele), a escolas particulares na França. Lá, eles aderiram ao trabalho de Charcot e outros psicopatologistas e voltaram-se, os dois, para a psicologia; um deles, para repetir uma velha frase, passou a escrever ficção como se fosse psicologia, enquanto o outro escrevia psicologia como se fosse ficção. Henry passou a maior parte da vida no exterior, e acabou se tornando cidadão britânico. Pelo seu contato mais contínuo com a cultura europeia adquiriu uma maturidade de pensamento que faltava ao irmão; mas William, retornando para viver na América, sentiu o estímulo de uma nação de coração jovem e rica em oportunidade e esperança, e captou tão bem o espírito de sua era e lugar que foi, então, alçado nas asas do *Zeitgeist* a um solitário pincaro de popularidade que nenhum outro filósofo americano jamais conheceu.

William formou-se em medicina em Harvard em 1870, e lecionou por lá de 1872 até morrer, em 1910, primeiro anatomia e fisiologia, depois psicologia e, por fim, filosofia. Sua maior realização foi praticamente a primeira — *The Principles of Psychology* (1890); uma fascinante mistura de anatomia, filosofia e análise; porque em James a psicologia ainda cai em gotas das membranas fetais de sua mãe, a metafísica. No entanto, o livro continua sendo o mais instrutivo, e facilmente o mais cativante, sumário de sua matéria; algo da sutileza que Henry colocava em suas orações ajudou William James a fazer a mais aguda introspecção que a psicologia presenciou desde a incrível clareza de David Hume.

Essa paixão pela análise esclarecedora estava destinada a levar James da psicologia para a filosofia, e por fim de volta à própria metafísica; ele alegava (contra suas inclinações positivas) que a metafísica é apenas um esforço no sentido de pensar nas coisas com clareza; e definiu a filosofia, à sua maneira simples e translúcida, como "apenas pensar em coisas da maneira mais abrangente possível".[47] Assim, a partir de

1900, suas publicações foram quase todas no campo da filosofia. Ele começou com *A Vontade de Crer* (1897); então, depois de uma obra-prima de interpretação psicológica — *As Variedades da Experiência Religiosa* (1902) —, passou para os seus famosos livros sobre *Pragmatismo* (1907), *A Pluralistic Universe* (1909) e *The Meaning of Truth* (1909). Devemos começar o nosso estudo com esse último, porque foi nesses ensaios que James formulou com total clareza as bases de sua filosofia.[48]

## 2. PRAGMATISMO

A direção do seu pensamento é sempre para as coisas; e se ele começa com a psicologia, não é como um metafísico que adora se perder em obscuridades etéreas, mas como um realista para quem o pensamento, por distinto que possa ser da matéria, é essencialmente um espelho da realidade externa e física. E é um espelho melhor do que alguns acreditavam ser; ele percebe e reflete não apenas coisas separadas, como supunha Hume, mas também suas relações; vê tudo em um contexto; e este é dado em percepção tão imediatamente quanto a forma, o toque e o odor da coisa. Daí a inexpressividade do "problema do conhecimento" de Kant (como incluir senso e ordem nas nossas sensações?) — o senso e a ordem, pelo menos em esboço, já estão ali. A velha psicologia atomística da escola inglesa, que concebia o pensamento como uma série de ideias separadas mecanicamente associadas, é uma enganosa cópia da física e da química; o pensamento não é uma série, é uma vertente, uma continuidade da percepção e do sentimento, na qual as ideias são nódulos que passam como corpúsculos no sangue. Nós temos "estados" mentais (embora se trate, uma vez mais, de um termo estático enganoso) que correspondem a preposições, verbos, advérbios e conjunções, bem como "estados" que refletem os nomes e pronomes da nossa fala; temos sentimentos de *por, para, contra, porque, por trás* e *depois*, bem como de matéria e dos homens. São esses elementos "transitivos" no *fluxo* do pensamento que constituem o fio de nossa vida mental e nos dão uma certa medida da continuidade das coisas.

A consciência não é uma entidade, não é uma coisa, mas um fluxo e um sistema de relações; é um ponto no qual a sequência e a relação de pensamentos coincidem de forma iluminada com a sequência de eventos e o relacionamento das coisas. Em momentos assim, é a própria realidade, e não um simples "fenômeno", que irrompe sob a forma de pensamento; porque além dos fenômenos e das "aparências" não existe coisa alguma. Tampouco há qualquer necessidade de ir além do processo da experiência e chegar à alma; a alma é meramente a soma da nossa vida mental, assim como o "númeno" é simplesmente a totalidade dos fenômenos, e o "Absoluto", a teia de relacionamento do mundo.

Foi essa mesma paixão pelo imediato, presente e real que levou James ao pragmatismo. Criado na escola da clareza francesa, ele abominava as obscuridades e a terminologia pedante da metafísica alemã; e quando Harris e outros começaram a importar um hegelianismo moribundo para a América, James reagiu como um fiscal de quarentena que havia detectado uma infecção imigrante. Ele estava convencido de que tanto os termos como os problemas da metafísica alemã eram irreais; e procurou à sua volta algum teste de significado que mostrasse a todas as mentes imparciais o vazio dessas abstrações.

Ele encontrou a arma que procurava quando, em 1878, deparou com um ensaio de Charles Peirce, na *Popular Science Monthly*, sobre "Como Tornar Claras as Nossas Ideias". Para encontrar o significado de uma ideia, dizia Peirce, temos que examinar as consequências às quais ela leva quando em ação; caso contrário, as discussões sobre ela poderão não terminar nunca, e não há dúvida de que não darão fruto. Foi uma pista que James seguiu com prazer; ele submeteu os problemas e as ideias da velha metafísica a esse teste, e eles se desfizeram em pedaços ao seu toque, como compostos químicos subitamente varados por uma corrente elétrica. E os problemas que tinham significado adquiriram uma clareza e uma realidade como se, na famosa figura de Platão, tivessem saído das sombras de uma caverna para o brilho de um meio-dia ensolarado.

Esse simples e antiquado teste levou James a uma nova definição de verdade. A verdade tinha sido bem concebida como uma relação objetiva, como outrora acontecera com o bem e a beleza; ora, e se a verdade, como esses dois, também fosse relativa ao julgamento humano e às necessidades humanas? As "leis naturais" tinham sido consideradas verdades "objetivas", eternas e imutáveis; Espinosa as transformara na própria substância de sua filosofia; e, no entanto, o que eram essas verdades se não formulações de experiência, convenientes e bem-sucedidas na prática; não cópias de um objeto, mas cálculos corretos de consequências específicas? A verdade é o "valor corrente" de uma ideia.

> O verdadeiro (...) é apenas o conveniente no caminho de nosso pensamento, assim como "o direito" é apenas o conveniente no caminho de nosso comportamento. Conveniente é quase qualquer moda; e conveniente em longo prazo e de modo geral, é claro; porque aquilo que satisfaz convenientemente a todas as experiências à vista não irá necessariamente atender a todas as experiências seguintes de forma igualmente satisfatória. (...) A verdade é *uma das espécies* de bem, e não, como em geral se supõe, uma categoria distinta do bem e coordenada com ele. Verdadeiro é o nome de tudo aquilo que se mostrar bom no caminho da crença.[49]

A verdade é um processo, e "acontece a uma ideia"; veracidade é a confirmação. Em vez de perguntar onde surgiu a ideia, ou quais são as suas premissas, o pragmatismo examina os seus resultados; ele "desloca a ênfase e olha para a frente"; ele é "a atitude de desviar o olhar das primeiras coisas, dos princípios, das 'categorias', das supostas necessidades, para as coisas finais, os frutos, as consequências, os fatos".[50] A escolástica perguntava: "O que é a coisa?" — e perdeu-se em quididades; o darwinismo perguntava: "Qual é a sua origem?" — e perdeu-se em nebulosas; o pragmatismo pergunta: "Quais as consequências?" — e volta o rosto do pensamento para a ação e o futuro.

## 3. PLURALISMO

Vamos aplicar este método ao problema mais antigo da filosofia — a existência e a natureza de Deus. Os filósofos escolásticos descreviam a divindade como *"Ens a se extra et supra omne genus, necessarium, unum, infinite, perfectum, simplex, immutabile, immensum, eternum, intelligens"*.[51] Isso é magnífico; que divindade não se sentiria orgulhosa de tal definição? Mas o que ela significa? Quais as suas consequências para a humanidade? Se Deus é onisciente e onipotente, nós somos marionetes; nada há que possamos fazer para alterar o curso do destino que a Sua vontade delineou e decretou desde o início; o calvinismo e o fatalismo são os corolários lógicos de uma definição assim. O mesmo teste aplicado ao determinismo mecanicista dá os mesmos resultados: se realmente acreditássemos no determinismo deveríamos nos tornar místicos hindus e abandonar-nos de imediato à imensa fatalidade que nos usa como marionetes. É claro que não aceitamos essas sombrias filosofias; o intelecto humano as propõe repetidamente por causa de sua simplicidade lógica e simetria, mas a vida as ignora, as submerge e segue em frente.

> Uma filosofia pode ser incontestável em outros aspectos, mas há dois defeitos que, isoladamente, podem ser fatais para a sua adoção universal. Primeiro, o seu princípio máximo não deve frustrar e desapontar nossos mais caros desejos e nossas mais acalentadas esperanças. (...) Mas um segundo defeito numa filosofia, e pior do que contradizer nossas propensões ativas, é não dar a estas objeto algum contra o qual possam exercer pressão. Uma filosofia cujo princípio é tão desproporcional aos nossos mais íntimos poderes que lhes nega toda a relevância em assuntos universais, que aniquila seus motivos de um só golpe, será ainda mais impopular que o pessimismo. (...) É por isso que o materialismo irá sempre fracassar ao tentar a adoção universal.[52]

Os homens aceitam ou rejeitam filosofias, nesse caso, segundo suas necessidades e seus temperamentos, não segundo a "verdade objetiva"; eles não perguntam: "Isso é lógico?". Perguntam: "O que a prática dessa filosofia irá significar para nossas vidas e nossos interesses?". Argumentos a favor e contra podem servir para iluminar, mas nunca para provar.

> Lógica e sermões jamais convencem;
>     A umidade da noite penetra mais fundo em minha alma.(...)
>     Agora, reexamino filosofias e religiões.

Elas podem mostrar-se boas nas salas de conferências, mas não podem provar coisa alguma sob as imensas nuvens, e ao longo da paisagem e das graciosas correntes.[53]

Sabemos que os argumentos são ditados pelas nossas necessidades, e que as nossas necessidades não podem ser ditadas por argumentos.

A história da filosofia é em grande parte a história de um certo choque de temperamentos humanos. (...) Seja qual for o temperamento que tenha um filósofo profissional, ele tenta, quando está filosofando, ocultá-lo. Temperamento não é nenhuma razão convencionalmente reconhecida, e por isso o filósofo tem necessidade de achar razões impessoais que justifiquem suas conclusões. No entanto, seu temperamento lhe dá realmente um viés mais forte do que qualquer de suas premissas mais rigorosamente objetivas.[54]

Esses temperamentos que selecionam e ditam filosofias podem ser divididos em "idealistas" e "realistas". O temperamento idealista é religioso, gosta de ter dogmas definidos e inalteráveis e verdades *a priori*; afeiçoa-se naturalmente ao livre-arbítrio, ao idealismo, ao monismo e otimismo. O temperamento realista é materialista, irreligioso, empírico (baseando-se sempre em "fatos"), sensacionalista (atribuindo todo conhecimento à sensação), fatalista, pluralista, pessimista, cético. Em cada grupo há enormes contradições; e sem dúvida há temperamentos que selecionam suas teorias em parte de um grupo, em parte de outro. Há pessoas (William James, por exemplo) que são "realistas" em sua mania quanto aos fatos e seu apoio nos sentidos, e ao mesmo tempo "idealistas" no horror do determinismo e na necessidade de uma crença religiosa. Será possível encontrar uma filosofia que harmonize essas exigências aparentemente contraditórias?

James acredita que o teísmo pluralista nos proporciona essa síntese. Ele oferece um deus finito, não um olimpiano provocador de trovões sentado, distante, numa nuvem, "mas ajudante, *primus inter pares*, em meio a todos os formadores do destino do grande mundo".[55]

O cosmo não é um sistema fechado e harmonioso; é um campo de batalha de correntes cruzadas e de propósitos conflitantes; ele se mostra, com uma obviedade patética, não como um *uni-verso*, mas como um *multi-verso*. É perda de tempo dizer que este caos em que vivemos e nos movemos é o resultado de uma única vontade consistente; ele mostra, dentro de si mesmo, todos os sinais de contradição e divisão. Talvez os antigos fossem mais sábios do que nós, e o politeísmo possa ser mais verdadeiro do que o monoteísmo para a impressionante diversidade do mundo. Esse politeísmo "sempre foi a religião das pessoas comuns, e o mesmo acontece hoje".[56] O povo está certo, e os filósofos estão errados. O monismo é a doença natural dos filósofos, que anseiam ardentemente não (como pensam) pela verdade, mas pela unidade. "'O mundo é Um!' — a fórmula poderá se tornar uma espécie de veneração aos números. 'Três' e 'sete' têm sido, é verdade, reconhecidos como números sagrados; mas tomados de forma abstrata, por que 'um' é mais excelente do que 'quarenta e três', ou que 'dois milhões e dez'?"[57]

O valor de um multiverso, em comparação com um universo, está no seguinte: onde houver correntes cruzadas e forças que se digladiam, nossa força e nossa vontade poderão valer e ajudar a resolver o problema; é um mundo no qual nada está irrevogavelmente decidido, e toda ação tem importância. Um mundo monístico é para nós um mundo morto; em um universo desses, nós desempenhamos, quer queiramos, quer não, os papéis que nos foram atribuídos por uma divindade onipotente ou uma nebulosa primária; e nem todas as nossas lágrimas poderão apagar uma palavra que seja do roteiro eterno. Em um universo finito, a individualidade é uma ilusão; na realidade, assegura-nos o monista, somos todos de uma substância de mosaico. Mas em um mundo inacabado podemos escrever algumas falas dos papéis que representamos, e nossas escolhas moldam, até certo ponto, o futuro em que teremos que viver. Em um mundo desses, podemos ser livres; é um mundo de oportunidades, e não de destino; tudo está na base do "ainda falta"; e o que somos ou fazemos pode alterar tudo. Se o nariz de Cleópatra, diz Pascal, fosse dois centímetros mais comprido ou mais curto, a história toda teria sido mudada.

A prova teórica em favor desse livre-arbítrio, ou desse multiverso, ou desse deus finito, é tão falha quanto a favorável às filosofias contrárias. Até mesmo a prova prática pode variar de pessoa a pessoa; é concebível que alguns possam obter melhores resultados para suas vidas de uma filosofia determinística do que de uma filosofia libertária. Mas quando a evidência for imprecisa, nossos interesses vitais e morais deverão fazer a escolha.

> Se houver qualquer vida que seja realmente melhor levarmos, e qualquer ideia que, aceita por nós, nos ajude a vivê-la, será realmente *melhor para nós* acreditar em tal ideia, *a menos que isso se choque incidentalmente com outros benefícios vitais maiores.*[58]

Ora, a persistência da crença em Deus é a melhor prova de seu valor vital e moral quase universal. James ficou estupefato e atraído pelas intermináveis variedades de experiência e crença religiosa; ele as descrevia com a simpatia de um artista, mesmo quando mais discordava delas. Viu um certo grau de verdade em todas elas e exigia uma mente aberta para toda esperança nova. Não hesitou em filiar-se à Sociedade de Pesquisa Psíquica; por que esses fenômenos, bem como outros, não deveriam ser objeto de um paciente exame? No fim, James estava convencido da realidade de um outro mundo — o mundo espiritual.

> Nego firmemente que a nossa experiência humana seja a mais elevada forma de experiência existente no universo. Creio, isso sim, que a nossa relação com todo o universo é praticamente a mesma que os nossos caninos e felinos de estimação mantêm com a vida humana. Eles habitam nossas salas de estar e bibliotecas. Participam de cenas de cuja significância não fazem a mínima ideia. Eles são apenas tangentes a curvas da história, cujos começo, fim e formas passam inteiramente fora de seu alcance. E assim, somos tangentes à vida mais ampla das coisas.[59]

Apesar de tudo, ele não considerava a filosofia uma meditação sobre a morte; nenhum problema tinha valor para ele a menos que pudesse guiar e estimular nossa carreira terrestre. "Era com as excelências de nossa natureza, e não com a sua duração, que ele se ocupava."⁶⁰ Ele não vivia tanto no seu estúdio quanto na corrente da vida; foi um trabalhador ativo numa centena de tentativas de melhorar o ser humano; estava sempre ajudando alguém, animando pessoas com o vírus de sua coragem. Acreditava que em todo indivíduo havia "energias de reserva" que a ocasional obstetrícia das circunstâncias iria trazer à luz; e seu sermão constante, para o indivíduo e para a sociedade, era um apelo para que esses recursos fossem totalmente utilizados. James ficava horrorizado com o desperdício da energia humana na guerra; e sugeria que aqueles poderosos impulsos de combate e domínio poderiam encontrar válvula de escape numa "guerra contra a natureza". Por que todo homem, rico ou pobre, não dá dois anos de sua vida ao Estado, não com a finalidade de matar outras pessoas, mas para acabar com as pragas, drenar os mangues, irrigar os desertos, cavar os canais e, democraticamente, executar a engenharia física e social que constrói tão lenta e penosamente o que a guerra com tanta rapidez destrói?

Ele simpatizava com o socialismo, mas não gostava da depreciação do indivíduo e do gênio pelo sistema. A fórmula de Taine, que reduzia todas as manifestações culturais a "raça, meio ambiente e tempo", era inadequada precisamente porque deixava de fora o indivíduo. Porque só o indivíduo tem valor; tudo mais é um meio — até a filosofia. E por isso precisamos, de um lado, de um Estado que compreenda que é o curador e o servidor dos interesses de homens e mulheres individuais; e do outro, uma filosofia e uma fé que "ofereçam o universo como uma aventura, e não como um projeto",⁶¹ e estimulem todas as energias apresentando o mundo como um lugar no qual, embora existam muitos defeitos, também há vitórias à nossa espera.

> Um marinheiro naufragado, enterrado nesta coisa,
> Pede-lhe que se faça à vela.
> Muitos veleiros, quando estávamos perdidos,
> Venceram o vendaval.⁶²

## 4. COMENTÁRIOS

O leitor não precisa de guia algum para os novos e velhos elementos dessa filosofia. Ela faz parte da moderna guerra entre ciência e religião; outra tentativa, como a de Kant e de Bergson, de resgatar a fé na universalizada mecânica do materialismo. O pragmatismo tem suas raízes na "razão prática" de Kant; na exaltação da vontade por parte de Schopenhauer; na teoria de Darwin de que o mais apto (e, portanto, também a mais apta e mais verdadeira ideia) é quem sobrevive; no utilitarismo, que media todos os bens em termos de uso; nas tradições empíricas e indutivas da filosofia inglesa; e finalmente nas sugestões do cenário americano.

É claro que, como todos têm salientado, a maneira de pensar de James, senão a substância, era específica e inigualavelmente americana. A volúpia americana pelo movimento e pela aquisição infla as velas de seu estilo e pensamento e lhes dá uma motilidade esperançosa e quase aérea. Hunecker a chama de "uma filosofia para filisteus", e realmente há algo nela que cheira a arte de vender: James fala de Deus como de um artigo a ser vendido a um consumidor de tendência materialista, usando todos os artifícios da propaganda otimista; e nos aconselha a acreditar como se estivesse recomendando investimentos de longo prazo, com altos dividendos, nos quais nada há a perder, mas todo o (outro) mundo a ganhar. Foi a reação defensiva da jovem América contra a metafísica e a ciência europeias.

O novo teste da verdade era evidentemente antigo; e o filósofo honesto descrevia o pragmatismo modestamente como "um novo nome para velhas maneiras de pensar". Se o novo teste significa que verdade é aquilo que foi testado pela experiência e pelo experimento, a resposta só pode ser: "É claro". Se significa que a utilidade pessoal é um teste da verdade, a resposta não pode ser outra: "É claro que não"; utilidade pessoal é apenas utilidade pessoal; só a utilidade permanente universal constituiria a verdade. Quando alguns pragmatistas falam de uma crença que foi verdadeira em determinada época porque então era útil (embora agora invalidada), estão dizendo bobagem com termos eruditos; tratava-se de um engano útil, não de uma verdade. O pragmatismo só é correto se for uma trivialidade.

O que James pretendia fazer, no entanto, era desmanchar as teias que haviam envolvido a filosofia; ele queria reiterar de uma maneira nova e chocante a velha atitude inglesa em relação à teoria e à ideologia. Estava apenas levando adiante o trabalho de Bacon de voltar uma vez mais a face da filosofia para o lado do inevitável mundo das coisas. Ele será lembrado por essa ênfase empírica, esse novo realismo, não por sua teoria da verdade; e será reverenciado talvez mais como psicólogo do que como filósofo. Ele sabia não ter encontrado solução alguma para as velhas questões; admitia francamente ter expressado apenas mais uma hipótese, mais uma fé. Sobre a sua escrivaninha, quando ele morreu, estava uma folha de papel em que escrevera suas últimas e talvez mais características sentenças: "Não há conclusão alguma. O que se concluiu para que pudéssemos chegar a uma conclusão sobre isso? Não há sortes a serem lidas, e não há conselhos a dar. Adeus".

## III. JOHN DEWEY

### 1. EDUCAÇÃO

Afinal, o pragmatismo não "era bem" uma filosofia americana; ele não captou o espírito da grande América que ficava ao sul e a oeste dos estados da Nova Inglaterra. Era uma filosofia altamente moralista, e traía as origens puritanas de seu autor. Num instante, falava de resultados práticos e coisas prosaicas, e no instante seguinte, saltava, com a velocidade da esperança, da terra para o céu. Começou com uma saudável reação contra a metafísica e a epistemologia, e era de se esperar uma filosofia da natureza e da sociedade; mas acabou como um apelo quase apologético em favor da respeitabilidade intelectual de todas as queridas crenças. Quando a filosofia iria aprender a deixar para a religião os desorientadores problemas de uma outra vida, e para a psicologia as sutis dificuldades do processo do conhecimento, e se dedicaria com todas as forças à iluminação dos propósitos humanos e à coordenação e elevação da vida humana?

As circunstâncias não deixaram nada por fazer no sentido de preparar John Dewey para atender a essa necessidade e esboçar uma filosofia que expressasse o espírito de uma América informada e consciente. Ele nasceu no "decadente Leste" (em Burlington, Vermont, 1859) e lá recebeu sua educação, como se para absorver a velha cultura antes de se aventurar na nova. Mas em pouco tempo aceitou o conselho de Greeley e foi para o Oeste, onde veio a ensinar filosofia nas universidades de Minnesota (1888-9), Michigan (1889-94) e Chicago (1894-1904). Só então foi que voltou para o Leste, para fazer parte — e depois ser chefe — do departamento de filosofia da Universidade Columbia. Nos seus primeiros vinte anos, o ambiente de Vermont lhe deu aquela quase rústica simplicidade que o caracteriza até mesmo hoje, quando o mundo todo o aplaude. E depois, nos seus vinte anos de Centro-Oeste, ele viu aquela imensa América da qual a mente do Leste é tão orgulhosamente ignorante; aprendeu dela suas limitações e seus poderes; e quando começou a escrever a sua própria filosofia, deu a seus alunos e a seus leitores uma interpretação do sadio e simples naturalismo que sublinha as superficiais superstições das "províncias" da América. Ele escreveu a filosofia, como Whitman escreveu a poesia, não de um Estado novo-inglês, mas do continente.[63]

Dewey chamou a atenção do mundo pela primeira vez com o seu trabalho da Escola de Educação em Chicago. Foi naqueles anos que ele revelou a resoluta tendência experimental de seu pensamento; e agora, trinta anos depois, sua mente ainda está aberta a todo movimento novo em educação, e seu interesse nas "escolas do amanhã" nunca esmorece. Talvez seu maior livro seja *Democracia e Educação*; nele, Dewey traça as várias linhas de sua filosofia até certo ponto, e as centraliza todas na tarefa de desenvolver uma geração melhor. Todos os professores progressistas conhecem a sua liderança; e praticamente não existe uma escola na América que não tenha sentido a sua influência. Nós o encontramos ativo em toda parte na tarefa de refazer as escolas do mundo; ele passou dois anos na China fazendo palestras para professores sobre a reforma da educação, e fez um relatório para o governo turco sobre a reorganização de suas escolas públicas.

Seguindo a exigência feita por Spencer de mais ciência e menos literatura na educação, Dewey acrescenta que até mesmo a ciência não deveria ser aprendida com livros, mas chegar ao aluno pela prática de ocupações úteis. Dewey não tinha em alta conta uma educação "liberal"; o termo foi usado, em sua origem, para denotar a cultura de um "homem livre" — isto é, um homem que nunca trabalhava; e era natural que uma educação dessas fosse adaptada mais a uma classe ociosa em uma aristocracia do que a uma vida industrial e democrática. Agora que quase todos nós estamos envolvidos na industrialização da Europa e da América, as lições que devemos aprender são aquelas que advêm da ocupação, e não dos livros. A cultura escolar contribui para o esnobismo, mas o companheirismo nas ocupações contribui para a democracia. Numa sociedade industrial, a escola deveria ser uma oficina e uma comunidade em miniatura; deveria ensinar, pela prática e por meio de tentativas e erros, as artes e a disciplina necessária à ordem econômica e social. E finalmente, a educação deveria ser re-concebida, não meramente como uma preparação para a maturidade (daí a nossa ideia absurda de que ela deveria parar depois da adolescência), mas como um contínuo crescimento da mente e uma contínua iluminação da vida. De certo modo, as escolas só podem nos dar os instrumentos do crescimento mental; o resto depende da nossa absorção e da nossa interpretação da experiência. A verdadeira educação vem depois que deixamos a escola; e não há razão para que deva parar antes de nossa morte.

## 2. INSTRUMENTALISMO

O que define Dewey é a indisfarçada inteireza com que ele aceita a teoria da evolução. A mente, bem como o corpo, é para ele um órgão evoluído, na luta pela existência, de formas inferiores. Seu ponto de partida em todos os campos é darwiniano.

> Quando Descartes disse "A natureza das coisas físicas é muito mais facilmente concebida quando elas são observadas passando gradualmente à existência do que quando só são consideradas como produzidas de uma só vez, num estado acabado e perfeito", o mundo moderno tornou-se cônscio da lógica que dali por diante iria controlá-lo, a lógica da qual *A Origem das Espécies*, de Darwin, é a mais recente realização científica. (...) Quando Darwin disse das espécies o que Galileu

dissera da Terra, *e pur si muove*, emancipou, de uma vez por todas, as ideias genéticas e experimentais como um órganon de fazer perguntas e procurar explicações.[64]

As coisas devem ser explicadas, então, não por causação sobrenatural, mas pelo seu lugar e sua função no meio ambiente. Dewey é francamente naturalista; ele protesta que "idealizar e racionalizar o universo em geral é uma confissão de incapacidade de dominar os cursos das coisas que especificamente nos dizem respeito".[65] Ele também não confia na Vontade schopenhaueriana e no elã bergsoniano; estes podem existir, mas não há necessidade de venerá-los; porque essas forças do mundo são, na maioria das vezes, destruidoras de tudo aquilo que o homem cria e reverencia.[66] A divindade está dentro de nós, não nessas forças cósmicas neutras. "A inteligência desceu de seu solitário isolamento na extremidade remota das coisas, de onde funcionava como motor imóvel e bem máximo, para assumir seu lugar nas questões mutáveis dos homens."[67] Temos que ser fiéis à Terra.

Como um bom positivista, rebento do tronco de Bacon, Hobbes, Spencer e Mill, Dewey rejeita a metafísica como o eco e o disfarce da teologia. O problema da filosofia sempre foi o fato de seus problemas serem confundidos com os da religião. "Enquanto eu lia Platão, a filosofia começou com um certo sentido de sua base e sua missão essencialmente políticas — um reconhecimento de que seus problemas eram os da organização de uma ordem social justa. Mas pouco depois isso se perdeu em sonhos com um outro mundo."[68] Na filosofia alemã, o interesse pelos problemas religiosos desviou o curso do desenvolvimento filosófico; na filosofia inglesa, o interesse social sobrepujou o sobrenatural. Durante dois séculos houve uma guerra violenta entre um idealismo que refletia religião autoritária e aristocracia feudal, e um sensacionalismo que refletia a fé liberal de uma democracia progressista.

Essa guerra ainda não acabou; e, portanto, ainda não saímos inteiramente da Idade Média. A era moderna só irá começar quando o ponto de vista naturalista for adotado em todos os setores. Isto não quer dizer que a mente seja reduzida à matéria, mas apenas que a matéria e a vida devem ser compreendidas não em termos teológicos, mas em termos biológicos, como um órgão ou organismo em um meio ambiente, sofrendo ações e reagindo, moldado e moldando. Devemos estudar não "estados da consciência", mas modos de resposta. "O cérebro é primordialmente um órgão de um certo tipo de comportamento, não de conhecer o mundo."[69] O pensamento é um instrumento de readaptação; é um órgão, tanto quanto os membros e os dentes. As ideias são contatos imaginados, experimentos em adaptações. Mas não se trata de uma adaptação passiva, de uma adaptação meramente spenceriana. "A adaptação completa ao meio ambiente significa morte. O elemento essencial em toda resposta é o desejo de controlar o meio ambiente."[70] O problema da filosofia não é como poderemos passar a conhecer um mundo externo, mas como poderemos aprender a controlá-lo e refazê-lo, e visando a que metas. Filosofia não é a análise da sensação e do conhecimento (porque isso é psicologia), mas a síntese e a coordenação do conhecimento e do desejo.

Para compreender o pensamento, temos que vê-lo surgir em situações específicas. O raciocínio, segundo percebemos, começa não com premissas, mas com dificuldades; então, ele concebe uma hipótese que se torna a conclusão para a qual procura as premissas; por fim, submete a hipótese ao teste da observação ou experimento. "A primeira característica do pensamento que o destaca é enfrentar os fatos — indagação, exame minucioso e extensivo, observação."[71] O ambiente, aqui, não é muito confortável para o misticismo.

E repetindo, o pensamento é social; ele ocorre não apenas em situações específicas, mas em um determinado *milieu* cultural. O indivíduo é tanto um produto da sociedade quanto a sociedade é um produto do indivíduo; uma vasta rede de costumes, educação, convenções, linguagens e ideais tradicionais está pronta a precipitar-se sobre todo bebê recém-nascido para moldá-lo à imagem das pessoas em meio às quais apareceu. Tão rápida e completa é a operação dessa hereditariedade social que com frequência ela é confundida com hereditariedade física ou biológica. Até Spencer acreditava que as categorias ou hábitos e formas de pensar kantianos eram congênitos no indivíduo, ao passo que com toda a probabilidade são meramente o produto da transmissão social de hábitos mentais, dos adultos para as crianças.[72] Em geral, o papel do instinto tem sido exagerado, e o do treinamento precoce, subestimado; os instintos mais poderosos, como o sexo e a belicosidade, foram consideravelmente modificados e controlados pelo treinamento social; e não há razão alguma para que outros instintos, como os de aquisição e domínio, não sejam semelhantemente modificados pela influência social e pela educação. Temos que desaprender nossas ideias sobre uma natureza humana imutável e um meio ambiente onipotente. Não há limite conhecível para a mudança e o crescimento; e talvez não haja coisa alguma impossível, mas o pensamento faz com que isso aconteça.

## 3. CIÊNCIA E POLÍTICA

Dewey reverencia o desenvolvimento, que considera de suma importância; de tal maneira que, em vez do "bem" absoluto, toma como seu critério ético essa ideia relativa ainda que específica.

> O objetivo da existência não é a perfeição como meta final, mas o processo contínuo de aperfeiçoamento, de amadurecimento, de refinamento (...) O homem mau é o homem que está começando a se deteriorar, a se tornar pior, não importa quão bom ele tenha sido. O homem bom é o homem que, não importa quão moralmente reprovável *tenha sido*, está em processo de se tornar melhor. Tal concepção permite que uma pessoa julgue a si mesma mais severamente, e julgue os outros mais brandamente.[73]

E ser bom não significa simplesmente ser dócil e inofensivo; a bondade tem pouca serventia sem perspicácia; e todas as virtudes do mundo não nos valerão se nos faltar a inteligência. A ignorância não é uma bênção, mas sim falta de consciência e escravidão; apenas a inteligência pode nos tornar operantes na construção dos nossos próprios destinos. Livre-arbítrio não é a violação de sequências causais, é a iluminação da conduta por meio do conhecimento. "Um médico ou um engenheiro são livres em seus pensamentos e suas ações na medida em que sabem com que estão lidando. Talvez tenhamos aqui a chave para qualquer tipo de liberdade."⁷⁴ No final das contas, devemos depositar a nossa confiança no pensamento, não no instinto; pois como poderia o instinto nos ajustar ao ambiente cada vez mais artificial que a indústria construiu ao nosso redor, e ao labirinto de problemas intricados nos quais estamos enredados?

Por enquanto, a ciência física tem superado largamente a ciência psíquica. Nós dominamos os recursos físicos o suficiente para produzir mercadorias; [mas] nós não obtivemos conhecimento a respeito das condições através das quais possíveis valores se tornaram vigentes na vida, e assim continuamos à mercê do hábito, do acaso e, portanto, da força. (...) Com o enorme aumento do nosso controle sobre a natureza, da nossa capacidade de utilizar a natureza para a satisfação de necessidades humanas, nós descobrimos a real concretização de objetivos, a fruição dos valores, e nos tornamos inseguros e instáveis. Às vezes é como se estivéssemos diante de uma contradição: quanto mais multiplicamos os recursos, menos exato e universal é o uso que somos capazes de fazer deles. Não é de admirar que personalidades como Carlyle ou Ruskin rejeitem toda a nossa civilização industrial, e que um Tolstói proclame um retorno ao deserto. Mas o único modo de enxergar a situação com sensatez e por inteiro é ter em mente que o problema todo diz respeito ao desenvolvimento da ciência e sua aplicação à vida. (...) A ética, a filosofia, retorna ao seu primeiro amor; o amor pela sabedoria de que o bem se nutre. Mas retorna ao princípio socrático dotado com uma profusão de testes e métodos especiais de argumentação; com uma massa organizada de conhecimento, e com o controle das providências por meio das quais a indústria, a lei e a educação possam se concentrar na questão da participação de todos os homens e mulheres, na capacidade de absorção, em todos os valores alcançados.⁷⁵

Diferente da maioria dos filósofos, Dewey aceita a democracia, embora ciente de suas falhas. A meta da organização política é ajudar o indivíduo a se desenvolver de modo completo; e isso só pode acontecer quando cada um participa, de acordo com sua capacidade, do estabelecimento das diretrizes e do destino de seu grupo. Classes fixas pertencem a espécies fixas; a fluidez das classes surge ao mesmo tempo como a teoria da transformação das espécies.⁷⁶ A aristocracia e a monarquia são mais eficientes que a democracia, mas são também mais perigosas. Dewey desconfia do estado, e deseja uma ordem pluralista, na qual associações voluntárias realizariam a maior parte possível do trabalho da sociedade. Ele vislumbra na multiplicidade de organizações, partidos, corporações, sindicatos etc. uma reconciliação do individualismo com a ação comum.

> [À medida que] estes últimos se desenvolvem e sua importância aumenta, o estado tende a exercer cada vez mais um papel regulador e orientador entre eles; definindo os limites de suas ações, prevenindo e resolvendo conflitos. (...) Além disso, as associações voluntárias (...) não cabem em fronteiras políticas. Associações de matemáticos, químicos, astrônomos, empresas, organizações sindicais, igrejas são transnacionais porque os interesses que elas representam são de escala global. Em casos como esses, o internacionalismo não é uma aspiração e sim um fato, não é um ideal sentimental e sim uma força. Contudo, esses interesses sofrem oposição e sabotagem da doutrina tradicional da soberania nacional exclusiva. A aceitação dessa doutrina ou dogma representa a barreira mais sólida à formação eficiente de uma consciência internacional, a única que se alinha com as forças do trabalho, do comércio, da ciência, da arte e da religião atuais.⁷⁷

Mas a reconstrução política se dará somente quando nós aplicarmos aos nossos problemas sociais os métodos e as atitudes experimentais que tiveram tão grande êxito nas ciências naturais. Nós ainda nos encontramos no estágio metafísico da filosofia política; atiramos abstrações nas cabeças uns dos outros, e quando a batalha termina ninguém ganha nada. Não podemos curar nossos males sociais com ideias por atacado, generalizações magníficas como individualismo ou coletividade, democracia ou monarquia ou aristocracia, ou coisa do gênero. Nós devemos enfrentar cada problema com uma hipótese específica, não com uma teoria universal; teorias são tentáculos, e a vida moderna produtiva tem de se basear em tentativa e erro.

A abordagem experimental (...) emprega a análise detalhada em lugar das afirmações genéricas, as verificações específicas em lugar das convicções emocionais, os fatos em lugar de opiniões cuja importância é diretamente proporcional à sua imprecisão. Dentro das ciências sociais, na ética, na política e na educação, é que o pensamento continua a se desenvolver por meio de grandes antíteses, de oposições teóricas entre regra e liberdade, individualismo e socialismo, cultura e utilidade, espontaneidade e disciplina, atualidade e tradição. O campo das ciências físicas já foi palco de semelhantes concepções "absolutas", cujo apelo emocional era inversamente proporcional à sua objetividade intelectual. Mas com o avanço do método experimental, a questão já não se resume mais a saber quem tem mais razão sobre determinado tópico entre dois postulantes rivais. Passa a ser uma questão de esclarecer um assunto complexo abordando-o aos poucos. No que diz respeito a concepções pré-experimentais, eu não conheço nenhum caso em que uma delas tenha prevalecido sobre a outra como resultado final. Todas desapareceram porque se tornaram cada vez mais irrelevantes para a situação investigada, e quando a sua irrelevância foi detectada elas perderam o significado e o interesse.[78]

É nesse campo, nessa aplicação do conhecimento humano aos nossos antagonismos sociais, que deve repousar o trabalho da filosofia. A filosofia se agarra como uma solteirona tímida a problemas e ideias antiquados; "preocupações relacionadas a dificuldades contemporâneas são deixadas a cargo da literatura e da política".[79] A filosofia hoje está se distanciando das ciências, que uma a uma fogem dela e rumam para o mundo produtivo, deixando-a abatida e só, como uma mãe abandonada quase sem forças e com as despensas praticamente vazias. A filosofia esvaziou-se a si mesma timidamente de seus interesses reais — os homens e sua existência no mundo — num canto decadente chamado epistemologia, e a todo instante corre o risco de ser expulsa pelas leis que proíbem o uso de moradias frágeis e vacilantes. Mas esses velhos problemas perderam o significado para nós: "nós não os resolvemos, nós os deixamos para trás";[80] eles evaporaram no calor dos atritos sociais e da mudança de vida. A filosofia, como tudo o mais, deve se secularizar; deve permanecer na terra e ganhar o seu sustento esclarecendo as coisas da vida.

O que os homens sérios que não estão envolvidos nas atividades profissionais da filosofia mais querem saber é quais modificações e abandonos da herança intelectual são exigidos pelos movimentos científicos, políticos e sociais mais recentes. (...) A tarefa da filosofia do futuro é esclarecer as ideias dos homens com relação aos conflitos sociais e morais do seu próprio tempo. Seu propósito é se tornar, tanto quanto possível, uma entidade que possibilite lidar com esses conflitos. (...) Uma teoria ecumênica e perspicaz acerca do ajustamento dos fatores conflitantes da vida é filosofia.[81]

Uma filosofia tão abrangente pode finalmente produzir filósofos dignos de serem reis.

# CONCLUSÃO

Talvez haja maiores almas do que a de Shakespeare, e maiores mentes do que a de Platão, esperando para nascer. Quando tivermos aprendido a reverenciar tanto a liberdade quanto a riqueza, teremos também a nossa Renascença.

# GLOSSÁRIO

Nota: este glossário compreende, em especial, as mais importantes e mais difíceis palavras, que frequentemente são objeto de consulta.

**Antropomorfismo:** a interpretação de Deus à imagem e semelhança do homem.

**Apolíneo:** ter a calma, a beleza "clássica" de Apolo, em contraposição às qualidades emocionais e "românticas" associadas a Dioniso.

***A posteriori:*** argumentação a partir de fatos observados que conduzem a conclusões gerais.

***A priori:*** argumentação de proposições gerais que conduzem a conclusões particulares.

**Atributo:** em Espinosa, um dos aspectos infinitos da substância, ou realidade, como extensão (matéria) ou pensamento.

**Behaviorista:** aquele que restringe a psicologia a observações objetivas, ignorando a introspecção e a consciência. Também chamado de "terapeuta cognitivo-comportamental".

**Calvinismo:** uma forma de protestantismo que enfatiza a predestinação eterna de todo indivíduo à danação ou à salvação.

**Causa primeira:** o começo de uma série inteira de causas; normalmente identificada com Deus.
**Causalidade:** a operação de causa e efeito.
**Conceito:** uma ideia; em geral usado especificamente para ideias filosóficas.
**Consciência:** estado de autopercepção máximo.
**Cosmologia:** estudo da origem e natureza do mundo.

**Determinismo:** doutrina que afirma que todos os eventos são o resultado inevitável de condições antecedentes, e que o ser humano, em atos de escolha aparente, é a expressão mecânica de sua hereditariedade e de seu ambiente passado.
**Dialética:** qualquer processo lógico; em Hegel, o desenvolvimento de uma ideia ou condição para outra ideia ou condição pelo processo de tese, antítese e síntese.

**Enteléquia:** natureza interior de alguma coisa, que determina seu desenvolvimento.
**Epicurista:** aquele que acredita que o prazer é o bem supremo.
**Epistemologia:** o estudo da origem, dos processos e da validade do conhecimento.
**Escolástica:** a filosofia dos teólogos medievais; em geral, o divórcio da especulação com a observação e a prática.
**Essência:** a coisa mais importante e o aspecto mais significativo.
**Estética:** o estudo da natureza da beleza; em Kant, o estudo da sensação.
**Ética:** o estudo do certo e errado em questões comportamentais.

**Fatalismo:** a doutrina que afirma que nada que o indivíduo possa fazer pode afetar de alguma forma o destino para o qual ele está fadado.
**Finalismo:** doutrina pela qual eventos são causados pelos propósitos a que servem.
**Formalmente:** de maneira técnica; de acordo com a forma ou estrutura.

**Livre-arbítrio:** a liberdade parcial do agente, em atos de escolha consciente, a partir da compulsão determinante de hereditariedade, ambiente e circunstância.

**Hedonismo:** doutrina pela qual o prazer é o motivo real, e também apropriado, para todas as escolhas.
**Heurístico:** um método de pesquisa.

**Idealismo:** na metafísica, a doutrina de que ideias, ou pensamentos, são a realidade fundamental; na ética, a devoção às ideais morais.
**Ideação:** o processo do pensamento.
**Instrumentalismo:** a doutrina que afirma que ideias são instrumentos de resposta e adaptação, e que suas verdades devem ser julgadas em termos de suas respectivas eficácias.
**Intuicionismo:** na metafísica, a doutrina de que a intuição, e não a razão, revela a realidade das coisas; em ética, a doutrina pela qual o homem tem um senso inato de certo e errado.

**Lamarckismo:** a crença na transmissibilidade de caracteres adquiridos.
**Lógica:** o estudo da argumentação; em Hegel, o estudo da origem e da sequência natural de ideais fundamentais.

**Materialismo:** a doutrina pela qual a matéria é a única realidade.
**Mecanicismo:** a doutrina pela qual todos os eventos e todos os pensamentos ocorrem de acordo com as leis da mecânica.
**Metafísica:** investigação sobre a realidade última e fundamental.
**Modo:** em Espinosa, uma coisa, forma, evento ou ideia particular.

**Naturalismo:** a doutrina pela qual a realidade se manifesta sob as "leis da Natureza".
**Neurose:** um distúrbio ou doença mental.
**Nirvana:** na teoria hindu, uma condição de felicidade que brota da cessação absoluta dos desejos.
**Númeno:** em Kant, a realidade última, ou coisa-em-si-mesma, que pode ser concebida pelo pensamento, mas não percebida pela experiência.

**Objetivo:** independente da percepção do indivíduo; em Espinosa, como existente no pensamento.
**Ontologia:** um estudo da natureza última das coisas.

**Panteísmo:** a doutrina de que Deus é imanente em todas as coisas.

**Pluralismo:** a doutrina pela qual o mundo não é uma unidade em lei e estrutura, mas um cenário de forças e processos contrários.

**Politeísmo:** a veneração a vários deuses.

**Positivismo:** a restrição da investigação filosófica para problemas passíveis de métodos científicos.

**Pragmatismo:** a doutrina pela qual a verdade é a eficácia prática de uma ideia.

**Prolegômenos:** estudos introdutórios.

**Realismo:** em epistemologia, a doutrina pela qual o mundo externo existe independentemente da percepção, e, substancialmente, é percebido por nós; na lógica, a doutrina de que ideias universais têm realidades objetivas correspondentes a elas.

**Sociologia:** o estudo das instituições e dos processos sociais.

**Subjetivo:** como existente no pensamento; em Espinosa, como o objeto do pensamento.

**Substância:** em Espinosa, a realidade básica e eterna, a estrutura e lei do mundo.

**Transcendental:** além do reino e do alcance dos sentidos.

**Teísta:** aquele que acredita num Deus personificado.

**Teleologia:** a teoria, ou o estudo, do desenvolvimento como causado pelos propósitos a que as coisas servem.

**Tropismo:** uma resposta invariável.

**Utilitarismo:** a doutrina pela qual todas as ações devem ser julgadas nos termos de sua utilidade para promover a felicidade suprema do maior número de pessoas.

**Vitalismo:** a doutrina pela qual a vida é a realidade básica, de que todo o resto é uma forma ou manifestação.

**Voluntarismo:** a doutrina de que a vontade é o fator básico, tanto no universo quanto no comportamento humano.

# BIBLIOGRAFIA

ARISTÓTELES: *Ética a Nicômaco*. Tradução de James Welldon. (Macmillan.)
ARISTÓTELES: *Ética a Nicômaco*. Tradução de D. P. Chase. Everyman's Library. (Dutton.)
ARISTÓTELES: *Política*. Tradução de Jowett. (Oxford.)
ARISTÓTELES: *Política*. Tradução de William Ellis. Everyman's Library. (Dutton.)
BACON, Francis: *Novo Órganon*. (Oxford.)
BACON, Francis: *O Progresso do Conhecimento*. Everyman's Library. (Dutton.)
BERGSON, Henri: *Evolução Criadora*. (Holt.)
BRADLEY, F. H.: *Appearance and Reality*. (Macmillan.)
CROCE, Benedetto: *History*. (Harcourt, Brace.)
COMTE, Auguste: *Curso de Filosofia Positiva*. (George Bell.) 3 volumes.
DESCARTES, René: *Discurso sobre o Método*. (Open Court.)
DEWEY, John: *A Natureza Humana e a Conduta*. (Holt.).
DEWEY, John: *Reconstrução em Filosofia*. (Holt.).
DIÓGENES: *Vidas e Doutrinas dos Filósofos Ilustres*. Loeb Classical Library. (Putnam.) 2 volumes.
EPITETO: *Enchiridion*. (Dodge.)
ESPINOSA, Benedictus: *Ética*. Everyman's Library. (Dutton.)
HEGEL, G. M. F.: *Filosofia da História*.
HOBBES, Thomas: *Leviatã*. Everyman's Library. (Dutton.)
HOLBACH, Paul H.: *Sistema da Natureza*.

HUME, David: *Uma Investigação sobre os Princípios da Moral.* (Open Court.)
HUME, David: *Tratado da Natureza Humana.* Everyman's Library. 2 volumes. (Dutton.)
JAMES, William: *Pragmatismo.* (Longmans, Green.)
KANT, Immanuel: *Crítica da Razão Pura.* (Macmillan.)
KANT, Immanuel: *Crítica da Faculdade de Julgar.* (Oxford.)
KANT, Immanuel: *The Philosophy of Kant Explained,* de John Watson. (Macmillan.)
LEIBNIZ, G. W.: *Novos Ensaios sobre o Entendimento Humano.* (Open Court.)
LOCKE, John: *Ensaio sobre o Entendimento Humano.* (Dutton.)
LUCRÉCIO: *Da Natureza das Coisas.* Tradução de W. E. Leonard. Everyman's Library. (Dutton.)
LUCRÉCIO: *Da Natureza das Coisas.* Tradução de C. Bailey. (Oxford.)
MARCO AURÉLIO: *Meditações.* Tradução de Casaubon. Everyman's Library. (Dutton.)
MARCO AURÉLIO: *Meditações.* Tradução de John Jackson. (Oxford.)
MILL, J. S.: *System of Logic.* (Longmans, Green.)
NIETZSCHE, Friedrich: *Vontade de Potência.* (Macmillan.) 2 volumes.
NIETZSCHE, Friedrich: *Assim Falou Zaratustra.* (Macmillan e Modern Library.)
PLATÃO: *The Works of Plato,* editado por Irwin Edman. (Simon & Schuster.)
PLATÃO: *A República.* Tradução de Jowett. (Oxford.) 2 volumes.
PLATÃO: *A República.* Tradução de H. Spens. Everyman's Library. (Dutton.)
PLATÃO: *Diálogos.* Everyman's Library. (Dutton.)
PLATÃO: *Four Socratic Dialogues.* Tradução de Jowett. (Oxford.)
RUSSELL, B. A.: *Misticismo e Lógica.* (Longmans, Green.)
RUSSELL, B. A.: *Selected Papers.* (Modern Library.)
SANTAYANA, George: *Life of Reason.* (Scribner's.) 5 volumes.
SCHOPENHAUER, Arthur: *O Mundo como Vontade e Representação.* (Scribners.) 3 volumes.
SCHOPENHAUER, Arthur: *Works of Schopenhauer,* por Will Durant. (Simon & Schuster.)
SCHOPENHAUER, Arthur: *Essays.* (Willy Book.)
SPENCER, Herbert: *Primeiros Princípios.* (Appleton.)
VOLTAIRE, François M.: *Prose Works.* (Black.)
XENOFONTE: *Memorabilia.* Loeb Classical Library. (Putnam.)

# NOTAS

### INTRODUÇÃO: SOBRE OS USOS DA FILOSOFIA
1. Nietzsche, *A Gaia Ciência*, prefácio.
2. *De Augmentis Scientiarum*, VIII, 2.

### CAPÍTULO 1: CAPÍTULO 1: IMMANUEL KANT E O IDEALISMO ALEMÃO
1. *A Vontade de Potência*, vol. II, parte I.
2. *O Mundo como Vontade e Representação*, Londres, 1883; vol. II, p. 30.
3. *Crítica da Razão Pura*, Londres, 1881; Vol. II, p. XXVII. Todas as referências subsequentes são ao volume dois.
4. Royce, *The Spirit of Modern Philosophy*, Boston, 1892; p. 98.
5. A doutrina de que todo comportamento é motivado pela perseguição do prazer.
6. Cf. *Confissões*, livro X; vol. II, p. 184.
7. *O Mundo como Vontade e Representação*, Londres, 1883; vol. II, p. 133.
8. In Paulsen, *Immanuel Kant*; Nova York, 1910; p. 82.
9. *Ibid.*, p. 56.
10. É o que Wallace sugere: *Kant*, Filadélfia, 1882; p. 115.
11. Introd. à *Crítica da Razão Prática*, de Kant; Londres, 1909; p. XIII.
12. Wallace, p. 100.
13. *Crítica da Razão Pura*, pref., p. XXIV.
14. *Ibid.*, p. XXIII.
15. *Ibid.*, p. 1.
16. P. 4.
17. *Crítica da Razão Pura*, p. 10.
18. *Crítica*, p. 37. Se Kant não tivesse acrescentado a última condição, seu argumento em favor da necessidade do conhecimento teria desmoronado.

19. *O Mundo como Vontade e Representação*, vol. II, p. 7.
20. *Crítica*, p. 215.
21. Wallace, p. 82.
22. Heine, *Prose Miscellanies*, Filadélfia, 1876; p. 146.
23. *Crítica da Razão Prática*, p. 31.
24. "De manhã, faço projetos; à noite, bobagens."
25. *Razão Prática*, p. 139.
26. *Ibid.*, p. 19.
27. *Ibid.*, p. 227.
28. Prefácio a *The Metaphysical Elements of Ethics*.
29. *Metaphysics of Morals*, Londres, 1909; p. 47.
30. *Razão Prática*, p. 220.
31. *Crítica da Faculdade de Julgar*, seção 29.
32. Citado em Chamberlain, *Immanuel Kant*; vol. I, p. 510.
33. In Paulsen, 366.
34. *Encyclopedia Britannica*, verbete "Frederick William II".
35. In Paulsen, p. 49.
36. Wallace, p. 40.
37. *A Paz Perpétua e Outros Opúsculos*; Boston, 1914; p. 14.
38. *Ibid.*, p. 19.
39. P. 58.
40. P. 68.
41. P. 21.
42. P. 71.
43. P. 68.
44. Pp. 76-7.
45. *Ibid.*
46. In Paulsen, p. 340.
47. *Op. Cit.*, Vol. II, p. 23.
48. *Razão Prática*, p. 31.
49. Cf. prof. Dewey: *German Philosophy and Politics*.
50. In Untermann, *Science and Revolution*, Chicago, 1905; p. 81.
51. In Paulsen, p. 317.
52. *O Mundo como Vontade e Representação*, vol. II, p. 129.
53. Citado por Paulsen, p. 8.
54. In Paulsen, p. 53.
55. *Ibid.*, p. 114.
56. In Chamberlain, vol. I, p. 86.
57. Caird, *Hegel*, na série Blackwood Philosophical Classics. A narrativa biográfica segue inteiramente Caird.
58. Wallace: *Prolegomena to the Logic of Hegel*, p. 16.
59. Hegel: *Filosofia da História*, ed. Bohn, pp. 9, 13.
60. *Ibid.*, p. 26.

61. *Ibid.*, p. 28.
62. *Ibid.*, p. 31.
63. In Caird, p. 93.
64. Paulsen, *Immanuel Kant*, p. 385.

## CAPÍTULO 2: SCHOPENHAUER

1. Froude: *Life and Letters of Thomas Carlyle*, I, p. 52.
2. *O Mundo como Vontade e Representação*; Londres, 1883, III, 300.
3. In Wallace: *Life of Schopenhauer*, Londres, sem data; p. 59.
4. Cf. Wallace, 92.
5. *O Mundo como Vontade e Representação*, II, 199; *Ensaios*, "Sobre o Barulho".
6. Nietzsche: *Schopenhauer como Educador*, Londres, 1910; p. 122.
7. Wallace: Verbete "Schopenhauer" na *Encyclopedia Britannica*.
8. In Wallace, *Life*, p. 107.
9. Wallace, 171.
10. Primeiro, viver; depois, filosofar.
11. De poucos homens.
12. Vol. II, p. 5.
13. Vol. I, p. VII.
14. *Ibid.*, VIII. Na verdade, é exatamente isso que se deve fazer; muita gente achou frutífera até uma terceira leitura. Um grande livro é como uma grande sinfonia, que deve ser ouvida muitas vezes antes de realmente ser compreendida.
15. I, 303.
16. *Ensaios*, "Sobre o Orgulho".
17. I, 34.
18. Vogt, Büchner, Moleschott, Feuerbach etc.
19. I, 159.
20. III, 43.
21. I, 128.
22. Primeira mentira, erro inicial.
23. II, 409. Schopenhauer se esquece (ou se baseia nela?) da enfática declaração de Espinosa: "Desejo é a própria essência do homem". — *Ética*, parte IV, prop. 18. Fichte também enfatizara a vontade.
24. II, 328.
25. II, 421.
26. Uma fonte de Freud.
27. III, 443.
28. *Ensaios*, "Conselhos e Máximas", p. 126.
29. II. 433.
30. II, 437.
31. II, 251.
32. III, 118.

33. II, 463 e 326; uma fonte de Bergson.
34. II, 333.
35. II, 450 e 449.
36. II, 479.
37. II, 486. Esta é a teoria lamarckiana de crescimento e evolução devido a desejos e funções compelindo estruturas e gerando órgãos.
38. I, 132. Seria uma fonte para a teoria da emoção de James-Lange?
39. I, 130-141; II, 482. Cf. Espinosa, *Ética*, III, 2.
40. II, 468.
41. II, 463.
42. "Conselhos e Máximas", ensaio "Sobre Nossas Relações com Nós Mesmos".
43. II, 333.
44. I, 144.
45. I, 142.
46. I, 153; II, 418 e 337.
47. I, 210.
48. I, 29.
49. I, 178.
50. Uma fonte da teoria de Freud do "espírito e o inconsciente".
51. Uma fonte de Weininger.
52. III, 342, 357, 347, 360, 359, 352 e 341.
53. III, 372.
54. III, 371.
55. III, 370.
56. III, 310; I, 214; III, 312, 270 e 267; I, 206 e 362.
57. I, 357-8.
58. III, 227. "As mesmas coisas, mas de formas diferentes."
59. III, 227 e 267; Wallace, 97. Cf. A "eterna recorrência" de Nietzsche.
60. Introdução a "A Sabedoria da Vida".
61. II, 164.
62. I, 147.
63. I, 253.
64. III, 368.
65. I, 201.
66. I, 409.
67. I, 411; "Conselhos e Máximas", p. 5. "O ótimo é inimigo do bom."
68. I, 404.
69. I, 402.
70. I, 404.
71. I, 400.
72. I, 192; III, 112; I, 191. "O homem é o lobo do homem."
73. I, 419 e 413.
74. I, 415.

75. III, 389 e 395.
76. I, 420.
77. III, 394.
78. III, 383.
79. "Conselhos e Máximas", 124-139.
80. II, 454; III, 269.
81. "Conselhos e Máximas", 28, nota.
82. I, 119.
83. I, 250.
84. III, 167-9. Uma fonte de Freud.
85. I, 515.
86. *Ensaios*, "A Sabedoria da Vida", p. 47.
87. *Ibid.*, p. 11.
88. P. 41.
89. P. 39. "A tranquilidade no lazer é difícil."
90. P. 22.
91. I, 262.
92. II, 439.
93. I, 112.
94. II, 426.
95. I, 396.
96. "Conselhos e Máximas", p. 51.
97. "Se quiseres sujeitar todas as coisas a ti mesmo, sujeita-te à razão." — Sêneca.
98. Sucção a vácuo.
99. II, 254; *Ensaios*, "Livros e Leitura"; "Conselhos e Máximas, p. 21.
100. I, XXVII.
101. "A Sabedoria da Vida", p. 117.
102. *Ibid.*, pp. 27 e 4-9.
103. "A Sabedoria da Vida", 34, 108.
104. I, 254. Íxion, segundo a mitologia clássica, tentou tirar Juno de Júpiter e recebeu como punição ser amarrado a uma roda que girava eternamente.
105. III, 139.
106. III, 159.
107. *Ibid.*
108. I, 240, 243.
109. I, 321.
110. "A Sabedoria da Vida", p. 24. *An apologia pro vita sua*.
111. I, 345.
112. Em "A Sabedoria da Vida", p. 19.
113. A fonte de Lombroso — que acrescenta Schopenhauer à lista.
114. I, 247.
115. II, 342.
116. I, 290.

117. III, 145.
118. I, 265.
119. I, 256.
120. I, 230. Cf. Goethe: "Não há melhor libertação do mundo" de batalhas "do que pela arte". — *Elective Affinities*, Nova York, 1902, p. 336.
121. I, 333.
122. Hanslick (*The Beautiful in Music*, Londres, 1891, p. 23) faz objeções a isso, e argumenta que a música afeta diretamente apenas a imaginação. Estritamente, é claro, ela afeta diretamente apenas os sentidos.
123. II, 365.
124. *Ensaios*, "Religião", p. 2.
125. II, 369.
126. I, 524.
127. II, 372.
128. I, 493.
129. I, 483.
130. I, 460.
131. I, XIII. Talvez estejamos testemunhando o cumprimento dessa profecia no crescimento da teosofia e de crenças semelhantes.
132. "Conselhos e Máximas", p. 19.
133. I, 200.
134. I, 521
135. In Wallace, p. 29.
136. III, 374; I, 423.
137. *Ensaio acerca das Mulheres*, p. 73.
138. III, 339.
139. *Ensaio acerca das Mulheres*, p. 79.
140. III, 209-14.
141. *Ensaio acerca das Mulheres*, p. 84.
142. *Ibid.*, p. 86.
143. *Ibid.*, p. 75.
144. In Wallace, p. 80. Um eco do descontentamento de Schopenhauer com a extravagância de sua mãe.
145. *Ensaio acerca das Mulheres*, p. 89.
146. Frase de Carlyle.
147. Compare a apatia e o desânimo da Europa em 1924 e a popularidade de livros como *Downfall of the Western World*, de Spengler.
148. I, 422.
149. "Conselhos e Máximas", p. 86.
150. *Ibid.*, p. 96.
151. *Ibid.*, pp. 24, 37.
152. Babbitt, *Rousseau and Romanticism*, p. 208.
153. Finot, *The Science of Happiness*, Nova York, 1914, p. 70.

154. Cf., uma vez mais, o próprio Schopenhauer: "É exatamente esse não procurar pelas próprias coisas (que é em toda parte o selo da grandeza) que dá ao amor apaixonado o toque de sublimidade." — III, 368.
155. *Ensaio acerca das Mulheres*, p. 75.
156. Cf. Schopenhauer: "As maiores capacidades intelectuais só se encontram em relação a uma veemente e apaixonada vontade." — II, 413.

## CAPÍTULO 3: HERBERT SPENCER

1. Spencer, *Autobiografia*, Nova York, 1904; vol. I, p. 52.
2. P. 53.
3. P. 61.
4. P. VII.
5. P. 300.
6. Apêndice a *Herbert Spencer*, de Royce.
7. *Autob.*, I, 438.
8. Pp. 289, 291.
9. Collier, in Royce, 210 e ss.
10. *Ibid.*
11. *Autob.*, I, 401.
12. P. 228.
13. P. 464.
14. I, 457-62; II, 44.
15. I, 415, 546.
16. I, 533.
17. II, 465.
18. Tyndal, certa vez, disse que Spencer teria sido um sujeito muito melhor se falasse uns bons palavrões de vez em quando. — Elliott, *Herbert Spencer*, p. 61.
19. Royce, 188.
20. *Autob.*, II, 511.
21. I, 467.
22. II, 4.
23. II, 67.
24. I, 279.
25. J. A. Thomson, *Herbert Spencer*, p. 71.
26. *Autob.*, II, 156.
27. *Primeiros Princípios*, Nova York, 1910; p. 56.
28. Pp. 107-108. Isso, inconscientemente, segue Kant, e sucintamente antecede Bergson.
29. P. 83.
30. *Autob.*, II, 16.
31. *P. P.*, 103.
32. P. 119.

33. P. 253.
34. P. 367.
35. *Principles of Biology*; Nova York, 1910; I, 99.
36. I, 120.
37. II, 459.
38. II, 421.
39. II, 530.
40. *Autob.*, I, 62.
41. *Biology*, II, 536.
42. Cf. Discurso de sir William Bateson perante a American Association for the Advancement of Science (Toronto, 28 de dezembro de 1921), in *Science*, 20 de janeiro de 1922.
43. *Autob.*, II, 549.
44. *Principles of Psychology*, Nova York, 1910; I, 158-9.
45. I, 388.
46. I, 453-5.
47. I, 496-7.
48. I, 482 e ss.; II, 540 e ss.
49. I, 466.
50. I, 491.
51. *The Study of Sociology*, Nova York, 1910; p. 52.
52. *The Principles of Ethics*, Nova York, 1910; I, 464. Se os críticos de Spencer tivessem lido esse trecho, não o teriam acusado de exagerar no valor que dava à sociologia.
53. *Estudo*, 9.
54. Cf. Florescer com colonização, e reprodução sexual com o casamento entre raças diferentes.
55. *Autob.*, II, 56.
56. *Os Princípios da Sociologia*, Nova York, 1910; I, 286.
57. I, 296.
58. I, 303.
59. I, 284, 422; *Encycl. Brit.*, "*Ancestor-worship*".
60. II, 663.
61. II, 634-5.
62. I, 681.
63. II, 599.
64. I, 575.
65. III, 596-9.
66. *Estática Social*, p. 329.
67. *Sociologia*, I, 571.
68. III, 588. Há perigo de que isso aconteça na Rússia hoje.
69. Cf. *The Man vs the State*.
70. III, 589.

71. III, 545.
72. *Autob.*, II, 433.
73. III, 572.
74. I, 575.
75. *Ética*, vol. I, p. XIII.
76. I, 7.
77. I, 25.
78. I, 22, 26; II, 3.
79. I, 98.
80. I, 469.
81. I, 327.
82. I, 471.
83. I, 323.
84. I, 458.
85. I, 391 e ss.
86. Cf. a filosofia de Nietzsche.
87. I, 318.
88. I, 423-4.
89. I, 377.
90. II, 46.
91. I, 257.
92. II, 4, 217.
93. Elliott, *Herbert Spencer*, p. 81.
94. I, 148, 420.
95. II, 200.
96. II, 222.
97. II, 81.
98. II, 120.
99. II, 192-3.
100. II, 196-7.
101. II, 166.
102. I, 196, 190.
103. I, 242-3.
104. I, 466.
105. I, 250.
106. Browne: *Kant and Spencer*, p. 253.
107. Ritchie: *Darwin and Hegel*, p. 60.
108. *A Evolução Criadora*, p. 64.
109. N. do T.: referência a Gabriel de Tarde, filósofo, sociólogo, psicólogo e criminologista francês, famoso por opor-se a Émile Durkheim na análise da ação social.
110. Cf. Boas: *The Mind of Primitive Man*.
111. *Autob.*, II, 461.

112. Royce, 194.
113. *Biologia*, I, 120.
114. J. A. Thomson, *Herbert Spencer*, p. 109.
115. *Sociologia*, III, 607. Cf. *The Study of Sociology*, p. 335: "Está provado que salários mais altos resultam apenas numa vida mais extravagante ou em maiores excessos na bebida."
116. Cf. *A Gaia Ciência*, seção 40.
117. *Autob.*, II, 5.
118. I, 239.
119. Collier, in Royce, 221.
120. *Autob.*, II, 242.
121. *Autob.*, I, 423.
122. II, 431.
123. Elliott, p. 66.
124. *Autob.*, II, 547.
125. II, 534.
126. Thomson, p. 51.

## CAPÍTULO 4: FRIEDRICH NIETZSCHE

1. Citado em Faguet, *On Reading Nietzsche*, Nova York, 1918; p. 71.
2. *Ecce Homo*, tradução inglesa, ed. Levy, p. 15.
3. Mencken, *The Philosophy of Friedrich Nietzsche*, Boston, 1913; p. 10.
4. *Assim Falou Zaratustra*, p. 129. Daqui por diante, essa obra será referida como "Z"; e as que se seguem (na tradução inglesa) serão indicadas nas referências por suas iniciais: *O Nascimento da Tragédia* (1872), *Considerações Extemporâneas* (1873-76), *Humano, Demasiado Humano* (1876-80). *Aurora* (1881), *A Gaia Ciência* (1882), *Além do Bem e do Mal* (1886), *Genealogia da Moral* (1887), *O Caso Wagner* (1888), *O Crepúsculo dos Ídolos* (1888), *Anticristo* (1889), *Ecce Homo* (1889) e *Vontade de Potência* (1889). Talvez o melhor deles, que serve como uma introdução para o próprio Nietzsche, seja *Além do Bem e do Mal*. *Zaratustra* é obscuro, e a sua segunda metade tende para a elaboração. *A Vontade de Potência* contém mais substância do que qualquer de seus outros livros. A mais completa biografia foi feita por Frau Förster-Nietzsche; a de Halévy, muito mais curta, também é boa. *Nietzsche, o Pensador* (Nova York, 1917), de Salter, é uma exposição erudita.
5. *N. T.*, introd., p. XVII.
6. Citado por Mencken, p. 18.
7. Carta a Brandes, in Huneker, *Egoists*, Nova York, 1910; p. 251.
8. In Halévy, *Life of Friedrich Nietzsche*, Londres, 1911; p. 106.
9. In Förster-Nietzsche, *The Young Nietzsche*, Londres, 1912; p. 235.
10. Alinha-se com o rompimento dos dois, mais tarde, o fato de Wagner ter escrito, mais ou menos na mesma época, um ensaio "Sobre a Evolução da Música a Partir do Drama" (*Prose Works*, vol. X).

11. *N. T.*, 50, 183.
12. P. 62.
13. *The Wagner-Nietzsche Correspondence*, Nova York, 1921; p. 167.
14. *N. T.*, 114.
15. P. 102.
16. "Conhece-te a ti mesmo" e "nada em excesso".
17. *N. T.*, 182.
18. P. 113.
19. P. 95.
20. *N. T.*, 150.
21. In Halévy, 169.
22. *Ibid.*, 151.
23. *Ibid.*
24. "Schopenhauer como Educador", seção 8.
25. *Ibid.*,, seção 6.
26. *C. E.*, I, 117.
27. *Ibid.*, 104.
28. *The Wagner-Nietzsche Correspondence*, p. 223.
29. *C. E.*, I, 122.
30. Nietzsche achava que o pai de Wagner era Ludwig Geyer, um ator judeu.
31. *The Wagner-Nietzsche Correspondence*, p. 279.
32. In Halévy, p. 191.
33. *Correspondence*, p. 310.
34. *Ibid.*, p. 295.
35. *C. W.*, pp. 46, 27, 9, 2; cf. Faguet, p. 21.
36. Ellis, *Affirmations*, Londres, 1898; p. 27.
37. Cf. *Z.*, pp. 258-264 e 364-374 que se referem a Wagner.
38. Cf. *Correspondence*, p. 311.
39. *C.E.*, II, 122.
40. *The Lonely Nietzsche*, p. 65.
41. *Z.*, 212.
42. In Halévy, 234.
43. *Z.*, 315.
44. *Z.*, 279.
45. *Z.*, 1.
46. *E. H.*, 97.
47. *E. H.*, 106.
48. Halévy, 261.
49. *Z.*, 4.
50. Um golpe no *Götterdämmerung* (*O Crepúsculo dos Deuses*), de Wagner.
51. *Z.*, 263.
52. *Z.*, 116-8.
53. *Z.*, 245.

54. Z., 5.
55. Z., 457.
56. Z., 162.
57. Z., 354.
58. Z., 376.
59. Z., 434.
60. Z., 108 (e 419), 5, 8, 11, 79, 80.
61. Z., 423-6.
62. Z., 341.
63. Z., 210.
64. In Figgis, *The Will to Freedom*, Nova York, 1917; p. 249.
65. Cf. Taine, *The French Revolution*, Nova York, 1885; vol. III, p. 94.
66. A. B. M., 117.
67. *Ibid.*, 121-3.
68. A., 232.
69. H. D. H., II, 26; A. B. M., 9; G. C., 258; A. B. M., 162; V. P., II, 38.
70. A. B. M., 128, 14, 177; V. P., I, 228; G. M., 46, 100. O estudante de psicologia pode querer se aprofundar nas fontes psicanalíticas em H. D. H., I, 23-27 e A., 125-131 (teoria dos sonhos); H. D. H., I, 215 (teoria da constituição neurótica, de Adler); e A., 293 ("correção excessiva"). Os interessados no pragmatismo encontrarão uma previsão razoavelmente completa dele em A. B. M., 9, 50, 53; e V. P., II, 20, 24, 26, 50.
71. A. B. M., 165 (citando John Stuart Mill), 59; V. P., I, 308; Z., 421.
72. G. M., 73; A. B. M., 177; Z., 317.
73. A., 84; Ellis, 50; A. B. M., 121.
74. V. P., II, 387, 135; H. D. H., I, 375.
75. Cf. Z., 104.
76. V. P., II, 158.
77. Z., 94.
78. V. P., II, 353; A .B. M., 260; Z., 49, 149.
79. Z., 60, 222; *Anticristo*, 128; V. P., II, 257.
80. A., 295, 194-7; C. I., 57; V. P., II, 221-2, 369, 400; *Schopenhauer como Educador*, sec. 1.
81. Citado em Salter, 446.
82. Z., 107.
83. *Anticristo*, 195; Ellis, 49-50; V. P., II, 313.
84. G. M., 40.
85. *Anticristo*, 228.
86. Figgis, 47, nota; C. I., 51.
87. Salter, 464-7; E. H., 37,83; A. B. M., 213-6; C. I., 54; Faguet, 10-11.
88. G. M., 98; A. B. M., 146, 208; Salter, 469.
89. V. P., I, 382-4; II, 206; Z., 141.
90. Z., 248, 169; Huneker, *Egoists*, 266.

91. *Lonely Nietzsche*, 77, 313; *Z.*, 232.
92. *Z.*, 137-8; *A. B. M.*, 226; *V. P.*, I, 102 (que prevê uma revolução "que comparada com a Comuna de Paris (...) parecerá ter sido nada além de uma leve indigestão"); II, 208; *A.*, 362. Nietzsche, quando escreveu essas passagens aristocráticas, vivia em um sótão sombrio, ganhando mil dólares por ano, a maior parte dos quais se destinava à publicação de seus livros.
93. *C. E.*, I, 142; *H. D. H.*, I, 360; II, 147, 340; *C. I.*, 100; *Z.*, 64, 305, 355.
94. *G. C.*, 77-8; *A. B. M.*, 121; Faguet, 22; *H. D. H.*, II, 288.
95. *G. M.*, 255 (essa previsão foi escrita em 1887.)
96. *Anticristo*, 219-220.
97. *Z.*, 159.
98. Quando esse pobre exilado reentrou?
99. Citado por Nordau, *Degeneration*, Nova York, 1895; p. 439.
100. *V. P.*, II, 353, 362-4, 371, 422; *A. B. M.*, 239; *C. E.*, II, 39; *Z.*, 413.
101. *E. H.*, 2.
102. *E. H.*, 39. Nietzsche se considerava polonês.
103. Figgis, 230, 56.
104. Cf. Santayana, *Egotism in German Philosophy*.
105. E. g., cf. Halévy, 231.
106. *N. T.*, 6, XXV.
107. Citado por Huneker, *Egoists*, 251.
108. Citado por Faguet, 9.
109. Cf. *N. T.*, pp. 1 e 4 da Introdução.
110. *N. T.*, 142.
111. Cf. Santayana, 141.
112. In Halévy, 192.
113. Cf. Nordau, *Degeneration*, 451, para um ataque mais frenético a Nietzsche como um sádico imaginativo.
114. *Z.*, 99-100.
115. Carlyle, *Past and Present*, Nova York, 1901.
116. "Na minha juventude", diz Nietzsche em algum lugar, "eu atacava o mundo com Sim e Não; agora, na velhice, eu me penitencio por isso".
117. Embora, naturalmente, os pontos essenciais da ética de Nietzsche se encontrem em Platão, Maquiavel, Hobbes, La Rochefoucauld e até mesmo no Vautrin de *O Pai Goriot*, de Balzac.
118. Simmel.
119. A extensiva influência de Nietzsche na literatura contemporânea não precisará ser salientada para aqueles familiarizados com os escritos de Artzibashef, Strindberg, Przybyszewski, Hauptmann, Dehmel, Hamsun e d'Annunzio.
120. *Z.*, 86.
121. Ellis, 39.
122. Citado por Ellis, 80.
123. *V. P.*, I, 24.

124. Cf. o ensaio sobre Nietzsche in Gould, *Biographical Clinic*.
125. Figgis, 43.
126. *E. H.*, 20; cf. Nordau, 465.
127. *E. H.*, 55.
128. "O homem certo no lugar certo", diz o brutal Nordau.

## CAPÍTULO 5: FILÓSOFOS EUROPEUS CONTEMPORÂNEOS: BERGSON, CROCE E BERTRAND RUSSELL

1. *A Evolução Criadora*, Nova York, 1911; pp. 7, 15, 5, 6, 1.
2. *Ibid.*, 179, 262.
3. *Matter and Memory*, Londres, 1919; p. 303
4. *Ibid.*, p. 270.
5. *Mind-Energy*, Nova York, 1920; p. 11.
6. *A Evolução Criadora*, p. IX.
7. Cf. Nietzsche: "O ser é uma ficção inventada por aqueles que sofrem de vir-a--ser." — *O Nascimento da Tragédia*, p. XXVII.
8. *A Evolução Criadora*, p. 32.
9. *Ibid.*, p. 31.
10. *Introdução à Metafísica*, p. 14.
11. In Ruhe, *The Philosophy of Bergson*, p. 37; *A Evolução Criadora*, pp. 258 e XII.
12. *Ibid.*, pp. 11 e 35.
13. Os órgãos do embrião que se desenvolve são formados de uma ou de outra de três camadas de tecidos: a camada externa, ou ectoderma; a camada intermediária, ou mesoderma; e a camada interna, ou endoderma.
14. *A Evolução Criadora*, pp. 64 e 75.
15. *Matter and Memory*, cap. II.
16. *A Evolução Criadora*, p. 89.
17. *Ibid.*, p. 132.
18. *Ibid.*, p. 248.
19. Bergson acha que as provas em favor da telepatia são chocantes. Ele foi um dos que examinaram Eusápia Palladino e se pronunciaram em favor de sua sinceridade. Em 1913, ele aceitou a presidência da Sociedade de Pesquisas Físicas. Cf. *Mind-Energy*, p. 81.
20. *A Evolução Criadora*, p. 271.
21. In Ruhe, p. 47.
22. Cf. as famosas páginas sobre "A Corrente do Pensamento", in James, *Princípios de Psicologia*, Nova York, 1890; vol. I, cap. 9.
23. In Piccoli: *Benedetto Croce*, Nova York, 1922; p. 72.
24. *Estética*. Trad. ing., p. 63.
25. *On History*, trad. ing., p. 34.
26. *Ibid.*, p. 32.
27. *Estética*, p. 1.

28. In Carr, *The Philosophy of Benedetto Croce*, Londres, 1917; p. 35.
29. *Estética*, p. 50.
30. In Carr, p. 72.
31. *Estética*, p. 79.
32. Anatole France, *On Life and Letters*, trad. ing., vol. II, pp. 113 e 176.
33. *Misticismo e Lógica*, Londres, 1919; p. 241.
34. *Ibid.*, p. 60.
35. P. 64.
36. P. 95.
37. *Misticismo e Lógica*, p. 111; *Os Problemas da Filosofia*, p. 156.
38. *Misticismo e Lógica*, pp. 76 e 75.
39. *Por que os Homens Vão à Guerra*, Nova York, 1917; p. 45.
40. *Misticismo e Lógica*, pp. 76 e 75.
41. *Ibid.*, p. 106.
42. *Por Que os Homens Vão à Guerra*, p. 134.
43. *Ibid.*, pp. 101, 248, 256; *Misticismo e Lógica*, p. 108.
44. Entrevista no *New York World*, de 4 de maio de 1924.

## CAPÍTULO 6: FILÓSOFOS AMERICANOS CONTEMPORÂNEOS: SANTAYANA, JAMES E DEWEY

1. Horace Kallen, *The Journal of Philosophy*, 29 de setembro de 1921; vol. 18, p. 534.
2. *Character and Opinion in the United States*, Nova York, 1921; final do primeiro capítulo.
3. São eles, principalmente: *Three Philosophical Poets* (1910) — palestras clássicas sobre Lucrécio, Dante e Goethe; *Winds of Doctrine* (1913); *Egotism in German Philosophy* (1916); *Character and Opinion in the United States* (1921); e *Soliloquies in England* (1922). Todos eles merecem ser lidos e são muito mais fáceis do que *Life of Reason*. Deste, o melhor volume é *Reason in Religion*. *Littles Essays from the Writings of George Santayana*, organizado por L. P. Smith e preparado pelo próprio Santayana, é uma seleção admirável.
4. *Scepticism and Animal Faith*, pp. V e VI.
5. *Ibid.*, pp. 11 e ss.
6. *Reason in Common Sense*, Nova York, 1911; p. 93.
7. *Scepticism and Animal Faith*, pp. 192, 298, 305, 308.
8. *R. in C. S.*, pp. 3, 6 e 17.
9. *R. in S.*, Nova York, 1906, p. 318; *R. no S. C.*, p. 96.
10. Ele faz de Demócrito o herói de seu mais recente livro, *Dialogues in Limbo*.
11. *S. e A. F.*, pp. VIII e VII.
12. *Ibid.*, pp. 237 e 271; *R. in C. S.*, p. 189; *Winds of Doctrine*, p. 199.
13. *R. in S.*, pp. 75, 131, 136.
14. *R. in C. S.*, pp. 219, 214, 212; *Winds*, p. 150; *S. e A. F.*, pp. 287, 257, 218-9.

15. *R. in C. S.*, p. 211.
16. *Winds*, p. 107.
17. *R. in Religion*, Nova York, 1913; p. 4.
18. *R. in S.*, p. 297; *R. in R.*, pp. 28, 34.
19. *S. e A. F.*, p. 6; *R. in C. S.*, p. 128; *R. in R.*, pp. 27 e ss.
20. *R. in R.*, pp. 103, 125.
21. *R. in R.*, pp. 137, 130, 172.
22. Margaret Münsterberg, *The American Mercury*, jan. de 1924, p. 74.
23. *The Sense of Beauty*, Nova York, 1896, p. 189; *S. e A. F.*, p. 247; *Winds*, p. 46.; *R. in R.*, pp. 98, 97.
24. *R. in R.*, p. 240.
25. *Ibid.*, p. 273.
26. *R. in S.*, p. 239; *S. e A. F.*, p. 54.
27. *R. in Society*, Nova York, 1915, pp. 22, 6, 195, 41; *R. in C. S.*, p. 57; *R. in S.*, 258.
28. *R. in Society*, pp. 45, 77, 79.
29. *Ibid.*, pp. 164-167.
30. *Ibid.*, p. 171.
31. *Ibid.*, p. 81; *R. in S.*, p. 255, referindo-se, sem dúvida, à era dos antoninos e implicitamente aceitando o veredicto de Gibbon e Renan de que este foi o melhor período na história do governo.
32. *R. in Society*, pp. 87, 66, 69.
33. *Ibid.*, p. 125, 124; *R. in S.*, p. 255.
34. *R. in Society*, p. 52.
35. *Ibid.*, p. 217; *Sense of Beauty*, p. 110.
36. Herbert W. Smith, *American Review*, março de 1923; p. 195.
37. *R. in R.*, p. 83; mas cf. *R in S.*, p. 233.
38. *R. in Society*, p. 123 e ss.
39. *R. in C. S.*, p. 252.
40. *Ibid.*, p. 9.
41. *R. in S.*, p. 237.
42. Herbert W. Smith, *American Review*, março de 1923, p. 191.
43. *R. in C. S.*, p. 28.
44. *Ibid.*, p. 202.
45. *R. in Science*, pp. 89-90.
46. Margaret Münsterberg, *The American Mercury*, janeiro de 1924, p. 69.
47. *Some Problems of Philosophy*, p. 25.
48. O leitor que dispuser de tempo apenas para um livro de James deve ir diretamente a *Pragmatismo*, que verá ser uma fonte de clareza em comparação com a maior parte da filosofia. Se tiver mais tempo, tirará enorme proveito das brilhantes páginas (não condensadas) de *Psychology*. Henry James escreveu dois volumes de autobiografia, na qual há muitos mexericos deliciosos a respeito de William. Flournoy faz uma ótima exposição, e *Anti-Pragmatism*, de Schinz, é uma crítica vivaz.
49. *Pragmatismo*, pp. 222, 75, 53, 45.

50. *Ibid.*, p. 54.
51. P. 121.
52. *Princípios de Psicologia*, Nova York, 1890, Vol. II, p. 312.
53. Whitman, *Leaves of Grass*, Filadélfia, 1900, pp. 61, 172.
54. *Pragmatismo*, p. 6.
55. *Ibid.*, p. 298.
56. *As Variedades da Experiência Religiosa*, Nova York, 1902, p. 526.
57. *Pragmatismo*, p. 312. A resposta, obviamente, é que a unidade, ou um sistema de leis que vigorem para todo o universo, facilita a explicação, a previsão e o controle.
58. *Ibid.*, p. 78.
59. *Ibid.*, p. 299.
60. Kallen, *William James and Henri Bergson*, p. 240.
61. Chesterton.
62. Citado por James (*Pragmatismo*, p. 297) da Antologia Grega.
63. Os mais importantes dos livros de Dewey são: *A Escola e a Sociedade* (1900); *Studies in Logical Theory* (1903); *Ethics* (com Tufts, 1908); *Como Pensamos* (1909); *The Influence of Darwin on Phylosophy* (1910); *Democracia e Educação* (1913); *Schools of Tomorrow* (com sua filha Evelyn, 1915); *Essays in Experimental Logic* (1916); *Creative Intelligence* (1917); *Reconstrução em Filosofia* (1920); *A Natureza Humana e a Conduta* (1922). Os dois últimos são as mais fáceis vias de acesso ao seu pensamento.
64. *The Influence of Darwin on Philosophy,* New York, 1910, p. 8.
65. *Ibid.*, p. 17.
66. *A Natureza Humana e a Conduta*, Nova York, 1922, p.74.
67. *I. of D. on P.*, p. 55.
68. *Ibid.*, p. 21.
69. *Creative Intelligence,* Nova York, 1917, p. 36.
70. Palestras sobre "Ética Psicológica", 29 de setembro de 1924.
71. Reconstrução em Filosofia, Nova York, 1920, p. 140.
72. Ibid., p. 92.
73. Reconstrução em Filosofia, pp. 177, 176.
74. A Natureza Humana e a Conduta, p. 303.
75. "Psychology and Social Science", I. of D. on P., p. 71.
76. Reconstrução, p. 75.
77. Ibid., pp. 203, 205.
78. New Republic, 3 de fevereiro de 1917.
79. Creative Intelligence, p. 4.
80. I. of D. on P., p. 19.
81. Creative Intelligence, p. 5; Reconstrução, p. 26; I. of D. on P., p. 45.

# CONFIRA OS DOIS TÍTULOS DESTA COLEÇÃO!

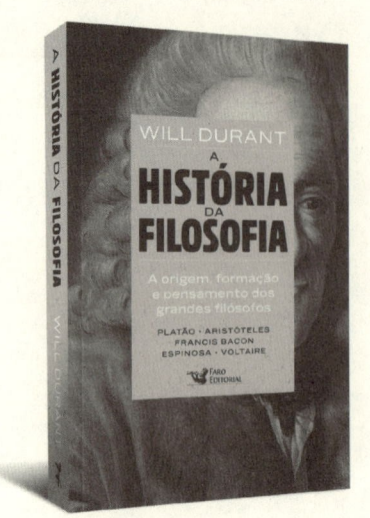